大
方
sight

猜测和偏见
何帆阅读笔记

何帆／著

中信出版集团·北京

图书在版编目（CIP）数据

猜测和偏见：何帆阅读笔记／何帆著．－－北京：中信出版社，2018.9（2021.1重印）
ISBN 978-7-5086-9053-7

Ⅰ.①猜… Ⅱ.①何… Ⅲ.①读书笔记-中国-现代 Ⅳ.①G792

中国版本图书馆 CIP 数据核字（2018）第 121881 号

猜测和偏见
何帆阅读笔记

著　者：何　帆
出版发行：中信出版集团股份有限公司
（北京市朝阳区惠新东街甲 4 号富盛大厦 2 座　邮编　100029）
承　印　者：河北鹏润印刷有限公司

开　本：880mm×1230mm　1/32　印　张：10.625　字　数：170 千字
版　次：2018 年 9 月第 1 版　　印　次：2021 年 1 月第 6 次印刷
书　号：ISBN 978-7-5086-9053-7
定　价：48.00 元

版权所有·侵权必究
如有印刷、装订问题，本公司负责调换。
服务热线：400-600-8099
投稿邮箱：author@citicpub.com

自　序

美国著名历史学家威尔·杜兰特（Will Durant）和其夫人阿里尔·杜兰特（Ariel Durant）花了50年时间，写了1 500万字，完成了一部气势恢宏的《世界文明史》。研究了这么多年的历史，参透了沧桑巨变的背后规律，他们应该会超然物外、俯瞰众生，对一切了然于胸吧。

1968年，杜兰特夫妇出了一本小书，叫《历史的教训》。出乎意料的是，他们对历史学的评价并不高。杜兰特夫妇写道："绝大部分历史是猜测，其余的部分则是偏见。"

想要归纳历史的规律，想要探究历史哲学，都是水中捞月、雾里看花。"历史嘲笑一切试图将其纳入理论范式和逻辑规范的做法。历史是对我们概括化的大反动，它打破了全部的规则：历史是个怪胎。"

他们这种坦诚的态度让人倒吸一口凉气。一个学者的视野越是开阔，他的观点就越会谦卑。当一对伟大的历史学家把自己的研究称作"猜测"的时候，我们这些普通读者又能从书中读出自己的哪些偏见呢？

我最崇拜的女性经济学家是罗宾逊夫人（Joan Robinson）。罗宾逊夫人说："学习经济学不是为了获得关于经济问题的一套现成的答案。学习经济学是为了避免受到经济学家的欺骗。"经济学如此，其他学科亦然。我们读书的过程，往往始于猜测，终于偏见。要想避免这种窘境，我们就要学会质疑。应该是伏尔泰说的吧，质疑固然令人不快，但信誓旦旦才更有问题。

每个人读书的目的都不一样。对我来说，读书的唯一目的是理解我们这个世界会变成什么样子。在十年前，谁要是思考这样的问题，会显得非常愚蠢。我们当年经历的是经济全球化的黄金时代，是经济高速增长的黄金时代，我们当然会越来越进步，成为命运的主宰。然而，十年之后再回首，我们才发现，自己当年太简单太天真了。要想理解这个时代，既要学会大胆猜测，也要学会纠正偏见。在纠正偏见之后再次猜测，同时记住，在大胆地猜测之后，我们很可能会陷入新的偏见。时时警惕、时时反省，才能跟真相走得更近一些。

为了理解这个时代，我们必须回顾历史。

人类自称是地球的主宰，历史似乎只是对人类活动的记录，但如果你从太空远眺地球，人类就渺小得根本无法看得见。距离地球再近一些，比如当你坐在飞机上俯瞰大地的时候，就会发现人类仅仅聚居在地球上很小的一块块土地上：凡是有人居住的地方，就像大地长出来的癣疥。技术的发展，使得人们狂妄地认为人类可以摆脱自然的束缚，但至今为止，地理仍然能够在很大程度上约束人类的行为。总有些地方人类无法居住，总有些地方部队无法交战，总有些地方难以形成城市，总有些地方易于遭受灾害。

　　人类在自然的约束条件下会努力地追求生存。资源的分配也是极其不均的，这种极其偶然的初始资源禀赋无形中影响了历史的进程。从这一角度来看，人类的历史和整个生物界的进化有异曲同工之妙。生物因资源的稀缺而竞争，人类亦然。正如杜兰特夫妇所言，"自然"未曾认真拜读过《独立宣言》和《人权宣言》，我们生来就是不自由不平等的。同时追求自由和平等，是一种虚妄：若有无节制的自由，必有不断扩大的不平等；若要人人平等，必然会限制某些人的自由。借着杜兰特夫妇的思路再往前推进一步，不妨认为，制度的演进和基因的变异有着同样的机制。大部分的变异都是盲目的、失败的，正如大部分的变革都是草率的、粗暴的一样，幸存下来的变异只是碰巧得到了自然的青睐。历史中胜利者战胜失败者，也大多充满了偶然性的因素。

　　为了理解这个时代，我们还要潜入深处，去认识政治和经济。

　　什么才是最好的政治体制？其实我们并没有明确的答案。人类在很长一段历史时间里，最认可的是君主制。在《理想国》中，柏拉图借苏格拉底之口谴责雅典的民主制，因为民主已经使文化颓废、道德堕落。节制被认为是怯懦，傲慢被视为有教养，混乱成了自由，浪费变成慷慨。老师害怕学生，学生轻视老师。民主藐视权威，只要稍加约束就变得大发雷霆。真正的民主制度要想确立起来是非常难的。之所以难，不在于确立一种体制，而在于改造一国国民。斯多葛学派的哲人说："你切莫只因为无知的数量巨大而崇拜它。"但是，我们怎能不崇拜它呢？对大众的无知，必须保持足够的敬畏。

什么才是最好的经济体制？其实我们也没有明确的答案。我们曾经以为自己经历过的经济全球化是不可阻挡的浩荡洪流，但退一步来看，经济全球化的黄金时代不过只有20多年，也就是从20世纪90年代到2008年全球金融危机爆发之前。在人类历史的长河中，20年不过弹指一瞬间。如果我们回顾历史，就会发现，在19世纪后半叶到20世纪初期，曾经出现过第一次经济全球化。那一次经济全球化，在很多方面并不逊色于20世纪末期的这一次经济全球化。那时候的人们曾经像我们一样乐观，他们认为社会将不断进步，和平将永远降临。谁又能想到，历史的列车从第一次经济全球化的车站出发，最后却开进了第一次世界大战的深渊？

在政治和经济的背后，潜伏的都是人性。人是一种群居动物，而群居动物易于对内团结、对外仇视。在经济高速增长时期，人们会压抑自己的排外天性，而到了经济衰退时期，人们就会变得更加极端、暴躁和嫉恨。不同群体之间的冲突无时不有。法国经济学家皮凯蒂（Thomas Piketty）预言，如果收入不平等程度继续扩大，21世纪将会重蹈19世纪的覆辙，而19世纪是一个社会动荡、不断革命的年代。

为了理解这个时代，我们最好再保留一点点对道德和信仰的温情。

由于人必须生活在人群之中，这就有了社会，也就有了规范社会的宗教和道德。不同时代的道德会有极大的差异，但不管是什么样的道德，都必须有道德：贞操可以是一种道德，性开放也可以是一种道德；杀人可以是一种道德，护生也可以是一种道德。道德是一种规范社会行为的工具，是一个社会里人人必须穿上的内裤。

宗教是另一种对社会行为的规范。拿破仑曾经说，宗教的作用就是使穷人不会再去谋害富人。出于感激，统治者会和祭司分享税收，会给寺庙赏赐土地。虽然，即使在宗教盛行的时候，也没有阻挡社会中的腐败和堕落，而且宗教本身也经常会趋向腐败和堕落，但可以肯定的是，当下一次瘟疫、下一场战争、下一回灾难过后，宗教又会浴火重生。

我们唯一能够预知的，就是未来是不可预知的。我们唯一能够做好准备的，就是在台风中找到自己的台风眼。就像美国歌手布兰迪·卡莉（Brandi Carlile）在她的一首歌《眼》里唱的："你可以在飓风中起舞，只要站在风眼里。"人总是在寻求合作，在合作中，我们才能找到自己的庇护所。我们这一代中国人，是被连根拔起，然后又随风飘撒，撒到哪里算哪里的。或许，正是在这种不确定的时代背景下，人们对传统、家庭和友情才更加渴望。

最后，再和各位读者交流一下我的读书心得。我读书的速度算比较快的，一年大概读三四百本书，读书的范围也很杂，我自称是个职业读书选手。

有的朋友问我，你怎么读得这么快呢？这个问题问错了。读书快慢并不重要，因为每个人的读书风格不一样，习惯不一样，读的书难易程度不一样，所以速度自然有快有慢。盲目追求读书的速度，往往欲速则不达。著名电影导演伍迪·艾伦曾经讲过一个笑话：他去上了个速读班，学会了十分钟内读完《安娜·卡列尼娜》，别人问他，都有什么收获啊？他说，我知道这是一本关于俄国人的书。

唐朝诗人裴迪写过一首诗："归山深浅去，须尽丘壑美。"我们可能读书快，也可能读书慢，可能读得多，也可能读得少，可能读得广，也可能读得精，都是可以的，但你一定要有所感动，有所触动，才不枉此行。

读书的秘诀在于，要学会"六经注我"，而不是"我注六经"。什么是"我注六经"？你读书就是为了了解别人的思想，你读完了一本书也只是给别人的思想做了注释。什么叫"六经注我"？就是在读书的时候要把别人的思想变成我的思想，万物齐备于我，陶冶出来自己的眼光，修炼出来自己的世界观和方法论。

想要做到这一点，你就必须放弃"拜书教"。大多数读者没有自己写过书，因此本能地会对写书的人心存敬畏。我用自己的亲身体会告诉你，写书其实就是个体力活，而且是个遗憾的艺术，没有一本书是完美的、毫无错误的。你一定要把自己放在和作者平起平坐的地位。一本书的意义，是由读者和作者共同完成的，读书不是听讲，而是对话。

职业读书选手和业余读书选手的区别在哪里？在于能否忍受枯燥。读书似乎是一件很优雅的事情：你在午后暖暖的阳光里信手翻开一本新书，旁边还有一杯香茶。职业读书选手不是这样读书的。职业读书选手就像是矿工在地下挖煤，挖不出煤，就不能出矿井。你要逼着自己去思考，去和作者争论，做笔记，写书评。不动笔墨不读书，空闲时间必读书，这才是职业读书选手。

读书这件事，其实也就是那么一回事。读书有点像跑步。乍看跑步没有什么诀窍，无非就是撒丫子跑呗。但热爱跑步的朋友会告诉你，跑步也没有那么简单，如果姿势不对，训练的方式不对，很可能反受其害，把自己跑伤。在很多人看起来，跑步是最枯燥的运动，但是热爱跑步的朋友还会告诉你，跑步是会上瘾的。读书也是一样的，看起来简单，却有诀窍，看起来枯燥，却容易上瘾。

收在这本文集里的，是我在过去几年写的一些书评，还有几篇其他的游戏文字。这是我在中信出版社出的第三本随笔集了。这本书的主题看似分散，其实殊途同归。我们读书，不过是在更有意识地寻根，更主动、积极地寻找志同道合的人。只要我们找到自己的"部落"，部落成员之间能够互相信任，外边的世界再乱，你的内心都会更加平静。我希望我和我的读者一起，能够坚守一个小小的有价值观的"部落"。

目 录

自 序　　　　　　　　　　　　　　　　　　　　　　　　I

迷宫里的政治

眼见他楼歪了 / 003

合众为一？/ 010

六族战争 / 022

美国政治的三原色 / 028

迷宫里的政治 / 036

解码制度演进 / 042

为什么艾奥瓦州和新罕布什尔州在美国总统初选中最重要？/ 052

给儿子讲美国独立战争 / 067

什么是地缘政治？/ 075

历史就是猜测和偏见

罗马公司的兴起 / 087

猜测和偏见

　　大门口和大门里的野蛮人 / 095
　　英国怎样偷走了中国的茶 / 102
　　谁会爱上法西斯？/ 110
　　这个世界为什么越来越没有秩序 / 117
　　日本为什么会发动侵华和侵美战争？/ 123
　　残酷的战争，残暴的人性 / 129
　　跟随"大东亚共荣圈"的小伙伴们 / 134
　　日本投降了 / 140

亲爱的经济学家

　　国王爱银行 / 149
　　热气腾腾的狗屎运 / 157
　　为什么猴子变不成猩猩？/ 164
　　英国的羊毛业何以能后来居上？/ 171
　　长途贸易的崛起 / 176
　　人天生就是城邦动物 / 181
　　如何第二次跨越金融危机的浊流 / 187
　　你们谈论的房地产泡沫，美国在 90 年前就有了 / 192
　　当泡沫崩溃之后还能留下来什么 / 198
　　金融中了魔，得治 / 204
　　各国中央银行不再需要政策协调了吗？/ 210
　　前有金融险滩 / 216
　　亲爱的经济学家致亲爱的股民 / 220

激情与技艺

读《论语》/ 229

从来就没有什么新技术 / 235

斯泰囚小姐发疯了 / 242

尽在言语中 / 250

在敌占区偷听上帝发来的密电 / 258

这个世界是我们的，也是你们的，
但归根到底是他们的 / 264

激情与技艺 / 269

为什么日本动漫里没有超级英雄？/ 273

什么时候才能告密 / 278

成长就是背叛 / 283

鸟人 / 289

我的师哥在天堂 / 297

我的人生理想 / 302

附录　200 本认知建构荐读书目 / 306

后记　如果你是一条河，就要继续向前流 / 320

迷宫里的政治

眼见他楼歪了

在美国安顿下来花费的时间远远超过我的想象。美国也是个官僚作风严重的国家，去各个衙门我都没有碰见好脸色。很多规定都是第22条军规：你要想租房就得看你的社会福利号，你申请社会福利号又得提供租房的地址。制度创新可以照抄照搬的先进经验越来越少了。环球同此退化。希望中国能探索出一条新路。

著名经济学家曼瑟·奥尔森（Mancur Olson）曾经说，当一个社会进入持续稳定的时期之后，就会逐渐出现"制度僵化症"，原来灵活高效的制度，逐渐变得扭曲迟钝。在主流经济学家们看来，这样的假说太过空洞，太过宿命论，听起来就像九斤老太的絮叨抱怨一样不中听。尼尔·弗格森（Niall Ferguson）是个历史学家，在他眼里，奥尔森说的才是真理。

两百多年前，亚当·斯密发表了《国富论》。这本书思想深邃、文笔优美，时时流露出一个思想者对历史的沉思。斯密谈道，如果一个国家的法律和制度出了问题，就有可能陷入"静止状态"（the stationary state）。斯密当时说的是中国，他惋惜地谈道，中国曾经是一个伟大而朝气蓬勃的文明，但由于官僚主义，陷入了长期的停滞。弗格森认同斯密的观点，但他看到的是风水轮流转，如今，陷入长期停滞的有可能不再是中国，而是美国、英国等发达国家。

到底哪里出了问题？弗格森谈道，西方世界正面临着"大退化"（the great degeneration）。

西方世界的四个支柱，即民主、资本主义、法律和公民社会，都显出了破败之相。

首先，民主制度存在着巨大的缺陷。在弗格森看来，民主的本质并非单纯是投票选举，而是民众和政府之间签订的"社会契约"，这一契约约束了政府的行为，释放了市场的活力。这一过程是漫长而曲折的，并不像经济学家们想象的那样顺理成章。就算是到了维多利亚时代，英国政治仍然出奇地腐败，法律体系混乱而黑暗。曾经做过法律文员的狄更斯对他那个时代的法律制度有过深刻的揭露和批判。但是，民主制度还有一个易于被人们忽视的地方，那就是不同世代的人们之间的"社会契约"，只有当这样一种相对公平的"社会契约"建立起来之后，才能保证稳定的长期经济增长。

这就是英国哲学家埃德蒙·柏克（Edmund Burke）在《反思法国大革命》一书中强调的不同世代之间的合作。柏克写道：

"社会是一个契约,一种伙伴关系,这种伙伴关系不仅存在于在世者之间,也存在于那些已经逝世、正在世间和即将问世的不同世代之间。"遗憾的是,这种世代之间的"社会契约"已经遭到破坏。如今,大多数发达国家都已经债台高筑,这种债务危机的实质是在世的人群透支了后代的利益。据估计,美国联邦政府的债务现值和其未来收入的现值之间的差距高达200万亿美元,要想尽快还清这笔债务,美国政府需要将所有的联邦税收提高64%,或是将所有的联邦支出减少40%。考虑到未来的选民还没有出生,即使已经出生,年轻人在投票的时候也没有老年人积极,指望包括美国在内的发达国家采取更严格的平衡预算制度解决债务问题,几乎是不可想象的。最终,债台高筑的发达国家要么欠债不还,要么爆发严重的通货膨胀,或是两者同时发生。

其次,资本主义已经步入歧途。有些经济学家,比如诺贝尔奖得主克鲁格曼(Paul R. Krugman)认为,里根时代对金融业的放松监管,种下了全球金融危机的祸根。弗格森是英国人,所以他看到的是不同的历史教训。"二战"之后,英国的银行监管不断强化,不仅对银行的各项业务严加限制,还要求银行保持28%的流动比率,这意味着银行不得不持有大量低收益的政府债券。但这一时期不仅没有出现经济快速增长,恰恰相反,这是19世纪20年代以来英国金融业最动荡的时候,爆发了一次严重的银

行危机、一次股灾、一次楼市崩盘,而且通货膨胀率高达 10%
以上。

在弗格森看来,全球金融危机之后加强金融监管的改革不会
让金融体系变得更加健康,而是会加剧金融体系的脆弱性。以美
国的《多德-弗兰克法案》(*Dodd-Frank Act*)为例,这一法律试
图对金融体系实施全面、严格的监管,但仔细阅读各项条款,就
会发现其中有很多无厘头的规定。比如,第 232 款规定,必须增
加少数民族和妇女在金融机构的管理岗位;第 1502 款规定,禁
止各个银行的产品和刚果民主共和国有关联。这种事无巨细都要
染指的监管,真的能防范下一次金融危机吗?更为令人担忧的
是,《多德-弗兰克法案》试图撇清银行破产和监管机构的联系,
其基本思路是,如果银行出现了问题,需要自己想办法解决,不
要再花纳税人一分钱。从银行危机数百年的历史来看,这样的想
法不仅是天真的,更是致命的。中央银行存在的最重要原因之一
就是要在危机时刻挺身而出,制止金融危机传染到整个经济体
系。弗格森指出,从历史经验来看,有效的金融监管并非越琐碎
越好,而是越简单越好:规则要简单,但执行必须有力。由于金
融体系复杂多变,在监管的时候,灵活的权变往往胜于僵化的
规则。

再次,法律体系出现了畸变。以哈佛大学施莱弗(Andrei
Shleifer)为首的几位经济学家一直强调,英美国家的习惯法胜过

法国的大陆法，也胜过斯堪的纳维亚国家的法律体系。但这一结论始终存在争议。正如狄更斯在其小说里生动而详细地描述的那样，在工业革命时期，英国的司法制度仍然是混乱而不公正的。但事后来看，习惯法保证了法律以一种连续的方式渐变地改良，逐渐臻于完美的状态。

如今，美国的法律体系已经出现了各种蜕变的苗头。比如，"9·11"之后，所谓国家安全的考虑凌驾在个人自由之上。又比如，随着各国法律制度的趋同，大陆法的很多内容已经渗入英美法。相对而言，英美法更注重对私有产权的保护，但大陆法则更强调对人权的保护。最重要的是，法律制度变得日益复杂，越来越远离普通人的日常生活，成了仅供律师们玩弄的专业术语。法治（rule of law）变成了"律师治"（rule of lawyers）。繁琐的法律体系挫伤了企业家的积极性，无论从世界经济论坛的全球竞争力指数来看，还是从传统基金会的自由指数来看，或是从国际金融公司对企业的调查结果来看，美国的竞争力和经商环境都在不断恶化。

最后，公民社会日趋式微。当年，年轻的法国思想家托克维尔（Alexis-Charles-Henri Clérel de Tocquerille）游历美国，他对见到的很多事物都感到新奇。最让托克维尔感到新奇的事物之一，就是美国的社会组织如此发达。美国人喜欢参与各种各样的俱乐部，这些俱乐部不仅仅有政治性的、宗教性的，还有体育类的、慈善类的、投资类的，五花八门。这种社会组织教育了人们如何相互合作，这是宝贵的"社会资本"。但是，正如政治学家普特南（Robert Putnam）哀叹的那样，美国的社会组织越来越没落，人们不再像以前那样亲密接触。普特南将之归因为科技的影响，先是电视，后来是网络，人们都待在家里看电视，或是在网络上形成联系广泛但淡漠的社交群。

弗格森指出，这一趋势的背后，还有政府的暗中怂恿。这其实正是托克维尔敏锐观察到的。他提到，政府不会干预人们的意志，但会通过各种微妙的办法软化人们的意志；它并不逼迫人们服从，而是会不断地让人们自己失去独立行动的意愿；它并不摧毁个人行动，而是在其诞生之前就将之扼杀。最后，公民社会消失了，留下的只是一群胆小的、勤勉的动物，而政府则成了放牧者。

一个健康而开放的社会，需要的是公共部门、私人部门和社会部门之间的合作，这三个部门之间相互制约又相互支撑，犹如一个生态系统。在任何一个生态系统中，生物多样性都是维系其平衡和发展的关键，当"社会资本"消失殆尽之后，一个社会的创新和活力也就随之蒸发。

最初，发展中国家都是按照发达国家的制度，比葫芦画瓢，通过模仿和学习，迅速实现制度的变革。如今，发达国家的制度已经出现了各种各样的缺陷。眼见他起高楼，眼见他楼歪了。这增加了发展中国家进一步制度变革的难度。就像最初模仿别人的技术，等差距越来越缩小，接近了技术前沿，就不得不加强自主创新一样，发展中国家在制度改革方面也将不得不依赖自主创新了。没有榜样，难免走样。大道多歧，祝一路走好。

作者注：本文取材于尼尔·弗格森的《西方的衰落》（Niall Ferguson, *The Great Degeneration: How Institutions Decay and Economies Die*, Allen Lane, 2012.）。弗格森真能写，中信出版社出版了他的一套丛书，估计很多读者还没有读完，他已经一本接着一本地出新书了。此书篇幅不长，内容较为犀利，自然错误也不少，值得认真批判。

合众为一？

本文及之后的两篇文章为同一本书的书评，主要介绍美国各地的文化、政治传统差异。国别研究易于停留在对一国整体的判断，但仔细看看就会发现，一国内部，尤其是大国内部的地方差异极大，这种差异对理解一国的国内政治更为重要。亨廷顿（Samuel Hungtington）的《文明的冲突》，言外之意未尝不是想强调美国的移民带来的其他文明对传统的盎格鲁-撒克逊文明的冲击，但即使在欧洲殖民者之间，也存在着极大的差异，不可不细察。

教科书上教的往往都是骗我们的。关于美国历史，我们所熟知的故事是，一群向往宗教自由的英国人到了北美，他们天性独立、崇尚自由、坚持民主、相信平等。当遇到英国的压迫时，散居在不同地点的北美移民们联合起来，同仇敌忾，赢得了独立战争。

对历史的解读会影响到我们对现实的认识。按照这种理想主义的宣传，我们很可能会认同，美国有一套独特而有系统的价值观。你可以称之为"清教精神""盎格鲁-撒克逊文化",你也可以称之为"普世价值"。总之,千山映月,万流归海,美国就像一个"大熔炉",无论哪里的移民来到这里,都会"合众为一"。亨利·福特曾经建过一所英语学校,在福特的工厂里打工的各国移民,不仅要在这所学校里学习英语,还要学习美国的历史,以及勤俭、节约、守时等美德。在毕业庆典上,学生们穿着各自的民族服装,排着整齐的队伍,走进一个庞大的锅里,这个锅的名字就叫"大熔炉",老师们用大勺子搅拌这些学生,几分钟之后,这些学生就从"大熔炉"里出来了,神奇地换上了清一色的西服,打着领带,手里挥舞着美国国旗。

世故而老道的政治家们一眼就能看穿这种"政治童话"。比如,共和党的竞选专家菲利普斯(Kevin Phillips)从20世纪60年代起就根据美国不同地方的政治取向,预测选举结果。他在1969年出版的《新兴的共和党多数派》一书中成功地预测了里根总统上台。著名记者、历史学家科林·沃德(Colin Woodard)在《美国诸邦》①(*American Nations*)中,详细地描述了11个不同的族群如何互相竞争,共同影响了北美文化。

欧洲人最早在北美建立的殖民地不是在新英格兰地区,而是在美国的南部。当时英国还是个小国、弱国,称霸天下的是西班

---

① 本书尚无中文版。——编者注

牙。西班牙不仅在美洲占领了庞大的殖民地,而且不断发现金山、银山,运气好得出奇。盛极则衰,后来,西班牙在欧洲连年征战,国力渐趋凋敝。由于财力不足,西班牙在北美的殖民地人口稀少、基础落后,只能自生自灭。西班牙移民的男女比例严重失调,光棍们开始娶阿兹特克人(Aztec)为妻,最终变成了一个混血社会。

这个地区被沃德称为"北方邦"(El Norte)。如果你到加利福尼亚南部、得克萨斯南部、亚利桑那等州去看看,就会发现那里讲西班牙语的人比讲英语的人多得多。一位地缘政治学家乔治·弗里德曼(George Friedman)在《未来100年大预言》中放言,由于墨西哥移民不断涌入美国,到最后,他们可能会把美国南部拉丁裔聚居的地方收归墨西哥。这种预言其实是一种误解。墨西哥同样存在着地方差异,南方的墨西哥人更认同印第安传统。如果真要兼并,更可能是墨西哥北部并入美国。

如果要算到达新英格兰地区最早的欧洲人,那也不是英国人,而是法国人。沃德称这一地区为"新法兰西邦"(New France)。早在"五月花号"到北美的16年之前,法国人就到了新英格兰地区。这一殖民计划得到了法国贵族迪加(Pierre Dugua)和他的副手尚普兰(Samuel de Champain,据猜测是法王亨利四世的私生子)的支持。他们思想较为开通,打算在北美建立一个理想国。1604年,他们到达美国—加拿大边境帕萨马廓迪湾（Passamaquoddy Bay）的一个岛屿,建立了第一个居民点。尽管法国殖民者带了建造房子、磨坊、船只的各种材料,但人算不如天算,他们没有想到,北美的冬天如此寒冷,几乎有一半人被冻死。开春之后,法国殖民者移居罗亚尔港（Port Royal,今加拿大新斯科舍省安纳波利斯罗亚尔县）。

法国殖民者和英国殖民者最大的不同是他们对待印第安人的态度。迪加和尚普兰认为不同种族的人们是完全平等的,他们从一开始就认定,殖民计划能否成功关键在于和当地印第安人的关系。他们有意选择在印第安人聚居地附近建立自己的殖民点,一到北美就和印第安人结成盟友,请印第安人来吃饭,送给印第安人小礼物,还派了几个年轻孩子到印第安部落生活,学习他们的语言和捕猎技术。尚普兰甚至鼓励异族通婚。这对今日的加拿大政治带来了深远的影响,如今的魁北克居民并非都是纯粹的法国后裔,还有很多是混血儿。也是因为印第安人的影响,法国在北美的殖民地无法复制其原本的封建社会结构,因为印第安人根本就不懂什么叫社会等级。

随着英国移民的涌入和扩张,"北方邦"和"新法兰西邦"逐渐被边缘化,对北美文化影响最大的是主要由英国殖民者建立的六个邦。

1607年4月,弗吉尼亚公司送了第一批殖民者到詹姆斯敦。

这104个殖民者中,只有38人熬过了第一个冬天。在风雪之中,断粮的殖民者只能吃老鼠、猫、蛇、自己的皮带和靴子,甚至把刚埋掉的死人挖出来吃掉。饶是如此,到了春天,他们仍然不耕种。为什么?因为弗吉尼亚公司送的这些殖民者,是为了来统治和掠夺的,他们幻想能像西班牙人征服印加帝国一样,在北美建立自己的殖民帝国,他们信奉"强夺胜过苦耕"。

这些殖民者和"新法兰西邦"不一样,他们四处侵扰印第安人。印第安人忍无可忍,趁着殖民者聚会,把他们的首领约翰·斯密(John Smith)抓走。约翰·斯密几乎被印第安人处死,在最关键的时刻,酋长的女儿,11岁的小姑娘宝嘉康蒂(Pocahontas)出面求情,救了约翰·斯密。约翰·斯密对这段经历毫不脸红,反而吹嘘是自己靠魅力征服了印第安公主,公主爱上了他才放他走的。根据他的谎言,好莱坞拍了动画片《风中奇缘》,讲的就是这段故事。无数观众被感动得哗哗地流眼泪。但是约翰·斯密是个身材粗短、长相邋遢的英国人,而且他当年28岁,宝嘉康蒂不过11岁,怎么可能会有这段情缘?

英国人被印第安人放走之后,仍然不断攻击印第安人。弗吉尼亚公司源源不断地给他们运送军火和新的殖民者,最后,英国人终于击败了印第安人,宝嘉康蒂也被英国人俘虏,嫁给了一个英国人罗尔夫(John Rolfe)。她后来被送回英国,没过几年就病逝了。

宝嘉康蒂的丈夫罗尔夫发现，这片土地非常适合种烟草，从此，这片殖民地逐渐发展出种植园经济。沃德把这片殖民地称为"潮水邦"（Tidewater），这个名字的来历是，此地临近大西洋，海上的潮水会影响到河流水位的起伏。

"潮水邦"的殖民者大多是来自英国南部的乡绅阶层后代，他们希望在这里重建英国乡村的地主-雇农社会。在"潮水邦"，社会等级分明，地主就是地主，雇农就是雇农。由于种植烟草需要大量劳动力，当地又引进了黑奴。但和美国更南方地区不同，这里的黑奴生活条件相对较好。最终，"潮水邦"的黑奴补给，主要靠黑人自己繁衍，不再需要从非洲继续进口。

一个奇怪的现象是，为什么政治上相对保守的"潮水邦"，却涌现出一批美国"国父"？乔治·华盛顿、托马斯·杰斐逊和詹姆斯·麦迪逊都来自"潮水邦"。"潮水邦"的绅士们相信民主，但他们心目中的民主是古代希腊的民主，即也有奴隶制，但上流阶层通过民主议事处理公共事务。"潮水邦"的思想家们并不相信人人生而平等，他们认为自由是一种特权，而非一种天生的人权。弗吉尼亚州议员、曾任杰斐逊发言人的伦道夫（John Randolph）明白无误地讲道："我是个贵族。我热爱自由，但痛恨平等。"

我们熟知的北美历史大多是"扬基邦"（Yankeedom）编造出来的。著名的"五月花号"似乎成了美国的精神源头。一批清教徒在马萨诸塞湾附近登陆，梦想着在此地建成"山上之城"（city on a hill），成为全世界基督徒的楷模。

这批清教徒的文化程度显著较高，在最初到达的 15 000 名殖民者中，有 129 名牛津和剑桥大学的毕业生。第一批清教徒到达北美后的第六年，就建立了哈佛大学。这是因为清教徒相信，每个人只有认真诵读《圣经》，才能领悟上帝的指示。来到北美的清教徒大多是中产阶级，他们不是出于生计考虑被迫背井离乡，而是怀抱着宗教热忱来的。有很多殖民者是整个家庭过来的，所以"扬基邦"的男女比例更为合理，人口增长率较快，很快就开始向周围扩张。

"扬基邦"的人们遵循着严格的清教信条，他们相信自己是上帝的选民，每个人都有自己的天职，所做的一切工作都是为了显扬上帝的荣耀。他们热衷，并且极其善于地方自治。"扬基邦"认为，如果社区里有一个人作恶，上帝就会惩罚所有的人。

"扬基邦"的宗教狂热让他们变得极不宽容。其他教派的信徒会被黥鼻、割耳，刻上"H"，表示他们是异教徒（heretic）。举凡通奸、渎神、懒惰、鸡奸，甚至青少年叛逆，都有可能被处死。波士顿的一位船长离家三年，回家之后在门口和妻子接吻，居然被法官判为有罪，投入大狱。

在"扬基邦"的南部，有个面积很小，但影响深远的地区，被沃德称为"新荷兰邦"（New Netherland）。这主要是指纽约城。

纽约原名 New Amsterdam，被英国人占领之后才改为 New York。这里从开埠以来就是全球贸易中心，深受荷兰文化的影响。"新荷兰邦"和"扬基邦"尽管比邻而居，但这里比"扬基邦"多了一份对宗教的宽容、对科学探究的鼓励，也多了一份世俗的拜金主义。

在"潮水邦"的南部，是"深南邦"（Deep South）。大约在 1670 年或 1671 年，来自加勒比海的一批英国后裔跨海来到佐治亚州的查尔斯顿。这是一批名副其实的土豪。他们是西印度群岛上大种植园主的后代，由于当地土地渐渐稀缺，这才到北美寻找新的乐园。他们是奴隶主，依靠剥削黑人奴隶过着纸醉金迷的生活。

在同时代英国人看来，这些土豪傲慢无礼、粗鲁俗鄙，只知道挥金如土。独立革命之前，查尔斯顿的人均收入是"潮水邦"的四倍，是纽约或费城居民的六倍。查尔斯顿城里到处都是酒馆、戏院、妓院、斗鸡场、出售伦敦奢侈品的高档商店。"深南邦"的民众大多信仰圣公会，但不是出于宗教上的虔诚，而是觉得这样才更像伦敦城里的上流阶层。

黑人在这里被视为牲畜。逃跑的黑奴会被鞭笞、割耳，如果再次逃跑被抓到，会被阉割或处死。如果主人杀死了黑奴，会被罚款 50 美元，相当于一位上流阶层男士买假发套的钱。由于黑奴大批死亡，种植园主不得不再从非洲进口新的黑奴。

在"深南邦",黑人来自非洲各地,说着各种不同的语言,他们的"融合"创造出了蓝调音乐、爵士乐、摇滚和加勒比风格的烤肉。

北美六邦中最为奇特的是"中土邦"(the Midlands)。这里是贵格会(Quaker)的天下。贵格会的教义天性温和善良,但在当时却几乎被视为邪教。贵格会藐视任何权威,见了贵族大人不会脱帽致敬,也不参加教堂的任何活动,他们相信人人心中都有"灵光"(Inner Light),靠自己的感悟就能得道。贵格会认为人人生来平等,所有的种族都是一样可贵的,他们尤其不能容忍不人道的奴隶制度。

这样一批"嬉皮士"一样的教徒,怎么会到了北美呢?英国海军上将威廉姆·潘(William Penn)在政治上左右逢源,经济上也生财有道。他先跟着克伦威尔打国王,又反过来带领保皇党复辟。他的儿子小威廉姆·潘(William Penn Jr.)是个奇葩。此子在牛津上学的时候就因为抨击圣公会被开除。老子死了以后,儿子成了一个非常有钱,而且非常积极的贵格会教徒。他有钱到国王都欠他的债。斯图亚特王朝的复辟君王查理二世欠老威廉姆·潘16 000英镑的债务,所以将马里兰州和纽约州之间的一块土地,即现在的宾夕法尼亚州抵债,送给小威廉姆·潘。

小威廉姆·潘按照贵格会的理想,要建立一个宗教自由和政治自由的人间天堂。这里人人都有投票权。来自世界各地的人都受到欢迎。很快，不仅英国人渡海前来，荷兰人、瑞典人、德国人也纷纷到来。短短四年时间，这里就聚集了8 000人。"潮水邦"花了25年，"新法兰西邦"花了70年才达到这样的水平。德国移民的数量超过了英国移民，这些德国佬带来了更精细的农耕技术，并且发明了各种机械。

贵格会的势力逐渐扩张，形成了"中土邦"。但是，贵格会不懂得如何治理。他们爱好和平，对政治冷漠，相信只要以诚待人，别人必定以诚待己。遗憾的是，事情的发展完全出乎贵格会的意料。

大量涌入的不仅仅是本分、勤劳的德国移民，还有一大批来自英国边疆地区的土匪一般的新移民，这些人来自苏格兰、爱尔兰，他们人数众多，不服管教。这些新移民最早聚居在费城，干着伪造钱币、谋杀强奸等各种恶事，后来，他们索性向西部挺进，无视英国政府不许北美移民越过阿巴拉契亚山脉的禁令，横行在阿巴拉契亚山区。他们形成了北美第六个邦："大阿巴拉契亚邦"（Greater Appalachia）。这些新移民的血液中仍然流淌着苏格兰民族英雄威廉·华莱士（William Wallace）的不羁野性，他们无视任何权威，不惜与任何人为敌。他们不仅侵扰印第安人，还攻击好心收容他们的"中土邦"，一直打到费城城下。

除了在殖民地时期建立的这八个邦，美国在后来的扩张过程中又形成了"远西邦"（the Far West）和"左岸邦"（the Left Coast）。"远西邦"即人烟罕至的西部荒漠地区，这里直到修筑铁路、开挖矿山之后才逐渐聚集了定居的居民。从加利福尼亚北上，直到华盛顿州的狭长海岸线，是"左岸邦"，也是移民的第二个天堂，这里受"扬基邦""中土邦"的影响较大，和他们在东海岸的同志们遥相呼应。最近，印第安人争取自己的权利，取得了一些自治的胜利，形成了一个新的"首民邦"（First Nation）。合起来，一共是 11 种不同的文化。

和其他国家相比，美国是个非常典型的移民国家，但对美国文化，尤其是美国政治文化影响最大的是"扬基邦""新荷兰邦""潮水邦""深南邦""中土邦"和"大阿巴拉契亚邦"。就像公司最初的几个创办人在很大程度上会影响到一个公司的文化一样，最早到一地定居的移民对这个社区或地区的文化影响也最大。更何况，这几个文化并非在北美土生土长的，它们都是在欧洲已经生根发芽，被移植到北美的，架不住北美的土壤和气候条件太好，才在这里野蛮生长。

时间的推移并没有带来各种文化的融合。在这些文化的基因中存在着相互排斥的因素。多年以来，这些不同的文化合纵连横，分分合合。从一开始，它们就貌合神离，美国独立战争与其说是一场北美对英国的战争，不如说是各邦之间的纷争。20 世纪 60 年代之后,各个文化之间的隔阂反而进一步扩大,直到形成了美国今天红蓝对峙的政治格局。在接下来的两篇读书笔记中,我将继续为大家讲述美国各邦之间的冰与火传奇。

作者注:本文取材于科林·沃德的《美国诸邦》(Colin Woodard, *American Nations: A History of the Eleven Rival Regional Cultures of North America*, Viking Penguin, 2011.)。

六族战争

本文继续介绍美国各"邦"之间的分歧。英国光荣革命的时候,各"邦"站队就不一样。美国独立战争期间,"窝里斗"多过抗英。联邦宪法通过之后美国也没有融合,最后又爆发了内战。这种地区间的文化差异一直影响到今天的美国政治格局。

著名记者马尔科姆·格拉德威尔(Malcolm Gladwell)在他的畅销书《引爆点》中讲了一个故事。1775年4月18日晚上,波士顿银匠保罗·里维尔(Paul Rever)骑马夜行,沿途路过一个个小镇,把英国军队马上要出兵的消息告诉当地的民兵领袖。教堂的钟声此起彼伏,人们纷纷拿起武器。第二天,当英军到达列克星敦的时候,遭到了民兵的猛烈阻击。美国独立战争的枪声打响了。

把宏大的历史简化为一桩小小的轶事,是畅销书作家的拿手好戏。但美国独立战争并非像火药桶那样一点就燃。在独立战争爆发之前,北美各个殖民地之间并没有紧密的联系,也没有结盟的愿望。独立战争爆发之后,各个殖民地之间的态度也大相径庭,有的积极支持独立,有的坚决反对革命,有的想要浑水摸鱼,有的懵懵懂懂还没有回过神。

我在上一篇文章中介绍过美国记者沃德在《美国诸邦》中说,北美殖民地至少存在着"扬基邦""新荷兰邦""潮水邦""中土邦""深南邦"和"大阿巴拉契亚邦"等六个邦。这六个邦在北美独立战争中的立场各有不同。北美独立战争是一场"六族战争"。

事情的起因是英国的北美政策出现了变化。过去,英国忙于和法国争霸,海外殖民政策基本上是自由放任,任其自生自灭。1756—1763 年,英国在北美打败法国,确立了在这一地区的领袖地位。随着大英帝国的崛起,一批新的领导人希望集中权力,重整河山,把北美殖民地纳入正式的统治。北美居民声称英国剥削了他们,但事实是,他们的税收水平只有英国本土的 1/26。真正让北美殖民者不满的是英国想要拿走他们珍视的自由。

由向往宗教自由的清教徒组成的"扬基邦"是反对英国的最主要力量。1773 年,一群波士顿人化装成印第安人,把东印度公司价值 11 000 英镑的茶叶倒入海里,这成为独立战争的导火索。"扬基邦"为独立战争提供了最多的士兵和后勤保障,这里是反英的大本营。

"扬基邦"南部的"潮水邦"本来是英国乡绅后代建立的一

个等级分明的社会，这里不仅有种植园，也有很多黑奴。"潮水邦"的贵族气质和"扬基邦"的平民风格格格不入，但有趣的是，很多美国的开国元勋，包括乔治·华盛顿、托马斯·杰斐逊、詹姆斯·麦迪逊和乔治·梅森都来自这一地区。其实，"潮水邦"内部也存在分歧。主张抗英的这些人大多来自"潮水邦"西部，他们背靠美国的广阔腹地，内心明白，北美要是独立，将有巨大的潜力。"潮水邦"的领袖们反对英国，另一个重要的原因是他们觉得自己理应和英国的精英们平起平坐，但英国的统治阶层偏偏要把他们视为二等公民。

抗英阵营里最奇怪的成员是比"潮水邦"更南的"深南邦"。"深南邦"都是大种植园主，根深蒂固的保皇党，他们生产的蔗糖大多出口到英国，然后从英国进口奢侈品，无论是政治上，还是经济上，"深南邦"都和英国有天生的亲近感，为什么他们会反对英国呢？

因为"深南邦"自己把自己吓着了。对"深南邦"的种植园主来说，最重要的事情就是维护奴隶制度。有谣言说，英国运来了一船一船的武器，要发给黑奴们，让他们起来造反。教会通知人们，周日做礼拜的时候都要带上枪支弹药，以防黑奴暴动。大种植园主反对英国，是因为感到英国企图动摇他们的奴隶制。

在北美殖民地里，英国的最坚定支持者是位于纽约的"新荷兰邦"。这里是天生的商业中心，大资本家们更喜欢赚钱，不喜欢独立。要独立干嘛？又换不来钱。要是独立了，"扬基邦"的势力会更嚣张，纽约已经逐渐被这些清教徒侵蚀了。英国军队把华盛顿的大陆军赶出纽约之后，全城欢庆。纽约成了独立战争期间英国军队的后方基地。

"新荷兰邦"以西的"中土邦"主要是由贵格会教徒建立的。贵格会教徒藐视权贵，淡漠政治，推崇和平与自由。按道理来讲，他们应该是在抗英的阵营里，但恰恰相反，"中土邦"反对打仗，他们只希望得到更多一些自治权。"中土邦"有很多德国移民，北美和英国打仗，对他们来说更是"事不关己，高高挂起"。大陆军很快就发现，这些德国佬更愿意给英国军队提供补给，因为英国人给的都是硬通货。

"中土邦"以西和以南，是来自苏格兰、爱尔兰的剽悍移民，他们慢慢越过阿巴拉契亚山脉，形成了"大阿巴拉契亚邦"。"大阿巴拉契亚邦"没有统一的意见，他们看谁不顺眼，谁就是敌人。"大阿巴拉契亚邦"中有的地区认为英国是更重要的威胁，而有的地区则认为傲慢的"深南邦"奴隶主才是真正的对手。"大阿巴拉契亚邦"四处出击，攻击英国军队，也攻击邻近的"中土邦"和"深南邦"。美国独立战争中的很多血腥战争，其实和英国人无关，更像是一场内战。

一旦战争打响，北美殖民地就不再有退路。原本老死不相往来的各个殖民地被搅在了一起，彼此间的罅隙不仅无法消弭，反而更加扩大。民众要求民主的呼声一浪高过一浪，这让殖民地的领袖们暗自心忧。对他们来说，除了团结，已经没有更好的选择。团结起来不单纯是为了赢得独立，更重要的是防止内战。

怎样联合？一种可能是"弗吉尼亚方案"，即"潮水邦"的绅士们提出的统一建国方案；另一种可能是"新泽西方案"，即"中土邦"的领袖们支持的类似欧盟的松散联盟。

从1777年大陆会议通过的《邦联条例》（1781年才最后批准生效），到1789年的《联邦宪法》，美国的建国过程中充满了斗争和妥协。美国历史学家查尔斯·比尔德（Charles Austin Beard）在《美国宪法的经济观》里详尽地描述了制宪过程中的种种黑幕和隐情。最终诞生的美利坚合众国，是一个各州"图腾"的拼凑。

"潮水邦"和"深南邦"的"贡献"是打掉了直接民主的倡议，通过划分选区、参议院按州推选等规定，在很大程度上维护了特权阶层的掌权。"新荷兰邦"竭力推动《权利法案》的出台，因为他们害怕"扬基邦"的那些狂热分子会事事干预。"中土邦"对中央集权始终怀疑，他们主张各州要有更多自主权。"扬基邦"担心自己人口不够多，会在国会中被边缘化，所以坚持小州和大州权力平等，南方的黑奴由于没有选举权，在计算人口的时候只能算3/5人口。"大阿巴拉契亚邦"根本就没有打算加入合众国，他们已经筹备好了自己独立，直到华盛顿带领大军压境，才悻悻地放弃。

美国"诸邦"之间不同的文化基因和政治传统始终无法融合，用和平、统一的绷带草草包扎起来的伤口，仍然在溃烂和流脓。19世纪60年代爆发了美国内战，20世纪60年代之后，美国各地的文化冲突再度升温，政治地图上的红蓝对峙日益白热化。下一篇将继续为大家介绍，美国诸邦之间的宿怨如何影响到今日的政治格局。

美国政治的三原色

本文继续讨论历史、地理因素如何影响美国政治。标题是美国政治的三原色,较真的读者会说,紫色不是一种原色,是红、蓝混合出来的。当然,这也正是我拿不准的地方,在红蓝之外的各邦文化,是红蓝混合成的紫色,还是其他的颜色,我仍然存疑。

自由女神像耸立在纽约港口的自由岛上。自由女神像的基座上铭刻着一首诗:

> Give me your tired your poor,
> Your huddled masses yearning to breathe free,
> The wretched refuse of your teeming shore.
> Send these, the homeless, tempest-tossed to me,
> I lift my lamp beside the golden door!
> (把那些疲乏和贫穷的人们给我吧
> 也给我那些挤在一起渴望自由的人们

那些被遗弃的人们

把那些无家可归、颠沛流离的人们一起交给我吧

我在金色的大门口高举自由的灯火）

美国是一个典型的移民国家，来自世界各地的人们漂洋过海，不同的种族、不同的肤色、不同的传统，汇集在一起。照理说，当这些文化色彩混搭之后，形成的风格应该像莫奈的画作，底色和上层色彩交错，复杂而斑斓；但事实上，我们看到的美国文化却更像马蒂斯的"野兽派"画风，色调单纯大胆，线条粗犷简练。

移民，尤其是后期移民对美国文化的影响并非像人们想象中的那么大，原因有三点：第一，美国很早就关上了自由移民的大门。在第一批早期殖民地移民之后，1830—1924年之间又出现了几次"移民潮"，这些移民也大多来自欧洲，但北欧、南欧和东欧的新移民渐渐增加。"旧移民"担心"新移民"会冲淡美国的特质，在1924年之后实施了越来越严格的限制移民政策。第二，从社会学的角度来看，第一批移民对美国文化的形成影响最大。犹如公司的几个初创者将决定一个公司的文化一样，第一批移民在美国文化中的权重远远大于后来的各批移民。第三，后来的移民到了美国之后大多集中在少数地区，并未扩散到美国的四面八方。

按照沃德在《美国诸邦》一书中的描述，外来移民最喜欢去的地方是新英格兰地区的"扬基邦"（马萨诸塞及其周边各州）、"新荷兰邦"（即纽约附近）、"中土邦"（宾夕法尼亚及其附近各州）和"左岸邦"（从西雅图到圣地亚哥的靠近美国西部海岸线的狭长地带）。很少会有新移民到"深南邦"（佐治亚州及其他南部各州）或"远西邦"（贫瘠干旱的西部各州）。

观察美国的政治格局，会发现阶级之间的冲突并不明显，城乡之间的对立也不鲜明，但根深蒂固的是北部和南部之间的裂痕与对峙。2000年美国总统大选的时候，人们忽然发现，选举得票的分布有明显的地域特征，"红州"较多地支持共和党，"蓝州"较多地支持民主党。所谓的"蓝州"，主要是在西部沿海、东北部沿海和五大湖畔的各州，这是"扬基邦""左岸邦"和"新荷兰邦"的大本营。南部和中部是所谓的"红州"，它们则更倾向于支持共和党，这里是"深南邦"和"大阿巴拉契亚邦"的根据地。在"红州"和"蓝州"之间，是摇摆不定的"紫州"，比如俄亥俄州、艾奥瓦州、弗吉尼亚州、宾夕法尼亚州、密歇根州等，这里则是"中土邦""潮水邦"等诸邦的地盘。

红、蓝、紫，是美国政治的三原色。

红蓝之间的对峙，主要是"扬基邦"和"深南邦"之间的明争暗斗。这两个邦都很固执，都要把自己的理念强加给别人，都认为自己才是美国的主人。它们的政治取向、文化传统和社会结构格格不入，睚眦相向。

英国革命的时候，北美这边的闲汉们就开始起哄。很多"扬基邦"的人们回到英国，参加克伦威尔的军队，而美国南部的"绅士"们则纷纷加入保皇党的阵营。美国独立战争之前，"扬基邦"就曾经在17世纪80年代闹过要求自治的革命，那时候，"深南邦"的土豪们刚刚抵达北美，他们打从心眼里反感这些贫穷"下贱"的"暴民"。正如我在上一篇读书笔记中介绍过的，独立战争期间北美各地的殖民地之所以联合起来，并非为了独立，而是为了防止内部的冲突。然而，该发生的总要发生。1860年主张废除奴隶制的林肯当选总统之后，南方各州发动叛乱，组成邦联政府，美国内战爆发了。

美国内战以南方邦联的失败告终，这其实是"扬基邦"和"深南邦"之间的一次角斗。最早倡导废奴运动的是信奉人人平等的贵格会，但最起劲、最卖力的是"扬基邦"。"扬基邦"的民众大多是清教徒，他们一方面相信自己是上帝的选民，内心里自豪得不得了，另一方面又认为懒惰是一种罪恶，每天不找点儿事干就会闲得发慌。他们之所以痛恨奴隶制，不是因为利益上的冲突，而是因为他们认为奴隶制是道德败坏、政治反动的渊薮。美国内战结束之后，"扬基邦"的清教徒们弹冠相庆。奴隶解放了，尽管解放后的奴隶不知道自己该干啥，往往流落街头，只能靠政府救济。代表了"扬基邦"的联邦政府在南方驻军，并着手"重建"南方：要求黑人和白人平等选举，要给黑人教育的机会。大批的清教教士、教师涌入南方，办学校、设教堂，立志改变野蛮的"深南邦"。

"深南邦"则消极反抗。3K党四处拷打、暗杀胆敢从政的黑人和来自北方的教师。联邦政府要求让黑人进公立学校，那好，很多南方的邦就减少公立学校的数量，甚至把公立学校全部关掉，改建自己的教会学校。教会的势力在南方急剧扩张，就是要借上帝的名义对抗世俗政府的干预。"扬基邦"的热血志愿者们很快发现，在南方处处受挫，就像拿拳头去打羽绒床垫，左一拳、右一拳，累得自己精疲力尽，那个可恶的床垫还和以前一模一样。

"扬基邦"的有志者们不肯就此罢休，他们移师到"大阿巴拉契亚邦"改造社会。"大阿巴拉契亚邦"的移民大多来自苏格兰、爱尔兰的边陲之地。"扬基邦"的热心人觉得"大阿巴拉契亚邦"的人们没有文化、生活贫困、生性懒惰，他们真心希望帮助这些可怜的人们改善生活、净化心灵，没想到又挑错了对象，碰了一鼻子灰。"大阿巴拉契亚邦"的移民都是威廉·华莱士的后代，都有一颗不服任何管教的"勇敢的心"，他们根本不理这些来自北方的"事儿妈"。联邦政府居然在这里不识时务地征威士忌酒的税，更是在油锅里泼水。威士忌酒不仅是"大阿巴拉契亚邦"人民的精神寄托，甚至是他们的通行货币。"老子快活自已的，你小子管得着吗?!"他们把收税官和"扬基邦"的志愿者们全都赶了出去。

你不得不佩服，"扬基邦"的进步人士越挫越勇，百折不挠。他们又找到了新的战场：发动禁酒运动，保护儿童权利，争取妇女解放，提倡环境保护。时光匆匆，陵谷变迁，"扬基邦"的宗教狂热逐渐淡化，但他们那颗改天换地的雄心仍然澎湃如潮。

故事还没有结束。"扬基邦"并没有放弃改造"深南邦"的梦想。20世纪60年代，美国又爆发了一次"文化内战"。代表北方理想的联邦政府支持南方黑人的民权运动，遭到了南方政府的强烈抵制。1957年，阿肯色州州长奥瓦尔·福伯斯（Orval Faubus）为了阻止9名黑人学生上学，派国民警卫队占领了小石城中心高中。艾森豪威尔总统也毫不示弱，命令101空降师出动，占领了小石城，让全副武装的空降兵送黑人孩子上学。北方当时也是动荡不宁，狂放不羁的年轻人在追求自我和自由的道路上越走越远。在曼哈顿岛上有一个格龙威治村，这里原本是个城中村，有个古怪的名字叫Groenwijck。从20世纪初，尤其是到了60年代之后，这里成为各种叛经离道者的老巢。同性恋、立体主义者、嬉皮士、反战人士、左翼知识分子，所有让南方保守人士深恶痛绝的东西，几乎都产自格龙威治村。

成见越来越深，分歧越来越大。同意环境保护、呼吁关注气候变化的，往往都来自北方；反对福利国家、反对政府征税的，大多来自南方。北方支持吸食大麻合法化，南方坚持个人拥有枪支合法化。北方早在19世纪末就已经呼吁让大学教育世俗化，主张科学研究的自由，南方到了20世纪中期还在禁止教师讲授进化论，以及一切他们认为和《圣经》不符的科学知识。只要是打仗，"大阿巴拉契亚邦"必然支持，管他是打啥仗，先打了再说。要想讨好"深南邦"的选民很简单，只需要两个议题：种族主义和宗教问题。

在"红邦"和"蓝邦"之间，是紫色的骑墙派。之所以称之为紫色，是因为人们觉得这是红色和蓝色搭配的结果，但如果仔细观察，或许就会发现，这里的色调并非完全非红即蓝。我姑且沿用"紫色"的通俗用法，或许今后有专家能更准确地甄别出它们的色彩。这主要是"中土邦""远西邦"和"北方邦"（即墨西哥以北、美国南部的拉丁裔居多的各州）。"中土邦"和其他邦都有一些彼此认同的理念，但他们和任何其他邦都不是盟友。

他们欣赏"扬基邦"的中产阶级社会，和"大阿巴拉契亚邦"一样反对政府干预，他们和"新荷兰邦"一样支持文化多元主义，也同情"深南邦"的保守主义。"远西邦"可没有那么复杂的哲学沉思，他们的要求非常干脆直白：第一，联邦政府不要管我的事情；第二，联邦政府要多给我一些钱。"北方邦"的拉丁裔选民过去是沉默的大多数，如今开始争取自己的权利。他们是美国人口最多的少数族裔，没有一个政客敢于忽视拉丁裔的选票。

三百年的历史深处，是美国政治的断层线。断层两侧的势力承受着不同的压力，上升的依然上升，下降的依然下降，直到它们承受不了的时候，最终就会轰然断裂。

迷宫里的政治

本文介绍的是由商务印书馆翻译出版的《防务与外交决策中的政治》。这本书没有什么名气，但对我触动很大。我在这里介绍的只是书里的一个案例，书中还有很多其他案例，有兴趣的可以去看看。

1962年10月4日，一架美国U-2高空侦察机在古巴西部和中部拍下了一组照片。从照片上可以清晰地看出，苏联正在古巴的4个导弹发射场部署射程为1 000英里①的中程弹道导弹和射程为2 000英里的中远程弹道导弹。

苏联为什么要在美国的家门口大规模部署导弹呢？

其实，美国情报机构在两个月之前就已经获悉，苏联正将大批军火运往古巴。一个月之前，美国情报委员会专门讨论过，苏联有没有可能往古巴运送导弹。出席情报委员会的有中央情报局局长、国务部和国防部的官员、陆海空三军情报局的局长，以及

---

① 1英里=1.609 344公里。——编者注

联邦调查局和国家安全局的代表。大家一致认为，苏联不可能干这样的傻事：一则很容易被美国发现，二则会激怒美国，三则苏联并不信任古巴领导人卡斯特罗。

美国情报委员会的判断讲起来很有道理，那么，苏联为什么会做出一种愚蠢而冒险的选择呢？

肯尼迪总统召集了国家安全委员会的特别会议，他想要弄清楚，苏联这样做，其背后的动机到底是什么。

一种解释是苏联要用导弹保卫自己的盟友古巴。但肯尼迪总统曾经拒绝动用美国军队在猪湾帮助反卡斯特罗的古巴旅，苏联不会傻到认为美国会进攻古巴。就算他们担心美国会进攻古巴，也犯不着动用核导弹。美国、英国和法国为了保护柏林，不过各出了一个营的兵力，就能对苏联形成足够的威慑。

另一种解释是苏联在声东击西、调虎离山。如果美国把注意力集中在古巴，苏联就趁机夺下柏林。但要是这样，西方阵营岂能善罢甘休？如果苏联是想要借古巴这张牌跟美国做交易，用古巴换柏林，难道不怕寒了社会主义阵营里其他小兄弟的心？

第三种解释是苏联想用古巴的导弹交换土耳其的导弹。美国应北大西洋公约组织盟国的请求，在土耳其部署了朱庇特式导弹，但这不过是经不住盟国的缠磨，做做样子而已。朱庇特导弹已经过时了，没有任何威慑力。这种导弹发射前的倒计时很长，以至于经不起一英里之外山头上的狙击。

这也不是，那也不是，苏联的葫芦里到底卖的什么药？

美国情报部门之所以无法理解苏联的行为动机，是因为他们始终把苏联作为一个整体的决策单位来考虑。这在国际关系学者看来是天经地义的：一国的外交和防务政策就是为了使其国家利益最大化。

但问题在于，政府并非是一个不能再细分的"原子"单位。政府的内部有最高领导人，有各个部门的领导人，有无数个技术官僚和职业政客，政府的门口还站着各种利益集团的代表、专家顾问、舆论和民意等等。决策即政治，而且首先是决策者内部的政治。总理抱怨处长干政，处长抱怨上司无能。

政治决策是混乱、仓促而多变的。很多决策不过是不同利益之间的妥协，各种不完美方案的拼凑。有时候，大家都不知道该干什么，会集体决定干另一件毫不相干的事情；而更多的时候，则是热衷于对已有的政策作些修修补补，拆了再装，装了再拆。政府各个部门之间的矛盾，似乎比各个国家之间的矛盾还要大。军队似乎应该是号令统一的，事实恰恰相反，有时海陆空三军都把对方看成比外国势力更危险的敌人，他们最善于干的事情就是互相拆台，甚至不惜歪曲事实、泄露机密。就连看起来重大的决策，也很少是经过审慎、系统的分析和判断之后作出的明智选择。据说，第一次世界大战爆发之后，德国总理问他的前任："这一切都是怎么发生的？"他的前任耸耸肩："要是我们知道就好了。"

事情要从艾森豪威尔总统时期讲起。艾森豪威尔时期,美国一度认为苏联在导弹方面占了上风,苏联也觉得自己把美国甩在了后面。1961年夏天,美国发射的第一批侦察卫星显示,在核武器竞赛方面,美国还是领先的。美国安排国防部副部长发表了一次演讲,将双方导弹差距的真相透露给了苏联。苏联这下有了危机感,打算奋起直追。

苏联当时的经济已经现出颓势,尽管军方强烈建议实施一项应急的洲际导弹发展计划,但主管经济部门的官员不希望花太多的钱,他们担心这会影响到苏联的重工业发展。主管经济部门的官员指出:苏联的中程和中远程导弹已经大量过剩,还开发什么洲际导弹呢?

不知是谁想出了一个消化过剩产能的好办法,那就是"走出去"。卡斯特罗恰好正要求苏联提供军事支持,苏联政府干脆决定,在古巴部署较大数量的、较老的中程和中远程导弹,这样,既能平息军方对"导弹差距"的担忧,又安抚了想要减轻财政压力的经济官员,还能给卡斯特罗一个交代。

于是,苏联派了100多艘船,浩浩荡荡地把导弹运到古巴。

为什么苏联的导弹会被美国的U-2飞机发现了呢?因为苏联的工兵并没有掩蔽好导弹发射场,导弹是运来了,但都跟白菜一样堆放在地上,不要说美国派飞机轰炸了,狙击手用步枪就能把这些导弹干掉。为什么苏联的工兵没有掩蔽好导弹发射场呢？因为这些工兵是按照在苏联国土上建设发射场的操作手册一步步做的——在苏联的西伯利亚建设发射场，那里连鸟都飞不到，根本不需要掩蔽。

再深入探究一点，为什么苏联的中程导弹和中远程导弹会大量过剩呢？因为苏联的导弹部队是陆军里的炮兵，不像美国那样归属于空军。空军和陆军的作战思维大相径庭。空军的习惯是为打一次战争提供有限数量的飞机，因为多了消受不起；炮兵的习惯是到了打仗时要准备充足的弹药，维持每个月数百万轮的炮击。

你或许会觉得这都是因为苏联体制内的官僚习气，其实美国的情况也好不到哪里去。当美国跟苏联交涉的时候，苏联方面狡辩，说他们在古巴部署导弹是因为美国在土耳其部署了导弹。肯尼迪总统大为光火，因为他清楚记得1961年就指示国防部，让他们负责从土耳其撤出导弹。但是，直到1962年，那些导弹还原封不动地留在土耳其！

政治就像是希腊神话里米诺斯的迷宫，走进去容易，走出来难。

作者注：本文取材于罗杰·希尔斯曼（Roger Hilsman）、劳拉·高克伦（Laura Gaughran）和帕特里夏·A. 韦茨曼（Patricia A.

Weitsman)的《防务与外交决策中的政治：概念模式与官僚政治》，商务印书馆2000年出版。本文所分析的政治决策，主要是指西方政治或苏联体制中的政治决策。

解码制度演进

  本文介绍了阿西莫格鲁（Daron Acemoglu）和罗宾逊（James Robinson）的《国家为什么会失败》。这本书的翻译历经周折，但总算出版了。此书是制度经济学的一个新的里程碑，从思想到文风都令人耳目一新。我的评论，不过是抛砖引玉。

  阿西莫格鲁和罗宾逊是年轻一代经济学家中的翘楚。阿西莫格鲁现为麻省理工学院经济学教授，罗宾逊是哈佛大学政府系教授。阿西莫格鲁1967年出生于土耳其，在伦敦经济学院获得博士学位之后，到麻省理工学院任教。他已经在《美国经济评论》《政治经济学杂志》等顶级经济学期刊发表了100多篇论文，并于2005年获得了有"小诺贝尔经济学奖"之称的约翰·贝茨·克拉克奖（John Bates Clark Medal）。他的研究领域极为广阔，涉及政治经济学、经济增长、劳动经济学等各个领域。罗宾逊是阿西莫格鲁多年的合作者，他们两个和另一个合作者西蒙·约翰逊（Simon Johnson）共同发表了30多篇论文，对政治经济学和制度经济学有很大的影响。罗宾逊和阿西莫格鲁还曾一起出版了《独裁与民主的经济起源》①(*Economic Origins of Dictator and Democracy*)一书。

《国家为什么会失败》在2012年出版之后,引起极大轰动,一直畅销不衰。此书最先由我介绍给湖南科学技术出版社,我还介绍了我的师弟李增刚博士担纲翻译。从开始翻译,到中译本的最终出版,时隔两年,中间颇多波折,诚可谓好事多磨。

阅读此书,读者不由得会被作者汪洋恣肆的文笔倾倒。两位作者穿越时空,时而把我们带到古罗马帝国,时而把我们引入网络时代,时而谈到古代玛雅文明,时而又会游历中东的伊斯兰世界。这种史论兼顾、娓娓道来的风格,在经济学著作里已是久违了。阿西莫格鲁和罗宾逊将经济学重新带回了广阔的现实世界,带回了政治经济学的传统。

不过,此书是一本经济学理论著作,而非一本历史书。作者试图回答的问题,是经济学中的"哥德巴赫猜想",即为什么有的国家能够兴盛,有的国家却长期落后。这一问题是经济增长理论的终极关怀,是萦绕发展经济学的主旋律,也是推动制度经济学、政治经济学不断探究的动力。这一问题不仅令经济学家痴迷,也吸引了历史学、社会学、政治学等其他学科的关注。

---

① 本书尚无中文版。——编者注

若是从经济增长理论来看，增长的源泉无非是劳动力数量的增长和劳动生产率的提高。按照经典的经济增长理论，穷国应该逐渐赶上富国，最终会出现"趋同"。遗憾的是，这样的好事很少发生。穷国摆脱落后局面，简直比骆驼穿过针眼还难。国家之间的贫富差距，比一国内部的贫富差距还大。发展经济学沿用主流经济学的分析框架，试图找到改变落后国家悲惨命运的灵丹妙药。发展经济学家尝试了"大推进"，也试验了"平衡增长"；有的鼓吹"进口替代"，有的主张"出口导向"；一开始推崇货币资本投资，后来则强调人力资本投资。但这么多年下来，他们不得不承认：成功的案例寥寥无几。

经济增长理论和发展经济学忽视了国家对经济发展的双重作用。国家的行为动机并非像经济学模型中假设的那样，总是追求社会福利的最大化。国家有其自己的动机，经济增长离不开国家的支持，因为只有国家才能提供较为充分的产权保护，但国家又时常是扼杀经济增长的元凶，因为政府会犯错，官员会寻租，民主易于畸变为民粹。制度经济学和政治经济学的兴起，在很大程度上就是要解释国家在经济发展中究竟起到了什么作用。

诺贝尔奖得主诺斯（Douglass C. North）在其《西方世界的兴起》《经济史中的结构与变迁》等一系列著作中提出，制度是最重要的，制度的最重要使命是保护产权。良好的产权制度安排能够提供适宜的激励机制，鼓励人们去创新，而个人的努力最终将带来社会财富的积累。诺斯的理论在中国一度风靡一时，一个重要的原因就是中国人很容易从切身的经验体会到制度变迁带来的巨大差异。人们对计划体制时期的短缺和低效记忆犹新，而对改革开放之后物质财富的涌流惊叹不已。但从诺斯的理论本身来看，美则美矣，了则未了。如果我们继续追问，为什么会出现有效率的产权制度？为什么国家拥有了暴力潜能之后不去掠夺臣民，而是要去保护私人产权？反过来，如果保护私人产权真的是带来长期收益最大化的唯一渠道，为什么国家那么短视，会杀鸡取卵？

另一位制度经济学的大师曼瑟·奥尔森独辟蹊径，他在《国家兴衰探源》中强调了利益集团的作用。国家不是铁板一块，物以类聚，人以群分。当人们组成利益集团之后，他们更愿意去"分利"，也就是说，他们更关心如何分到更大的一块蛋糕，而非把蛋糕做大。更糟糕的是，利益集团在抢夺蛋糕的时候，会故意破坏社会财富，就像公牛闯进了瓷器店，横冲直撞，留下一片狼藉。如果社会长久地保持稳定，利益集团就会逐渐滋生，要想阻止利益集团的壮大，有时候不得不依靠革命和暴力。奥尔森谈道，"二战"之后西欧和日本发展速度迅猛，在很大程度上是因为战争肃清了既得利益集团。同理，我们也可以理解，为什么中国的经济改革会比苏联更成功。在某种程度上，"文化大革命"

的一个副产品就是粉碎了既得利益集团，所以中国在推进改革的时候，除了意识形态上的分歧，几乎没有遇到巨大的社会阻力；但苏联试图推进经济改革的时候，根本绕不开庞大的官僚机器和无处不在的既得利益集团，举步维艰，顾此失彼。奥尔森的观点不可谓不精辟，但"细思极恐"①。杰斐逊说，"自由之树要靠爱国者和暴君的鲜血不断浇灌"，难道不破不立，就是历史的轮回？

阿西莫格鲁和罗宾逊将诺斯的观点继续向前推进。阿西莫格鲁和罗宾逊认为，政治制度和经济制度之间总是保持着张力，未必完全一致。政治制度可以是包容性的（inclusive），也可以是汲取性的（extractive）。同样，经济制度可以是包容性的，也可以是汲取性的。如果一个国家的政治制度是汲取性的，也就是说，只有少数人能够掌权，那么，这个国家就很可能会采取汲取性的经济制度，国家会不断地从臣民那里榨取财富，哪怕最后是极度的贫富悬殊。阿西莫格鲁和罗宾逊讲道，有一次，津巴布韦银行组织大家抽奖，一等奖能够获得 10 万津元。猜猜谁得了一等奖？津巴布韦总统罗巴特·加布里埃尔·穆加贝！

阿西莫格鲁和罗宾逊将发达国家现有的制度概括为包容性的政治制度和包容性的经济制度。在他们看来，这就是长期经济增长的保证。这种分类其实有偷懒的嫌疑。发达国家的确在过去三

---

① 细思极恐，网络用语，意为"仔细想想，觉得恐怖到了极点"。——编者注

百年出现了持续的经济增长,但不同的国家、不同的历史时期,经济增长的绩效差异很大。欧洲国家如今应该算是经济增长的代表,还是经济衰退的代表呢?日本经历了"失去的十年",后来又变成了"失去的二十年",它还有多大的机会,能够再度出现强劲经济增长呢?如果不把西方的政治制度算作唯一的标准答案,那么,在欧洲殖民者到来之前,北美有些印第安部落很可能既算是包容性的政治制度,又算是包容性的经济制度。在不少与世隔绝的部落中,我们同样可以认为,他们的政治、经济制度都很包容,但他们并没有,甚至也不需要经济增长的概念。阿西莫格鲁和罗宾逊也注意到,制度会出现逆转,古代罗马在共和政体时期,大体上可以算得上包容性的政治制度和包容性的经济制度,但最终为什么会退化为日益衰落的帝国?

再接下来的一种组合是汲取性的政治制度和包容性的经济制度。阿西莫格鲁谈道,这种组合之下,也能出现经济增长,甚至经济增长的势头还会更强劲,但最大的问题是增长不可持续。苏联在计划体制时期经济增长一度超过西方资本主义国家。著名经济学家萨缪尔森(Paul A. Samuelson)在其经典的《经济学》教科书中多次预言,苏联的人均收入很快就要超过美国,最终,苏联却在一夜之间四分五裂。经济增长是一场马拉松赛跑,拼的不是速度,而是持久的耐力。只要假以时日,持续稳定的经济增长就能够带来滚雪球一般的"复利"。汲取性政治制度在短期内更方便调动资源，提高投资率，但随着时间的推移，会越来越难以对创新提供足够激励。

从逻辑上讲，还存在着包容性政治制度和汲取性经济制度的组合，但在现实中却难以存在，因为在包容性政治制度下，国家难以不受约束地直接汲取民间财富。

假设阿西莫格鲁和罗宾逊的理论是对的，那么，能否出现包容性的政治制度，是保证经济长期增长的关键。问题在于，包容性政治制度是从哪里来的？为什么政府会主动地约束自己的权力？

阿西莫格鲁强调了历史中的偶然性因素和路径依赖性。一开始，可能是外部环境的差异，比如，同样是欧洲殖民者，到达南美的西班牙人找到了黄金，而到达北美的英国人却没有这样的好运气。法国、西班牙国力相对强大，能够直接把殖民地置于政府控制之下；而英国政府鞭长莫及，只得委派贵族或殖民公司，等到英国政府想到要加强对北美殖民地的管理之时，北美殖民地已经羽翼丰满，不肯俯首听命了。追根溯源，英国之所以出现"大宪章"，以及之后的"光荣革命"，乃是因为国王的实力相对薄弱，难以和贵族抗衡。阿西莫格鲁和罗宾逊也提到，欧洲封建制度的解体，和黑死病有直接的联系。黑死病导致欧洲1/3人口死亡，瘟疫过后，劳动力变得更加稀缺，资本在和劳动的谈判过程中不得不甘拜下风。

阿西莫格鲁和罗宾逊的理论博大精深，令人叹为观止。但历史细节的差异之处往往非常微妙，对历史事实的解读也时常会受到主观意识的影响。读完阿西莫格鲁和罗宾逊的《国家为什么会失败》，掩卷而思，不免仍有遗憾。两位作者对制度的理论解读，并未能像他们想象中的那样不拘一格、突破成见。

将政治和经济制度划分为包容性和汲取性，本身就有武断之处。同为包容性经济制度，北美和欧洲就有很大差异，欧洲内部北欧和南欧的差异也很大，即使只看北欧，丹麦和挪威之间的不同之处也极其明显。同为汲取性政治制度，苏联的体制和津巴布韦的体制是一样的吗？再从制度的演变来看，阿西莫格鲁谈道，不是所有的制度变化都是进步的、线性的，制度会出现突变，好的制度会变异和退化，不好的制度也可能突然出现"跃迁"，但他们似乎仍然坚持，制度的变迁到最终应该趋同，"包容性"政治制度和"包容性"经济制度的组合才是制度均衡。

阿西莫格鲁和罗宾逊在书中提出了"制度漂移"（institutions drift）的概念。这一概念借鉴了进化论中的遗传漂移（genetic drift，或称遗传漂变）概念。遗传漂移是指在某种特定的条件下，随着世代遗传，有些基因会逐渐消失，而另一些基因则最终固定，从而改变了整个群体的遗传结构。我感到遗憾的是，两位学者何以浅尝辄止，为什么不能借鉴物种进化的思路，真正发动一场理论革命呢？

国家兴衰和物种存亡之间的相似程度，很容易引发人们的想象。假如借鉴进化论，尤其是分子生物学对进化论的"进化"，不妨提出若干假说，以激发学者们的讨论。

首先，物种之间的外表差异极大，但基因的重合程度超过人们的想象。人类和黑猩猩之间的基因重合程度高达99%，和猴子的基因重合程度达到90%，甚至和香蕉的基因重合程度都有50%。同理，各种制度，万变不离其宗，政治体制和经济体制需要完成的基本功能都是相似的，内在的逻辑也一以贯之。从表象来看，制度的区别很大，从内在的基因来看，可能相似程度极高。如果仅以制度的外在形式判断其绩效差异，恐怕很容易谬之千里。

其次，基因会出现变异，制度会出现变革。基因的变异往往是随机的，大部分是中性甚至有害的，只有少部分是有益的。同理，大部分政策不过是官员为了显示自己没有闲着，而是有所作为才出台的。政策变革很少有深思熟虑的长期安排。盲目的变革、随意的调整占了大多数。这些"制度变迁"大部分是瞎折腾，有些还会带来极大的负面影响，只有极少数才能带来巨大的社会进步。

再次，正如地球上出现过的物种99%都已经灭绝了一样，人类社会所尝试过的大部分政治、经济制度都会失败。我们看到幸存下来的制度，可能会自然而然地得出结论，这就是最适合人类的制度,但这是一种典型的"幸存者偏差",被淘汰掉的制度很可能仅仅是因为运气不好。假如亚历山大大帝没有英年早逝,假如 1588 年英国在海战中输给了西班牙,假如美国没有打赢独立战争,假如希特勒没有出兵苏联而是占领了英伦三岛,这个世界会是什么样子?我们又该如何解释这个世界?

最后,不是所有的制度都是完美的。正如生物学家古尔德(Stephen Jay Gould)曾经讲过的:熊猫的拇指其实不是拇指,而是"桡侧腕骨",只能凑合着用;人类的阑尾到底有什么用,谁也不知道;海星和海胆早期已经有了脑的雏形,但在进化过程中反而把脑弄没了;我们眼睛的构造极其笨拙,完全装反了,之所以还能读书、看电影,是因为我们的大脑发达,能够把看到的零星碎片重新编码、整合。政治、经济制度恐怕亦然。一个国家所经历的全部历史都是它的遗产,我们往往只能背负着所有的"传统",漫无目的地寻找新的出路。

为什么艾奥瓦州和新罕布什尔州在美国总统初选中最重要？

> 本文介绍了美国大选的初选制度，主要参考了伊莱恩·C. 卡马克（Elaine C. Kamarck）的 *Primary Politics: Everything You Need to Know About How America Nomitates Its Presidential Candidates*.（2nd edition, Brookings Institution Press.）

2016年美国总统竞选已经揭开帷幕。2月1日艾奥瓦州举行了党团会议初选，2月9日新罕布什尔州举行了初选。共和党最富有争议的热门候选人特朗普在艾奥瓦州负于克鲁兹，屈居第二，但在新罕布什尔州却扳回一局，遥遥领先。民主党方面，希拉里·克林顿在艾奥瓦州险胜桑德斯，桑德斯则在新罕布什尔州力克希拉里。从这两场初选结果来看，2016年美国总统竞选充满了变数，注定是一场持久战和消耗战。

从历次美国总统选举来看，艾奥瓦州和新罕布什尔州一直是最敏感的风向标。但这两个州在美国的50个州里并非鹤立鸡群，相反，它们是两个很不起眼的州。艾奥瓦州是个大农村。新罕布什尔州的面积在美国各州排名第46，人口大约为100万。为什么独独是艾奥瓦州和新罕布什尔州最重要？

导火索：1968年民主党全国代表大会

这要从美国总统竞选规则的改革说起。美国总统竞选原来大致分为两步：先要赢得本党的总统候选人提名，然后和另一个政党的总统候选人竞争。要想赢得本党的总统候选人提名，先要经过各州的初选，即各州通过选举产生党代表。待各州初选结束之后，民主党、共和党会召开全国代表大会，由各州选举产生的党代表和其他的"超级代表"一起，选出本党的总统候选人。过去，尽管也有地方初选，但两党的总统候选人主要由党内人士协商推荐。大家聚在一起，"在廉价雪茄的烟味中"确定候选人。很多总统候选人根本就不参加初选。在这种体制下，愿意参加初选的政客反而会被视为"野路子"。这一制度在1968年之后发生了改变。

1968年是个动荡不安的年份。中国正处于"文化大革命"的狂热和混乱之中。巴黎出现了"五月风暴"学潮。美国的民权运动如火如荼，反战情绪激昂高涨。小马丁·路德·金遇刺之后，美国有100多个城市爆发骚乱。1968年8月26日至29日，民主党全国代表大会在芝加哥的国际圆形剧场召开。约翰逊总统宣布不参加竞选。大会推选副总统休伯特·汉弗莱（Hubert

Humphrey)为总统候选人。这远非一场团结的大会、胜利的大会。会场之外,1万多名示威群众和2万多名警察互相对峙。反战运动领袖选出了自己的总统候选人——一只名叫皮加苏斯(Pigasus)的猪。警察逮捕了8名反战运动领袖和他们的猪。为了驱散示威群众,警察大量使用催泪弹,以至于在希尔顿酒店的房间里洗澡的汉弗莱都感到不适。警察不分示威者还是路人,见人就挥棒痛打。会场之内,秩序也已经失控。民主党内支持越南战争和反对越南战争的两派出现了分裂。著名记者丹·拉瑟(Dan Rather)在会场做现场报道的时候,看到有抗议的民主党代表被拖出会场,他本人也被警察抽打。从初选结果已经能清楚地看到民众的反战渴望,但党内大佬却一意孤行。这一夜,很多通过电视看到这些血腥、混乱画面的美国人深为震撼,在那一刻,他们做出决定,把票投给共和党候选人尼克松。

竞选失利在民主党内引起强烈反弹。为了平息众怒,民主党任命参议员乔治·麦戈文(George McGovern)和明尼阿波利斯市市长唐纳德·弗雷泽(Donald Fraser)组成党组织与代表委员会,改进总统候选人的提名方式。经过讨论,民主党决定摒弃传统的内部推荐方式,采用由党员群众直接投票的方式。民主党从1972年总统竞选起,开始采用新的初选规则。共和党随后亦步亦趋。初选制度出现了彻底的改变。

催化剂：1976 年卡特异军突起

吉米·卡特是个出生于佐治亚州的"乡巴佬"。他 5 岁就开始到街上叫卖煮花生。1943 年卡特进入安纳波利斯的美国海军军官学校，此后在海军服役 11 年，参加过美国第一批核动力潜艇的研究工作。退役之后，卡特回到老家重操旧业，种起了花生。1970 年，卡特当选为佐治亚州州长。

1976 年，卡特决定参加总统竞选。在很多人看来，这几乎是痴人说梦。卡特跟华盛顿的头面人物几乎没有交往。1975 年的民意调查中，卡特的支持率只有 1%，没有人知道他是谁。但是，卡特和他的竞选团队比其他竞争对手更为透彻地领悟到初选制度改革提供的机会。更为民主的初选，为默默无闻的"政治黑马"脱颖而出，提供了更大的胜算。1972 年，大部分州还在采用传统的内部推荐制度，但领导了初选制度改革的参议员麦戈文参加竞选，他和他的团队充分利用了刚刚出台的初选新政。在艾奥瓦州党团会议初选中，麦戈文暂居第三，但他在之后的科罗拉多、蒙大拿、犹他、爱达荷、康涅狄格、北卡罗来纳等州大获全胜，最终战胜党内一号种子选手、1968 年的副总统候选人艾德·马士奇（Ed Muskie）。由于对新规则不熟悉，当时的新闻媒体把聚焦点都投向马士奇，直到麦戈文后来居上才恍然大悟。

卡特的策略是集中精力搞定艾奥瓦州的党团会议初选。新闻媒体错失了 1972 年的大好题材，肯定不愿再错一次，所有的媒体都会浓墨重彩地报道艾奥瓦州初选。只要拿下艾奥瓦州，就能站在聚光灯下。名气来了，竞选资金就会来，选票也会随之滚滚而来。虽然没有党内大人物支持，又缺乏财大气粗的金主，但卡特并不气馁，他耐心地在艾奥瓦州花了几个月时间作初选宣传，甚至直接住在支持者家中。1976 年艾奥瓦州初选结果宣布了：卡特位居第二，第一名是"未确定"（uncommitted）。这一战宣告像卡特这样的南方候选人也能赢得北方州的青睐。卡特成为轰动一时的大热门。

随后，卡特势如破竹，连下数州，除了在马萨诸塞州失利，他一口气获得了新罕布什尔、佛蒙特、佛罗里达、伊利诺伊、北卡罗来纳、威斯康星、宾夕法尼亚、佐治亚等十多个州的初选冠军。吴下阿蒙，当刮目相看。由于瞧不起卡特，民主党的自由派曾有被戏称为"ABC"（Anyone but Carter，意思是谁都行，除了卡特）的运动，但民权运动领袖老马丁·路德·金力挺卡特，党内大佬也纷纷表态支持。7 月在纽约召开全国代表大会时，总统候选人已经是卡特的囊中之物。之后，卡特以微弱优势击败共和党对手，即在任的福特总统，当选为美国第 39 任总统。

1980 年，卡特再次参加竞选。当时，美国经济受到石油危机的冲击，处于滞胀困境，通货膨胀率和失业率双双居高不下。在外交事务中，卡特贸然下令特种部队发起"鹰爪行动"，拯救被扣押在美国大使馆的人质,却以惨败收场,令其声望一落千丈。然而他在 1980 年的竞选中更为纯熟地组织了一场"初选战",保住了民主党总统候选人的提名。

为了保证自己在初选中尽可能获胜,卡特利用在位的优势,说服了南方各州,比如密西西比、南卡罗来纳、俄克拉何马、佐治亚、佛罗里达和亚拉巴马,尽可能把初选时间提前。卡特的另一个策略是尽可能在早期密集地举行初选,由于新出道的选手还没有机会大量筹集资金,这样一来就能很快耗尽他们的资源。当卡特的布局大体完成之后,其竞争对手,马萨诸塞州参议员泰德·肯尼迪(Ted Kennedy)提出也要把该州初选时间提前。出乎意料的是,卡特慨然应允。卡特的算计是,即使在马萨诸塞州失利,大家也会理解;万一在马萨诸塞州得胜,那就是辉煌的成就。这正如在金融市场上,预期并不重要,超预期才是重要的。

卡特先是在艾奥瓦州获胜,然后在肯尼迪参议员的后院缅因州和新罕布什尔州获胜,在 3 月举行初选的 9 个州里,卡特获得了 6 个州的冠军,3 个州的亚军。到了 4 月,大局已定,卡特又捧走了民主党的总统候选人。只是因为民众对其执政能力的信任跌至谷底,所以在 11 月大选中,他才被共和党总统候选人罗纳德·里根击败。

1976 年之后,初选新政改变了政治游戏规则。遵守规则才能获胜,藐视规则或是想另辟蹊径,将会惨遭淘汰。2004 年竞选中，出身于纽约豪门、精明强干的佛蒙特州州长霍华德·迪安（Howard Dean）对艾奥瓦州党团会议颇有微词。他说："如果你看看党团会议制度，就会发现他们代表了两党、两翼的特殊利益。这些特殊利益并不代表美国人民的中间力量，而是代表了极端派。如果我是一个有工作的人，还带着孩子，到了周六，我是会花 15 分钟到投票点直接投票了事，还是会参加党团会议，坐在那里 8 个小时，听左邻右舍畅谈如何拯救世界？"迪安的话捅了马蜂窝。艾奥瓦人民很生气，后果很严重。迪安在艾奥瓦州仅仅获得了 18% 的投票，艾奥瓦人民也要羞辱一下羞辱他们的人。

另一个失败案例是 2008 年参加竞选的纽约市市长鲁迪·朱利安尼（Rudy Giulianni）。"9·11"恐怖袭击之后，朱利安尼领导了反恐行动，被视为美国的"英雄市长"。2007 年的民意调查显示，朱利安尼在共和党的几位候选人中名列前茅。但是，朱利安尼是个地地道道的"纽约客"，刚刚从一场沸沸扬扬的离婚案中走出来。他的前妻指责他和多名女性保持不正当关系。朱利安尼之前还曾经支持过同性恋和堕胎。可以想象，在艾奥瓦群众的眼里，朱利安尼再有才干，也过不了道德审查这一关。朱利安尼也有自知之明，所以他想绕开艾奥瓦及其他几个州的初选，把第一仗放在佛罗里达。佛罗里达是个大州，而且和纽约素有渊源，很多纽约的老人退休之后，都搬到佛罗里达州居住。朱利安尼认为拿下佛罗里达，足以为自己壮声势。但不幸的是，这意味着在初选的第一个月内，当媒体关注度最高的时候，朱利安尼彻底消失在公众的视野中，慢慢就被淡忘了。1月29日，佛罗里达州的结果出来，朱利安尼仅仅得到15%的投票，屈居第三。第二天，他宣布退出竞选，黯然收场。

先行效应：为什么是艾奥瓦州和新罕布什尔州？

作为最早举行初选的两个州，艾奥瓦州和新罕布什尔州并不是万能的，但没有艾奥瓦州和新罕布什尔州也是万万不能的。若是依照艾奥瓦州和新罕布什尔州的结果预测大选结果，成功率还不到50%。但是，自1972年以来，无论是共和党还是民主党，几乎没有一个候选人在艾奥瓦和新罕布什尔州排在第三名之后，最终还能获得党内提名。因此，如果说这两个州不能预测成功者，它们倒是可以相当成功地预测失败者。

可是，为什么艾奥瓦和新罕布什尔会是最早举行初选的两个州呢？这纯属历史偶然。

1972年，当民主党第一次实行初选新规定的时候，艾奥瓦州提出要第一个举行初选，因为该州的规则极其复杂，耗时耗力，必须提前准备。艾奥瓦州实行的是党团会议（caucuses）制度，和一般的初选（primary）不一样。初选相对简单，大家到投票点投票就行，党团会议则要麻烦得多。同是党团会议，共和党和民主党的规则还有差异。以艾奥瓦州民主党的规则为例，群众党员先在社区开会,图书馆、学校,甚至在私人住宅中,大家聚在一起,讨论选谁。到场的党员可以互相讨论,交流观点,大家都想说服别人加入自己的团队。讨论之后投票,如果某个候选人的票数不到15%,则这些票作废,重新投票。如果出现了势均力敌的情况,就掷骰子决定;如果依然没有决出胜负,再次投票。选完了之后,人们各回各家,社区选出的党代表再到镇上,参加镇里的党团会议。镇里选出的党代表再到选区参加党团会议,选区选出的党代表再到州里参加党团会议,最后选出州里的党代表。州里的党代表等着到7月参加全国代表大会,投出自己神圣的一票。

新罕布什尔州的情况则有所不同。该州1920年就开始在全国范围内最早实行初选,到1949年就出现了类似1972年的初选改革。当时,该州众议院发言人理查德·阿普顿(Richard Upton)说,要把初选制度搞得"更有生气,更有意义",允许民众直接参与。1952年,新罕布什尔州在总统竞选中立了奇功。"二战"之后,艾森豪威尔荣归故里,共和党和民主党都想让他参加总统竞选,但他不是任何党派的党员。1948年,艾森豪威尔婉拒了两党的参选邀请。可民众对艾森豪威尔的喜爱是挡不住的。于是,1952年,在新罕布什尔州的一群艾森豪威尔的支持者,利用1948年的初选新规定——只要有50个请愿名单,群众就能自发推选总统候选人——把他列进了共和党的候选人名单。

选民以 50.25% 的票数，把艾森豪威尔推上首席。艾森豪威尔大为感动，他说："看到这么多美国人以这样的方式表达敬意，我若不为身为美国人而骄傲，就不算是美国人。"

但是，艾奥瓦州和新罕布什尔州一直垄断着前两名的位置，这样做公平吗？

艾奥瓦州是美国中西部的一个农业州，地广人稀。美国 1/5 的玉米都在这里种植，猪的数量是人口数量的 4 倍。艾奥瓦州的人口占全美人口的 1%。1990 年，97% 的艾奥瓦人是白人；2010 年，91% 的人是白人。大约 50% 的人信新教，23% 的人信天主教。简言之，艾奥瓦州的代表选民是笃信上帝的白人农场主。他们会关心城市里的问题吗？他们会对宗教和社会问题宽容吗？近年来，艾奥瓦州的拉丁裔人口增长迅猛，但他们大多不参加党团会议。该州的西自由镇（West Liberty）以拉丁裔居民居多，美国国家公共广播电台的记者在近年初选的时候采访了当地的几位拉丁居民，他们几乎都不知道什么是党团会议（caucuses），也没有去投票的意愿，有位拉丁居民以为记者问的是"仙人掌"（cactus）。

新罕布什尔是 1629 年从邻近的缅因州分离出来的，属于美国最初的 13 个州之一。新罕布什尔州的面积在美国各州中排名第 46，比夏威夷州还小，人口只有 100 万左右。由于位置偏北，新罕布什尔素来被视为避暑胜地。1944 年在新罕布什尔州布雷顿森林召开的国际会议确立了战后的国际经济体系。之所以在这里开会，就是因为该地清凉宜人。新罕布什尔州允许登记选民在100人以下的小村镇提前初选。全国范围内，新罕布什尔州是第一个举行初选的。全州范围内，位于该州东北部的小村迪克斯维尔诺奇（Dixville Notch）是第一个举行初选的。该村2010年登记的选民只有12位。2008年该村的初选要更热闹一些，登记的选民有21人，而且全部来参加投票了。奥巴马在该村大获全胜，获得了15票。麦凯恩得了6票，这也不赖了，这6票足以使他成为该村的共和党候选人。

如果要找比艾奥瓦和新罕布什尔州更能代表美国的州，难道不是比比皆是？宾夕法尼亚、科罗拉多、密歇根、俄亥俄，哪个不比这两个州更好？若按各州人口及种族构成比例来看，居中的伊利诺伊州很可能更为合适。但如果这样一来，就会像爱丽丝一样掉进兔子洞：要是按照产业结构呢？要是按照教育水平呢？要是按照去教堂的次数呢？

别的州也不是没有意见，从趋势上来看，很多州都想把初选的时间尽可能提前。但是，一则，艾奥瓦州和新罕布什尔州强烈反对。新罕布什尔州州长甚至威胁提出动议的政客们，要是敢动该州的位置，哪一天他们想到该州参加初选，看有什么好果子吃。二则，想要提出一个服众的替代方案并不容易，只会徒增更多纷争。三则，也不是所有的州都想提前，各州初选大多是由州里的立法机构或党部出钱,受到资金、当地法规的种种限制。

于是,我们现在看到的情况在不久的将来还将继续:艾奥瓦州将是第一个举行党团会议初选的州,新罕布什尔州将是第一个举行初选的州。想要把初选时间提前的州都被放在第二梯队,这个梯队里大约有 30 个州,它们将在这两个州的初选结束之后,在一个时间窗口内密集地举行初选。其他各州则是第三梯队,依次在 6 月之前完成初选。

有什么样的规则,就用什么样的策略

有一个奇特的现象是,初选改革没有引起党内权贵的反对,反而招致了专家学者的批评。

在政治科学家们看来,改革之后的初选制度并不完美。其他运转良好的民主政体,大多通过党内推荐的方式,指定本党候选人,没有像美国这样乱糟糟瞎折腾的。初选改革的初衷是要防止当权派滥用权力,精英阶层把持重要位置,但治国需要才干和经验,谁说从草根选出的一鸣惊人的黑马一定胜过识途老马?像艾奥瓦州那样复杂的初选制度不仅不能动员更多群众,反而会让更多的人望而却步。试想,如果是在北京的朝阳区推行这一制度,参加党团会议的会是在国贸上班的白领,还是在公园里跳广场舞的大妈?政治学家纳尔逊·波尔斯比(Nelson Polsby)认为,改革之后的初选制度,不仅使政党的力量弱化,而且使得政党的执政能力下降。

但在政治老手看来,趋势就是趋势,你无法改变时代的潮流。党内大佬对初选改革并不反对的更重要原因是,他们懂得:有什么样的规则,就用什么样的策略。在改革后的初选制度中,次序就是策略(Sequence is Strategy)。

在卡特的案例中,我们已经看到,政客们会通过把对自己有利的州的初选时间提前,提高自己的胜算。1984年的总统竞选中,卡特的副总统沃特·蒙代尔(Water Mondale)在初选时遇到一位强劲的对手约翰·格兰(John Glenn)。格兰是位家喻户晓的宇航员,他完成了首次环地球轨道飞行。蒙代尔知道,像格兰这样有英雄气概的候选人,在美国南部牛仔们中一定能赢得众多崇拜者。于是,他耍了个花招,尽量把非南部一些州的初选时间提前。2000年,时任副总统的戈尔参加竞选,遇到了一位极有魅力的对手——曾经是篮球运动员、当过新泽西参议员的比尔·布兰德里(Bill Brandley)。戈尔的算计是,如果他能赢得新罕布什尔州的初选,布兰德里就基本出局;如果布兰德里赢得新罕布什尔州的初选,那么,最佳的选择是冷落他一阵,等待"二鼓衰、三鼓竭"。于是,在戈尔的指使下,尽管南加州和密歇根都提出要提前初选的申请,但到了民主党总部时却都被拒绝了。

共和党内部有一个人所周知的"秘密",那就是"南加州防火墙"。共和党在南加州有极其稳固的阵地,这是一个很"听话"的选区。要是在艾奥瓦州和新罕布什尔州突然冒出一匹大佬们不喜欢的黑马，南加州就能成为阻止这匹黑马继续朝前冲的绊马索。1988年，副总统乔治·布什在南加州终结了其竞争对手帕特·罗伯特逊（Pat Robertson）。1992年，已经当上总统的布什在南加州终结了帕特·布坎南（Pat Buchanan）。1996年，布坎南在南加州再次铩羽，败给了鲍勃·多尔（Bob Dole）。2000年，布什总统的儿子小布什在南加州终结了当时被视为异数的约翰·麦凯恩（John McCain）。

越是像美国这样的大国，容许犯错误的空间就越大。美国不需要最完美的制度，只要有能运转的制度就行。效率不重要，稳健性最重要。民主党是初选制度改革的始作俑者，在过去40年中，民主党内的初选制度一直修修补补，不断调整。1980年卡特败给里根之后，民主党一度对初选改革感到怀疑，因此引入了不需要选举产生的"超级代表"。1984年蒙代尔再次负于里根。当年参与初选的一位明星政治人物是非裔的杰西·杰克逊（Jesse Jackson）。杰克逊一开始人气很旺，但最后落到了后面。杰克逊的失利引起了民主党的反思，之后，民主党逐渐采用比例分配代表制度，这种制度不同于共和党惯常使用的制度，即谁的票数多就能赢家通吃，哪怕赢家只有微弱多数。民主党的比例分配代表制度在原则上会抑制赢家、支持输家。奥巴马当年战胜希拉里·克林顿，在很大程度上就得益于这种比例分配代表制度。如果按照类似共和党的代表分配制度,最终的赢家应该是希拉里,而不是奥巴马。

至于民众的意见,大多数公众更喜欢改革之后的初选制度,他们感觉这种制度下的参与感更强。一个笑话是,有个记者问一位艾奥瓦州的妇女,对某位总统候选人有何评价。这位妇女说:"他还没有来见我,所以我对他没有什么看法。"这种虚荣心的满足感一定会给草民带来极大的快乐,哪怕只是极少数人的快乐。不是所有的选民都能有机会和候选人们一起拉家常、手机合影,即使如此,他们还是喜欢。哪怕不投票,只是看看电视,也会更加热闹啊。特朗普参加竞选,给大家增加了多少茶余饭后的谈资啊。

政治这种大众娱乐,和足球一样,都是十几个人表演,亿万人观看。

给儿子讲美国独立战争

儿子刚到美国读中学,对美国历史一窍不通,当老爸的只好给他恶补。这堂课讲的是美国独立战争。

英国在北美的殖民地原本只有大西洋西岸从缅因州到佐治亚州的狭长地带,法国占据了现在的加拿大北部、五大湖以及广阔的密西西比河流域。英国和法国一直为争夺殖民地互相角力,法国最终落败。法国失败的原因很简单:最初北美的法国殖民者和英国殖民者人数不相上下,而到了 18 世纪中期,英国殖民者人数已经达到 150 万,法国殖民者却不过 7 万。法国人不得不和印第安人结盟,但在人数上还是远远不敌英国人。从 1754 年到 1763 年,这场战争打了近 10 年。1763 年英法签订和约,法国割让大片殖民地给英国。从此,英国在北美的殖民地扩张到了密西西比河东岸。

打仗是要花钱的。打完仗,英国的国债几乎翻了一番。既然这场战争主要是为北美殖民地打的,那北美殖民地的人民当然要"意思意思",上点儿贡了。上什么贡呢?英国议会要求北美殖民地人民交印花税，就是所有的印刷品，包括图书、报纸、法庭文书，都要贴上个邮票一样的东西，表示已经交过税了。

北美殖民地的人民炸了锅。他们就是不交税，理由是在英国议会里没有北美殖民地的代表。没有代表，就不交税。这个理由让英国议会很诧异；就算在英国，也不是所有的城市都在议会里有代表啊，难道他们都不交税？决定是否征税，是议会的权力，北美殖民地的这些土包子有什么资格说三道四？

不过，话是这么说，英国议会还是比较仁慈的。北美殖民地群情激愤，出了一批"自由之子"，他们上街把英国的征税官抓住，给他们全身抹上柏油、粘上羽毛，再往他们的喉咙里灌热茶。英国议会为了平息民愤，把印花税取消了。但该交的钱还是要交啊，英国要往北美殖民地派长官和军队，养活这些人的开支都得指望从北美殖民地征收的税。英国原来在北美殖民地就征关税，只不过北美殖民地人民习惯了偷税漏税、走私货物，根本就没有纳税意识。英国议会觉得，或许征收关税不会激起民愤，于是，他们通过了新的关税法，要求北美殖民者在进口茶叶、玻璃、纸张等商品的时候交税。

北美殖民地还是那句话：不交，就是不交。1768年，英国海关扣押了波士顿名流汉考克（John Hancock）的一艘船，因为这艘船专干走私的勾当。波士顿人民包围了海关，声援走私犯。为了弹压民变，英国往波士顿派了4 000名士兵，而那时波士顿只有 1.6 万名居民。1770 年，一群波士顿暴民开始往英国海关里扔石头和雪球，不知所措的英国士兵开枪打死了五名北美殖民者——这被北美殖民者称为"波士顿大屠杀"。

1773 年 12 月 16 日，出了著名的"波士顿倾茶事件"。英国当时有一家很大的垄断企业，叫东印度公司，英国政府允许它直接把印度的茶叶卖到北美，结果东印度公司的茶卖得比走私犯卖的茶叶还便宜。靠走私茶叶为生的人当然不干了。趁着夜色，一群波士顿人化装成印第安人，摸到东印度公司的船上，把船上装的茶叶都倒进了海里。英国封锁了波士顿港口，要求赔偿东印度公司的损失。

1774 年秋天，北美各处殖民地代表一起在费城开会，这叫"第一次大陆会议"。这次会议上就有人高呼"不自由，毋宁死"，而且自称，"今天我们都是'美利坚人'（American）"。这些代表慷慨激昂，决定发动对英国货物的禁运，不买英国货。他们还开始悄悄地在各地囤积军火。

1775 年 4 月 19 日，美国独立战争正式打响。当时驻扎在波士顿的英国将军凯奇（Thomas Cage）得知想造反的北美殖民地"爱国者"在波士顿附近的康科德有个军火库，打算过去把这个军火库摧毁。路过莱克星顿的时候，遇到一小股民兵骚扰，英国军队开枪，打死了八名北美民兵，剩下的民兵作鸟兽散。英国军队顺利地摧毁了康科德的军火库。不过，当他们撤退的时候，吃了很大的苦头，就跟美国在伊拉克吃的苦头一样。闻讯赶来的民兵，在墙后、路边不断地放冷枪，等英国军队退回波士顿兵营，清点人数，发现居然有200多名士兵被打死、打伤。

开枪了，事情就闹大了。1775年5月，北美殖民地代表赶紧又开了"第二次大陆会议"。兄弟们还比较讲义气，大家决定有难同当。于是，北美殖民地组织了一支军队，叫"大陆军"，交给乔治·华盛顿指挥。为什么选华盛顿呢？因为大部分代表都没有军事经验，只有华盛顿参加过英国和法国之间的殖民地战争，略懂一些兵法。1776年7月2日，北美殖民地代表决定美国独立，委托"开国之父"之一的杰斐逊起草《独立宣言》。7月4日，由已经成为大陆会议主席的汉考克签字生效，这一天就成了美国国庆节。

想想看，这帮北美暴民真是胆大妄为。当时，北美殖民地大约有250万人口，只有英国人口的1/4。而且，也不是所有的北美殖民地人民都想造反。想造反的人自称"爱国者"，不想造反的人自称"保皇党"（loyalist）。"保皇党"也不想交税，不过他们比较守规矩，想通过请愿的方式和平解决问题。"爱国者"可不准他们这么干，谁是"保皇党"，就拉谁上街游行。"爱国者"的种种举动让"保皇党"更反感了：你们不是反对交税吗？但为了组织民兵，北美殖民地自己的议会也开始让大家交钱，交得还更多！你们不是说英国人不给言论自由吗？但"爱国者"禁了

"保皇党"的报纸,不准他们乱说乱动,比英国人更蛮横!大约1/5的北美殖民者是"保皇党",另有1/5是黑奴,独立不独立跟他们一点关系也没有。坚定的"爱国者"只是少数人。

英国当时是世界上最发达的工业国家,要钱有钱,要枪有枪。北美殖民地有什么?没有政府,所以不能征税。部队是临时拼凑起来的,要给士兵发工资,只得印钞票。钞票印多了,不过就是一张纸。大陆军向平民买粮食,用的是纸币,而英国人买粮食,用的是黄金。如果英国用强大的海军把北美封锁起来,北美就会成为瓮中之鳖。

美国独立战争是一场豪赌。美国之所以打赢了独立战争,不是因为自己本事高强,而是英国军队太愚蠢了。

英国人严重低估了这场战争的难度。他们以为这帮暴民不过是乌合之众,自然手到擒来。在围困波士顿的战争中,有一场邦克山(Bunker Hill)战役。"爱国者"占据了波士顿附近的一座小山,英国军官指挥士兵往山上冲。光天化日之下,英国军队穿着红色军服,鲜艳耀眼。"爱国者"一枪撂倒一个,一枪撂倒一个。英国军官还不改悔,命令士兵发动第二次进攻、第三次进攻,最终把山头攻了下来,但那只是因为"爱国者"们的弹药用完了,不得不撤退。

英国人以为他们要打的是一场常规战争。一般来说,要是一个国家和另一个国家打仗,只要占领了敌人的首都,敌人就大势已去，乖乖投降了。但英国的对手偏偏不是一个国家。英国军队首先占领了波士顿，然后打下纽约，作为自己的大本营，接着直奔费城。那时候费城是开大陆会议的地方，可以算是首都。英国军队很快占领了费城，但北美"爱国者"仍然斗志昂扬。华盛顿每战必败，但他擅长撤退，所以吃了那么多次败仗，仍然能够保存实力。1777年冬天，华盛顿带着他的部队躲在福吉谷（Valley Forge），顶风冒雪，忍饥挨饿，苦苦等待革命成功的曙光。

英国在北美殖民地北部久战不胜，就计划转战南方。南方是"保皇党"的大本营，不像北方，尤其是马萨诸塞，都是想造反的"刺头"。可惜，南方听信了谣言，以为英国会鼓动黑奴造反，被吓坏了。南方的经济命脉就是奴隶制，为了保护奴隶制，南方也加入了抗英的队伍。南方的独立战争和北方大不相同，这里打得最激烈的不是大陆军对英国军队，而是"保皇党"和"爱国者"之间自相残杀。如果称这是一场内战，恐怕更为合适。

战争的转折点是1777年10月。当时英军刚刚占领费城，但英国将军伯戈因（John Burgoyne）带领的一支部队在纽约州东部的萨拉托加陷入了"爱国者"部队的包围，伯戈因不得不率领600名士兵投降。这次意想不到的胜利鼓舞了美军的士气，也促使法国出兵支持。

法国当然乐意见到死对头英国后院起火，但法国一开始并不相信北美殖民地的这帮人能成功。萨拉托加战役之后，法国才下定决心陪着赌一把。当时派去跟法国谈判的人是富兰克林，就是那个在下雨天放风筝的家伙。他把法国人吹捧得心花怒放，于是法国和美国正式结盟。

1781年，英国大部队驻扎纽约，康华利（Cornwallis）将军率领8 000多名英军孤军深入，到达弗吉尼亚东部沿海城市约克敦。这支英军背靠大海，极易被围困。美法联军秘密挥师南下，法国海军也如期赶到切萨皮克湾（Bay Chesapeake），赶走了前来救援的英国舰队，切断了英军的海上补给线和退路。9月，美法联军包围了英军。10月19日，康华利不得不率领英军投降。身穿华丽红袍的英军，走到衣衫褴褛的美军面前，沉默不语地放下武器，美军乐队奏响了英国小曲《天翻地覆，世界倒转》，法国军官在旁边微笑不语。美法联军中，法国士兵的人数比美国士兵还多。

约克敦战役的消息传到英国，英国朝野震动。大部分英国人已经失去了耐心：何必跟那些难民和异教徒的后代计较呢？法国、西班牙都已经介入了美国独立战争，继续打下去，并不是英军对群氓，而是英军同时对抗美国、法国和西班牙。1783年，筋疲力尽的英国和美国签订《巴黎条约》，承认美国独立。参加谈判的还是那个富兰克林，他凭借三寸不烂之舌，为美国争取了大片国土。富兰克林在谈判桌上赢得的领土，比华盛顿浴血奋战赢得的领土还要大得多。

《独立宣言》里写道："我们认为下面这些真理是不言而喻的：人人生而平等，造物者赋予他们若干不可剥夺的权利，其中包括生命权、自由权和追求幸福的权利。"你要是一个黑人奴隶，或者一个印第安人，听到这些话，心中会有何感想呢？事实上，独立战争最大的输家不是英国，而是印第安人。印第安人一直受到北美殖民者的骚扰，他们希望英国能帮他们赶走北美殖民者。在独立战争期间，印第安人站在英国一边，但英国失败之后，印第安人失去了祖祖辈辈生活的大片土地，被迫举族西迁，搬到荒凉的中部沙漠。

美国独立战争的历史告诉我们，每一个伟大的国家，都有一个不堪的童年。

什么是地缘政治？

我曾经想写一本《地缘政治攻略》，但列好了提纲，又耽搁至今。地缘政治在国际政治学中不算主流，听起来神神叨叨的，确实也是神神叨叨的。这门学问有思想而无理论。我本想为这门学问稍助一臂之力，但越钻研，越觉得神秘，自觉功力还是不够，尚待继续读万卷书、行万里路。今天介绍的这位作者卡普兰（Robert Kaplan）是记者出身，跑过很多地方，写过很多书，有几本不错，但也有很粗糙的。粗糙的可以当游记读。

罗伯特·卡普兰早年是一位浪迹天涯的记者，足迹遍及中亚、中东、北非、南亚等地，总之是哪里不太平他就往哪里跑。2006—2008年他在美国海军学院执教，2008年之后在华盛顿的新美国安全中心作研究，2009年到2011年曾在美国国防部长罗伯特·盖茨（Robert Gates）手下任国防政策委员会成员。2012年，他加盟著名的地缘政治智库Stratfor。Stratfor的创始人是乔治·弗里德曼。中资海派公司已经翻译出版了乔治·弗里德曼的两本畅销书,一本是《未来100年大预言》,另一本是《未来10年》。再加上罗伯特·卡普兰的这本《即将到来的地缘战争》,可称得上是"地缘政治三部曲"。

在阅读这本书之前,我想先提醒你,你将要读的是一本非主流的著作。国际政治学的主流学者始终不认为地缘政治是一门严肃的学科。国际政治学的大师级人物汉斯·摩根索(Hans Morgenthau)说,地缘政治是一门"伪科学,它把地理因素提高到绝对地位,认为地理决定国家的权力,因而也决定着国家的命运"。

卡普兰在这本书中讲到,国际政治学者们之所以如此厌恶地缘政治,背后其实有一段历史的公案:地缘政治曾被纳粹利用,成为其对外侵略的理论依据。1901年,德国地理学家弗里德里希·拉采尔(Friedrich Ratzel)发表了一篇文章讲"生存空间"。他声称一个国家是有生命的,国家不断成长,国界线也要向外扩张。拉采尔的学生鲁道夫·契伦(Rudolf Kjellen)第一次提出了"Geopolitik"的概念。你可以清晰地看出德语Geopolitik和英语Geopolitics(地缘政治学)的相似之处,难怪"二战"之后的国际政治学家一提起地缘政治就感到反胃。

对希特勒影响最大的是地理学家卡尔·豪斯霍夫(Karl Haushofer)。豪斯霍夫1869年出生于慕尼黑,他早年参军,曾在日本做过军事教官,"一战"期间当过旅长。战后豪斯霍夫在慕尼黑大学讲授地理学和军事科学。他的一个学生叫鲁道夫·赫斯（Rudolf Hess），此人后来成了希特勒的亲信。正是通过赫斯，豪斯霍夫认识了希特勒。

当时希特勒因啤酒馆暴动失败，被捕入狱，正在写作《我的奋斗》。豪斯霍夫向希特勒讲授了"生存空间"等观念，没有受过什么教育的希特勒听过之后恍然大悟。《我的奋斗》的第14章专门讲纳粹的外交政策，明显受到了豪斯霍夫的影响。但豪斯霍夫和希特勒当时的关系究竟有多么紧密，已经成为历史之谜。豪斯霍夫很快就在元首那里失宠了。1944年，豪斯霍夫夫妇被关进了集中营。同一年，他的儿子因参与暗杀希特勒的计划被处死（汤姆·克鲁斯主演的《刺杀希特勒》就是根据这一历史事件改编的）。德国战败之后，盟军软禁了豪斯霍夫，并考虑是否要把他送到纽伦堡审判。1946年，豪斯霍夫和妻子一起自杀。

地缘政治学遭到冷遇和歧视的另外一个原因是，它经常被视为历史决定论的变种。尤其是在"二战"之后，决定论成了意识形态对垒的一个重要战场。意大利和德国出现了法西斯主义，来势汹汹的极权主义几乎要将脆弱的西方自由主义传统价值碾成齑粉。在信奉自由主义的学者看来，历史决定论就是极权主义的宣言书。出于误读和曲解，他们将马克思的唯物史观也视为历史决定论。卡尔·波普尔（Karl Popper）的《历史决定论的贫困》几乎以不容置疑的口吻谈道，历史主义就是乌托邦主义，就会异化为极权主义。在《历史的不可避免性》[①] 一文中,著名学者以赛亚·伯林(Isaiah Berlin)严厉批评历史决定论。他不承认历史是被任何能为人所控制的因素以外的力量决定的。这是因为,如果有人力所不可控制的外力,则人的行为就无法被表扬或批评,无善恶之分,沿着这一逻辑推演下去,历史决定论包藏着危险的道德和政治祸心。

不管历史决定论是否真的像波普尔或伯林说的那样可怕,但可以肯定的是,大部分地缘政治学者其实是支持自由主义政治传统的。提出"陆权说"的麦金德(Halford Tohn Mackinder)支持威尔逊总统的理想主义政治主张。提出"海权说"的马汉(Alfred Thayer Mahan)也相信民主政体,他认为与陆军相比,海军的政治立场会更民主。

地缘政治学家想要得到一点点同行的承认都很难,但同样的观点,从其他学科的学者口中说出来,却得到了大家的景仰和崇拜。尤其是在历史学家中,不乏这样的学者。以卡普兰非常推崇的年鉴学派代表人物布罗代尔(Fernand Braudel)为例,布罗代尔1949年出版的《菲利普二世时代的地中海与地中海世界》完全可以称为一本地缘政治的代表作。顺便说一句,令人钦佩的是,这本书是布罗代尔在"二战"期间当德国战俘的时候写的。

---

① 收于以赛亚·伯林的《论自由》一书。——作者注

布罗代尔提出了"时间波长变化"的概念。最长的"长时段"主要是指那些不为人所察觉的地理、气候等自然条件的变化;"中时段"是指在一个世纪之内出现的人口、经济、社会、政治的变化,这往往是"集体力量"的结果;最短的周期是"历史小事件",这就是我们在媒体上天天看到的新闻事件。布罗代尔最为重视的是"长时段"和"中时段"因素,这些因素对我们的影响最大,却最容易被人忽视。它们是冰山藏在水下的部分,是海洋深处几乎静止不动的庞大水体。

从这样的角度去看国际政治,自然感受不同。卡普兰在回顾了从修昔底德(Thucydides)以来的地缘政治核心观点之后,结合他在世界各地的游历,谈到了21世纪世界政治地图的变化。

从地缘政治的角度来看,欧洲并没有出现完美的统一。从历史上看,欧洲的重心经历了从地中海边的南欧向西欧、北欧转移的过程,因为南欧土壤贫瘠、山地崎岖,而北欧、西欧则河网密布、矿产丰富、平畴千里。最近发生的欧洲金融危机,从地缘政治的角度来看,本来就不是什么稀奇的事情,它反映出来的矛盾,就是长久以来阿尔卑斯山脉以北的西欧和阿尔卑斯山脉以南的南欧之间的差异和冲突。此外,"中欧"的概念,在很大程度上只是一批知识分子的虚构。在欧洲和中东之间,在欧洲和俄罗斯之间,始终不存在明晰的边界。北起波兰,南至巴尔干半岛的广阔地区,处于地缘政治学家高度重视的"缓冲地带",至今仍然在历史和现实的交错中半梦半醒。

卡普兰也谈到了俄罗斯、印度和中国这些"新兴大国"的地理宿命。

在他看来,欧亚主义是俄罗斯的灵魂。俄罗斯本来只是困在森林深处的一个小公国,机缘巧合,使得它成为横跨欧亚的超级大国。极度恶劣的生存环境、辽阔无垠的国土、蒙古入侵的历史,造就了俄罗斯近代以来不断对外扩张的心态,甚至还有一种对暴力和暴政的迷恋。但欧亚主义也是俄罗斯最脆弱的"阿喀琉斯之踵"。向西,俄罗斯不愿意完全让自己和西欧文化融合,因为这样只能让其更加边缘化。俄罗斯的独特文化,仍然是其可以向整个欧亚大陆的边缘地区投射影响的一种"软实力"。但如何在苏联体制之后,重新找到一种新的文化感召力,是其面临的一个难题。向东,俄罗斯的势力不断向亚洲蔓延。卡耐基莫斯科中心主任特里宁(Dmitri Trenin)甚至说:"俄罗斯如果把符拉迪沃斯托克(海参崴)视为其21世纪的首都,那将再好不过了。"符拉迪沃斯托克处于世界经济最有活力的东亚地区,理当成为一个国际大都会型的港口城市,但俄罗斯至今只把远东当作原料基地,而非通向亚洲的通道,因此错失了日本经济腾飞、亚洲四小龙奇迹和中国崛起这几次历史机遇。

印度在地理上占据了南亚次大陆的大部分面积,但从历史上讲,印度始终没有出现过强有力的中央集权,印度现在统治的领土，远远超过其历史上大多数王朝曾经的疆域。是英帝国在南亚和东南亚地区的殖民扩张，才使印度的势力范围前所未有地扩大。但印度仍然没有占据整个南亚。向西，克什米尔一带几乎从来没有过明确的边界，这里仍然是宗教极端势力、地方军阀和山地部落的领地，也是令印度最为头疼的地方；向北，喜马拉雅山脉将中国和印度这两个大国隔开，经济虽有相互往来，相对水平却较低；向东，尽管印度不断向东南亚渗透，但南亚经济和东南亚经济之间却形同陌路。卡普兰在其另外一本书《季风》(*Monsoon*)①中曾预言，随着国际贸易，尤其是能源贸易越来越集中于中东和亚洲之间，印度洋将成为未来最具有战略意义的海洋。

卡普兰对中国的海上力量扩张深表担忧。但是，他似乎相信，中国仍然没有实力与美国抗衡。他谈道，中国已经拥有现代化的驱逐舰编队，并制造出了自己的航母。根据美国原海军副部长塞思·克罗普西（Seth Cropsey）的判断，中国很快就能派出超过美国海军的潜艇部队。中国海军打击海上移动目标的能力已经大大提高。但卡普兰引用美国五角大楼 2010 年的一份报告指出，美国的战略是加强与其亚太军事同盟的关系，同时部署第二道"围堵"中国的防线，即太平洋上的关岛、帕劳、北马里亚

---

① 本书尚无中文版。——编者注

纳群岛、所罗门群岛、马绍尔群岛、加罗林群岛等。这些岛屿或为美国领土，或与美国签订了防御协定，面积大到可以建立海军基地，同时又小到不会太引人注目，地理位置离中国较远，可躲避中国的导弹袭击，但又近到可随时开拔到朝鲜半岛等地。我非军事方面的专家，无法判断其观点的真伪，但这些新的动向，也值得我们更加关注。

卡普兰最为关心的当然是美国的地缘政治。Stratfor 网站最近发布了一份报告，题为《美国的地缘政治——第一部分：不可避免的帝国》，有兴趣的读者可作参考。在《即将到来的地缘战争》中，卡普兰的核心观点是，美国需要从地缘政治的角度重新审视其对外战略。在他看来，对苏联的遏制、对东欧的支持，以及对中东的战争和干预，都是意识形态的产物，在一定程度上错误地计算了美国地缘政治的成本和收益。美国过多插手中东事务可能得不偿失。美国努力稳定阿富汗和巴基斯坦的局势，最终获益者很可能是中国，中国可以借道阿富汗和巴基斯坦打开一条通向印度洋的通道。他支持美国把更多的战略资源配置到亚太地区。同时，他更关心美国家门口的地缘政治。美国的后门就是墨西哥，但墨西哥一直为毒品交易、政治腐败等问题所困，墨西哥一日不稳定，美国就一日不能安寝。有意思的是，乔治·弗里德曼在《未来 100 年大预言》一书中讲道，最终对美国的霸权带来挑战的既不是中国，也不是俄罗斯，而是墨西哥。因为人口老龄化会导致美国的移民政策更加宽松,大量的墨西哥移民会越过美国南部漫长的边界,进入美国。日久天长,美国就会逐渐变成一个受拉丁裔选民影响的国家,这对美国的内政外交均将带来革命性的影响。

总之,这是一本充满了新奇观点、能够激发新的思路、但也必然引起很多争议的书。最后,我想说的是,在一个全球化的时代,谈论地理的作用或许已经显得过时,毕竟,只要坐上飞机,你就可以在一天之内周游地球。当《纽约时报》的专栏记者托马斯·弗里德曼(Tomas Friedman)写作《世界是平的》一书的时候,他的头脑中根本就没有考虑地理的影响。地理对他来说,不过是飞机头等舱座位的液晶屏幕上显示的飞行路线。但我之所以要向大家推荐这本书,就是因为我赞同卡普兰在本书的一开头就讲到的:

"为了更好地理解现在,为了更好地向未来提问,最好的办法是脚踏大地、慢慢行走。"

历史就是猜测与偏见

罗马公司的兴起

中信出版社原本计划在 2015 年 9 月组织企业家进行"罗马之旅",带领企业家们到米兰、博洛尼亚、罗马、那不勒斯、西西里等地考察,我应邀作为随团讲师,给企业家们讲课。随团学者里没有专门研究罗马史的专家,这我就放心了——我决定给企业家朋友们讲罗马历史。这将是我第一次以经济学家身份给学生讲历史:不讲历史的经济学家不是好的哲学家。遗憾的是,"罗马之旅"并未成行。原因是 2015 年发生股灾之后,企业家们没心情去了。事实证明,企业家和股民也差不多。

公元前 4 世纪末到公元前 3 世纪初,地中海世界呈现出一派"大众创新"的盛况。"创业板"上雄州雾列:斯巴达的风格是坚持主业,不断做减法;雅典的优势是审时度势,整合资源;原本偏僻的小国马其顿,则出现了一位千载难逢的军事天才亚历山大大帝,他只用 13 年的时间就创造了"市值第一"的帝国。但亚历山大的帝国其兴也勃,其亡也忽。公元前

323 年，年仅 33 岁的亚历山大在巴比伦发高烧身亡，庞大的帝国随之分崩离析。他的两个部将，托勒密和塞琉西，分别占据了埃及和叙利亚，成功地"借壳上市"。马其顿王国的本部经历了 60 多年的动荡之后，通过安提柯二世的重组，逐渐稳定下来。在地中海南岸，迦太基凭借海上优势，雄踞西地中海，规模不断扩张。

当时，几乎没有人会想到，意大利半岛上一群逃亡者建立的罗马，才是这一地区最终的王者。

罗马人自称是特洛伊英雄埃涅阿斯的后代，他们的祖上在特洛伊兵败城破之后一路漂泊，最终到达台伯河下游的七座小丘，才定居下来。事实上，这不过是一群打家劫舍的土匪，因为光棍太多，没有姑娘，他们就去抢夺、强暴附近撒宾族的妇女。公元前 509 年，罗马进入"共和时期"。从公元前 5 世纪初开始，罗马先后战胜了附近一些部落，成为意大利半岛上的霸主。公元前 220 年到公元前 167 年，是罗马扩张的关键时期。按照古希腊历史学家波里比阿（Polybius）的说法，"没有人会狭隘或冷漠到不想去探究，罗马人究竟是利用何种方法，以及在何种政府体制之下，在不到 53 年的时间内，将几乎整个人类所居住的地方都纳入他们的统治，这是人类历史上无与伦比的成就"。

这段话是一个战败者对胜利者心悦诚服的赞美。

波里比阿出生在公元前 3 世纪末,他的故乡迈加洛波利斯（Megalopolis）是当时希腊城邦的两大联盟之一亚该亚联盟的成员。公元前 171—公元前 168 年,罗马与马其顿之间爆发战争,马其顿战败。亚该亚联盟在这场战争中犹疑不决、瞻前顾后,惹恼了罗马的元老院。公元前 167 年,大约 1 000 名亚该亚人被送到罗马审判,一去就被羁留了 16 年。波里比阿到达罗马之后,很幸运地与"非洲征服者"西庇阿的养子小西庇阿（Scipio Aemilianus）相识,成为小西庇阿的家庭教师,与罗马上层社会交往甚密。

波里比阿的名著《历史》记录了从公元前 264 年到公元前 146 年之间的历史。在这段时期,罗马与迦太基名将汉尼拔苦战多年,最终摧毁了迦太基。罗马军队东征西伐,在西边征服了西班牙,在东边灭了马其顿、科林斯,控制了整个希腊。地中海上,已经无人能够与罗马抗衡。罗马帝国的基业,正是在这一时期奠定的。

为什么罗马帝国能迅速崛起？波里比阿谈到了罗马在战术上的创新。比如迦太基的海军力量更为强大,罗马军队则擅长陆战,于是,罗马军队发明了一种特殊的装置,绰号"乌鸦",即装在船头的一套活动舷梯。当罗马的战船和迦太基战船相撞之后,罗马战船上的"乌鸦"就会从天而降,落在迦太基战船的甲板上,牢牢地把两船固定在一起,罗马士兵乘机登上迦太基战船，短兵相接，如履平地。这一"秘密武器"一下子扭转了罗马和迦太基在海战中的力量对比。他也谈到罗马军队组织高效、纪律严明，对罗马军队如何安营扎寨、排兵布阵，以及将士的武器装备、盔甲制服，均有详细的介绍。

作为一个历史学家，波里比阿强调的是历史深处的体制力量。在他看来，罗马在政治体制上的优势，是其迅速崛起的最重要原因。波里比阿描述了政治革命的周期。最早是贤明的国王建立的王权政治。人们之所以推选国王的后代当权，乃是因为相信他们会和先王有着一样的胸襟和气度，但"王二代"往往令人失望，王权政治沦落为僭主政治，甚至暴君统治。这时，一个社会中最有地位的贵族们就会起来驱逐暴君，建立贵族统治。好景不长，贵族统治逐渐腐败，又会蜕化为寡头统治。被统治者的失望最终变成了绝望，他们会赶走贵族，建立民主政治。民主政治一样会滋生蠹虫，人们会习惯慷他人之慨，觊觎邻居的财富，民主政治于是又沦为暴民政治。政体就按照这样的规律周而复始地循环。但在波里比阿看来，罗马的政治体制融合了王权政治、贵族政治和民主政治的优点，是最优秀的宪政典范。执政官手握大权，但要向元老院汇报。元老院决定财政收支、诉讼与外交，但也会受到公民大会的节制。

波里比阿的描述不免有疏漏和失真之处。和迦太基财大气粗、大量依靠雇佣军相比，罗马军团主要由公民和意大利联盟的友军组成，军心更加稳定，士气更加高涨。不可否认，这确是罗马的体制优势。但是，罗马的公民权有名无实。理论上讲，罗马公民都具有参政权，但其对政治的影响力有限，元老院总是能够通过各种手段，防止平民阶层获取权力。罗马公民能够享受到的福利也很少，主要是穷人能得到一些"救济粮"，但就算这些"救济粮"也时多时少、时有时无。正因为如此，罗马才和希腊诸城邦不同，当征服了周边部落之后，罗马会"慷慨"地把公民权给予被征服者。

进一步了解会发现，罗马的公民权也分不同的等级，犹如中国古代的"五服"制度，从内到外，由近及远，一层层扩展和稀释。与罗马结盟的意大利其他邦国，和因战败而臣服罗马的人民，能够享受到的权利是有差异的。罗马城外的公民因居住偏远，实际上无法行使其公民权；罗马在外建立的拉丁殖民地的居民，只享受部分的公民权，只有移居罗马之后，才能享受充分的公民权；拉丁殖民地的当地精英，可以被赐予罗马公民权，罗马通过这种方式吸纳地方精英；与罗马结盟的意大利和希腊的部落或城邦，与罗马分别订立不同的条约，打仗的时候要出兵，有了战利品也可以分一杯羹。正是借助这样的"分层管理"体制，罗马才能对其盟友"分而治之"。在对外扩张的战争中，罗马俨然是最大的股东，享受到最多的好处，其他意大利联盟的成员则好似小股东，也能利益均沾。

在罗马漫长的历史中，这一体制并非总是有效的。贵族与平民的政治斗争贯穿了罗马帝国的大部分历史，留下了无数暴力和流血事件。公元前91—公元前88年，意大利半岛上爆发了"同盟者战争"，意大利联盟的成员不满于来自罗马的不平等待遇，纷纷揭竿而起，他们建立了自己的首都，建国号为意大利，选举了自己的执政官、元老院，还铸造了自己的钱币。被派去镇压造反者的罗马将士心情是复杂的。他们的敌人就是昔日战场上的兄弟，罗马的敌人和罗马军团的作战方式一模一样。

想要从体制上找出决定一个组织、一个国家兴衰的原因，很可能是一种虚妄。体制犹如基因，基因代代相传，但也会出现变异。这些变异或是随机的失误，或是过度自信的狂热，或是走投无路时不情愿的试错。但基因的变异本身无法决定物种的生存和进化。更伟大的力量来自环境的选择机制：适者生存、优胜劣汰。

当一个组织、一个国家在上升时期的时候，它所遇到的失败都会是祝福。罗马并非无往而不胜。公元前390年，高卢人突然入侵，占领了除卫城之外的整个罗马，罗马人不得不付出巨额的赎金，才送走高卢人。公元前321年，罗马军团在意大利南部被萨莫奈人围困，全军缴械投降，从敌人用长矛架起来的"牛轭"下低头走过，满心屈辱。公元前216

年，著名的坎尼战役爆发。当时罗马军队有8万步兵、6 000骑兵，而汉尼拔只有4万步兵、1.4万骑兵。但汉尼拔竟然用比敌人少一半的兵力包围了敌军，使罗马损失了7万余人，而汉尼拔只损失不到6 000人。但所有这些失败，对罗马帝国的崛起反而都是一种激励。

当罗马由盛至衰的时候，它所做过的成功的尝试，最后也会酿成失败的苦果。吉本（Edward Gibbon）的《罗马帝国衰亡史》记载了罗马面对蛮族和基督教时的种种努力：试图招募蛮族加入罗马军队，在边境安置蛮族，给他们土地、农具和牲畜，但他们反而成了其他蛮族入侵时的内应；对基督教的态度由迫害转为支持，但教兴国败，基督教使得人们更关注天国的回报，而非尘世的政治，罗马帝国境内的宗教之争不仅没有消弭，反而愈演愈烈。吉本忍不住哀叹：历史不过是"人类的罪行、愚蠢和不幸遭遇的记录"。

波里比阿在《历史》一书中，开篇就提到历史中的命运。古希腊神话中，堤咯是命运女神。她蒙着眼睛，随意地把好运和厄运分配给世间的人们。据说多才多艺的希腊英雄帕拉默德斯要把他发明的第一套骰子献祭给她。但从事后的眼光来看，命运女神又好像从来都不是随意的。正如波里比阿所说的："命运女神将世界上几乎所有的事物都引导至相同的方向，强迫它们汇聚至相同的目标。"

作者注：本文系阅读波里比阿《历史》一书的笔记。此书英文版和中文版均改名为《罗马帝国的崛起》，以突出全书主题。参见波里比阿：《罗马帝国的崛起》，社会科学文献出版社，2013年出版。

大门口和大门里的野蛮人

最近读罗马历史有点上瘾。中信出版社出版了日本女作家盐野七生的《罗马人的故事》，一共15本。我自己又去找了关于古代罗马的读物，越读越叹为观止。到目前为止，我读的还都是通史，尚不敢在更具体的题目里深入挖掘，饶是如此，已经越来越叹服了。从我一个外行的角度来看，读史不过是为了更好地了解现实。而且，从我一个外行的眼光都能看得出来，很多推荐大家读罗马历史的人，根本就没有读懂。

公元376年深秋的一个早晨，驻扎在多瑙河边境的罗马军队忐忑不安地注视着对岸。浓雾氤氲，寒气沁骨，罗马人能看到对面影影绰绰地有很多人马，却分辨不出这些敌军从何而来。

太阳慢慢升起来，雾气四散，罗马士兵这才看出，对面人喧马嘶，是一群浩浩荡荡的蛮族：有骑在马上的骑兵，有拿着盾牌和标枪的步兵，但也有很多衣衫褴褛的妇女、儿童和老人。这不是一群入侵的敌人，而是逃荒的难民。

他们是哥特人。哥特人原本居住在黑海的西北海岸以及喀尔巴阡山脉以南，在那里耕田牧羊，和罗马帝国互通贸易，相安无事，没承想突然闯来了一群不速之客。

入侵哥特人家园的是匈奴人。匈奴最早居住在长城以北，秦汉时期时常南下侵扰中国，但之后西迁进入中亚草原，逐渐销声匿迹。公元374年，匈奴铁骑突然出现在黑海以北的东哥特王国境内，东哥特国王兵败自杀，残兵败将逃至西哥特王国。西哥特国王在德涅斯特河边严阵以待，狡猾的匈奴人在远处的上游渡河夜袭，西哥特人兵败如山倒。惊魂未定的西哥特人几乎举族西迁，于是，一支大约20万人的难民队伍出现在多瑙河北岸。哥特人一边在这里安营扎寨，一边派信使向罗马皇帝求助，希望罗马能准许他们渡过多瑙河，在罗马边境安顿下来。

罗马皇帝法伦斯（Valens）正在帝国的东部和波斯叛军作战，他根本就没有精力处理哥特难民。他勉强答应西哥特人渡河，却迟迟未能派兵接应。哥特人渡河之后，在暂时的驻扎地支起帐篷。这一年的冬天来得格外早，饥寒交迫的哥特人不得不跟傲慢的罗马军官做交易，把自己的同胞卖给罗马人做奴隶，换得一天的口粮。罗马军官刻意敲诈哥特人。哥特人很快就发现，他们把自己的孩子卖掉，换来的却是狗食。罗马军官设宴招待哥特首领，其实是密谋在宴席上杀死他们。消息不胫而走，愤怒的哥特人包围了罗马军营，罗马军官不得不释放哥特首领。当哥特首领回归义愤填膺的族人当中,他们无法再克制自己的怒火。罗马人和哥特人之间的战争爆发了。

战火在巴尔干半岛燃烧。罗马人和哥特人最终的决战发生在公元378年8月的阿德里安堡〔Hadrianople,在今天土耳其境内的埃迪尔内(Edirne)〕。法伦斯带领罗马军队匆匆赶到。八月骄阳似火,罗马士兵急行军八个小时,忍饥挨饿,滴水未进。法伦斯以为哥特人不过是一群面有菜色的饥民,但他没有想到遇到的是剽悍的哥特重装骑兵。哥特骑兵首先冲垮了罗马军团的左翼防线,然后把罗马步兵团团围住。罗马人紧紧地挤在一起,连剑都拔不出来。战斗最激烈的时候,一阵沙尘暴刮来,刮得罗马人东西不辨。敌人的标枪如雨点般倾泻而下。在绝望中,罗马士兵把好不容易拔出来的佩剑扔了出去,结果误杀了很多自己的战友。战斗变成了屠杀。罗马军团至少有2/3士兵阵亡。这是自迦太基名将汉尼拔近600年前在坎尼战役大败罗马军队之后,罗马遇到的最惨重的失败。

阿德里安堡战役后,罗马继任皇帝狄奥多西一世(Theodosius)和哥特人议和,罗马允许哥特人在巴尔干半岛定居,哥特人答应在罗马皇帝出征的时候派兵支持。表面上的和平,掩盖着根深蒂固的敌意和互疑。公元394年,狄奥多西一世召集了一支大军,镇压篡位者尤吉尼厄斯(Eugenius)的叛军。双方在今斯洛文尼亚境内的冰河(Frigidus)展开决战。狄奥多西一世命令随军的哥特士兵首先发动进攻，哥特士兵在鏖战中伤亡惨重，大约有 3 000 多名壮士裹尸沙场。哥特人忍不住想道，这是不是罗马皇帝借刀杀人，要把哥特人一批一批赶到沙场上送死呢？

参加冰河战役的一位青年哥特军官阿拉里克（Alaric）逐渐成了哥特人的首领，他统一了西哥特和东哥特部落，并计划用武力向罗马人要回他们应得的待遇。

有一个人勇敢地挡在哥特人的面前，那就是罗马将军斯提利哥（Stilicho）。斯提利哥骁勇善战，对罗马帝国忠心耿耿。具有讽刺意义的是，斯提利哥其实也是蛮族出身，他的母亲是罗马人，父亲却是汪达尔人。像斯提利哥这样的情况并非孤例。罗马帝国晚期，罗马贵族们过着安逸骄奢的生活，不愿意再到军旅立功，大批蛮族加入了罗马军队，罗马军团中涌现出一批强悍的蛮族将领。斯提利哥当时已经是罗马军队的最高统帅。

公元 395 年，狄奥多西一世去世，他将罗马分封给自己的两个儿子，从此罗马分裂为西罗马和东罗马两个帝国。斯提利哥辅佐的是西罗马皇帝霍诺留（Honorius）。一开始，斯提利哥大败哥特人，将俘虏的哥特人押往罗马街头示众，但他很快就发现，与其树敌太多，不如化敌为友。匈奴已经从东部大军压境，而另一支蛮族汪达尔人已经从西班牙一路杀到北非，不列颠的部队在康士坦丁三世带领下跨海登陆，占领了高卢和西班牙。公元 406 年，斯提利哥和阿拉里克结盟，约定一同抗击匈奴。

斯提利哥功败垂成。罗马贵族造谣诋毁，说斯提利哥暗地里勾结哥特人，想要立自己的儿子为皇帝。霍诺留听信谣言，派人逮捕斯提利哥。斯提利哥躲进教堂避难。霍诺留的信使声称，如果斯提利哥走出教堂，皇帝保证会不伤害他的性命，但斯提利哥一走出教堂就被霍诺留的手下处死。随后，霍诺留和他的贵族亲信们又开始残酷的大清洗，大肆屠杀斯提利哥的亲属和部下。这一场血腥政变，导致罗马军队中的3万余名蛮族将士倒戈，投靠到阿拉里克的麾下。

罗马帝国这是在自掘坟墓。阿拉里克不仅兵力大增，而且在道义上得到了更多的支持。斯提利哥不再是哥特人的敌人，阿拉里克满怀深情地把斯提利哥称为他伟大的盟友。哥特人的军队横扫意大利半岛，公元410年8月，他们第三次围困罗马。罗马帝国大势已去，就连被围困的罗马城里的军民，也绝望地认为蛮族的入侵乃是上帝对罗马堕落的惩罚。据说，一天晚上，一位罗马的贵族妇女偷偷打开城门，哥特大军因此攻入罗马。

很多历史学家认为，蛮族的入侵乃是罗马帝国衰落的根源。但谁才是蛮族？罗马在最初的扩张时期，对被征服者持非常宽容的态度。被征服者可以保留自己的财产，可以和罗马人一样有公民权，可以进入元老院，可以出任各种官职和军职。在帝国鼎盛时期，罗马是一座国际化大都市。罗马人、希腊人、埃及人、叙利亚人、高卢人，在罗马各得其所。

但当罗马帝国由盛转衰之后，内部的种族矛盾也开始激化。罗马人开始把外族称为"蛮族"（barbarian）。之所以管他们叫"barbarian"，不过是因为他们讲的话罗马人听不懂，只听到"bar，bar"的声音。这些蛮族其实已经渗透到罗马帝国内部，早已不再是大门口的野蛮人，而是长期生活在罗马，却始终不能被罗马认同和接受的"外来务工人员"。

罗马帝国的历史到了这个时候，处处透出一种荒诞的色彩。阿拉里克并未打算颠覆罗马帝国，相反，他攻陷罗马的唯一原因，是希望借助武力逼迫罗马皇帝回到谈判桌上，给哥特人应有的平等待遇。换言之，哥特人的理想是和罗马成为盟友，甚至更好，能够成为罗马帝国的一分子。阿拉里克的部队和匈奴骑兵完全不一样，他们更像罗马军团。当哥特人兵临罗马城下的时候，带着大批云梯、攻城车和投石器，这都是从凯撒时期罗马军团就开始使用的杀手锏。阿拉里克攻陷罗马之后，确实纵容士兵抢劫财物，罗马城中也出现了很多强暴妇女的罪行，但阿拉里克的军营一直保持着超乎想象的军纪。阿拉里克是个基督徒，他的很多士兵也是基督徒。圣彼得和圣保罗的教堂被他们视为神圣不可侵犯的圣地。罗马城中堆满了无人掩埋的尸体，但只有一个元老死于屠刀之下。罗马当时已经不再是罗马帝国的首都，西罗马帝国的首都在米兰，而东罗马帝国的首都在君士坦丁堡，罗马不过是一个几乎不设防的空城。霍诺留不情愿地和阿拉里克言和，但他根本就没有认真地履行和约。他找到一位将军萨卢斯（Sarus）帮他抵御哥特人，而萨卢斯自己恰恰是哥特人的后代。

罗马帝国并非亡于外族的入侵。蛮族并没有颠覆罗马的计划，他们想进入罗马，往往是出于对罗马帝国富庶、和平生活的向往。就算是在蛮族后面的蛮族，被称为"上帝之鞭"的匈奴王阿提拉，也没有认真地想过，征服罗马之后该怎么办。与其说阿提拉不像我们想象中的那样雄才大略、深谋远虑，不如说，他是一个极为精明的机会主义者，他比其他人，甚至罗马人自己，更了解罗马散发出来的腐朽气息。

有时候，我们无法选择自己的朋友，能不能遇上志同道合的朋友，要看机缘巧合；但更多的时候，我们能够选择自己的对手，我们的对手，完全有可能是我们自己塑造出来的。了解一个人，与其去看他有什么样的朋友，不如去看他有什么样的敌人。

作者注：本文取材于 Peter Heather, *The Fall of the Roman Empire*, London, 2005; Simon Baker, *Ancient Rome: The Rise and Fall of An Empire*, BBC Books, 2007; 吉本,《罗马帝国衰亡史》，商务印书馆，2012年出版。

英国怎样偷走了中国的茶

窃茶算不算偷？我一向对知识产品保护持一定的保留意见。知识是准公共产品，很难确定谁是原创，也很难完全禁止别人模仿和学习。但当年英国确实偷走了中国的茶树，以及制茶的技术，当年美国也盗版过英国的词典和图书，不能把这笔账完全勾销。韩裔学者张夏准的《富国陷阱》一书讲了更多案例，表明发达国家没有发家的时候做的事情，和它们发家之后说的那套东西，往往是两码事。

1662年，葡萄牙公主凯瑟琳嫁给了英国国王查理二世。她的嫁妆不仅包括位于摩洛哥的军事重镇丹吉尔、印度大陆的明珠城市孟买，以及价值80万英镑的财宝，还有中国茶具和茶叶。这是英国人最早接触到茶。很快，这种典雅浪漫的东方饮品就风靡了英国上流阶层。其实，英国人当时喝不到口感最好的新茶。茶叶从中国运到英国，至少需要8个月，甚至一年以上的时间。爱好吃糖的英国贵族发明了往红茶里放牛奶和糖的喝法，日久天长，这种暴殄天物的土豪作风居然变成了一种独特的英伦茶文化。到了 18 世纪中期，不仅上流阶层，就连普通的工人也已经手不释杯。英国人从早到晚都在喝茶，每天的下午茶更是必不可少，就像一首英国民谣里唱的："当时钟敲响四下，世上一切瞬间为茶而停了。"

唯一令英国人不爽的是，中国垄断了茶。欧洲人对如何制茶所知甚少。著名的瑞典博物学家林奈（Carl Von Linné）发明了动植物命名双名法和生物分类系统，但博学如林奈，也犯了想当然的错误，他认为绿茶和红茶来自两种不同的茶树，一种叫绿茶树（Thea viridis），一种叫红茶树（Thea bohea）。到了 17 世纪，茶叶就超过了丝绸和陶瓷，成为中国最重要的出口商品。中国生产的茶叶，有 1/5 出口到了英国。白银大量流入中国，英国出现了贸易逆差。

后来，英国发现了一个纠正贸易失衡的办法，那就是把鸦片从印度出口到中国。鸦片是从罂粟中提炼而成的，生鸦片有一股刺鼻的尿碱味道，经过烧煮和发酵，它的味道会变成一种强烈的香甜气味，这就是吸毒者使用的熟鸦片。清朝晚期，鸦片在中国流传甚广，一开始是王公贵族们吸食，到最后已经遍及贩夫走卒。1822—1837 年，中国的鸦片销量增长了 5 倍。白银开始反向流动，源源不断地流出中国。1839 年林则徐在虎门销烟，引起英国的不满。1840 年英国悍然发动鸦片战争，用枪炮打开了中国的大门。

鸦片战争之后，英国得到了巨额赔款和清朝割让的香港，而且强迫中国允许鸦片合法贸易，但它又开始担心，万一中国纵容国内种植鸦片，不再从英国属地印度进口，该如何是好？当时世界上最大的跨国公司东印度公司尤其重视这一问题。东印度公司在1600年获得了在印度的贸易垄断权，但这一垄断权到了1833年已经被撤销。东印度公司迫切地需要找到一个能够确保其基业长青的办法，想来想去，唯一的办法就是：从中国把茶偷过来。

这个任务交给了一个叫罗伯特·福钱（Robert Fortune）的园艺师。福钱出生在苏格兰边境的小镇艾德龙，小时候在教会学校读过几年书，没有受过高深的教育。但他是中国开埠之后第一个来到中国的英国园艺师。从1843年到1846年，福钱在中国各地跑了三年，到处搜集植物标本和种子。他把很多中国花卉引入了英国：荷包牡丹（Bleeding heart）、蒲葵、紫藤、栀子花、芫花、金橘等等。在维多利亚时代，英国举国上下都有对园艺的狂热。从民众来说，这是因为工业革命破坏了田园生活，英国的中产阶级迫不及待地想在阳台后院种点儿花花草草，算是寄托一种怅然若失的乡愁；从大英帝国来说，这是一种极好的殖民地策略，通过植物的移植，比如把橡胶种到东南亚，把甘蔗种到加勒比海，大英帝国找到了很多发财的机会。

回到英国之后，福钱在切尔西草药园（Chelsea Physic Garden）做园长。切尔西草药园始建于1673年，是英国第二古老的植物园。1848年5月7日，著名的植物学家罗伊尔教授（John Forbes Royle）到草药园里拜访福钱。他代表东印度公司，邀请福钱再次前往中国。东印度公司一直尝试在印度种植茶叶。1824年阿萨姆并入印度版图，但英国人一直不知道将这块荒凉的地方用来做什么才好。后来，一对茶商兄弟在阿萨姆的山岭上发现了野生茶树。当地人并不喝茶，但他们会把茶树叶子含在嘴里起镇静作用。东印度公司还在云雾缭绕、降水丰沛的喜马拉雅山区尝试种植茶树，他们用的树种来自中国，大多来自广东地区，但广东并非上等的茶叶产地。印度产的第一批茶叶运到伦敦之后，伦敦的茶商一致认为，这些茶看起来品相很好，但就是不像中国的茶那样有一股清香。"不入虎穴，焉得虎子"，要想生产出一流品质的茶，只能到中国最好的茶叶产区，把中国的茶种、制茶技术统统偷过来。

福钱很快就上路了。他先到了上海，雇了一位姓王的"康白度"（comprador，即买办）。王是安徽人，家里就是种茶的。福钱从上海出发，经过杭州，辗转到了安徽。中国官府对茶叶生产一向管制甚严，鸦片战争之后民间的排外情绪日涨，福钱自然不能招摇过市，他穿上了一套长袍大褂，剃了头，头发上缝了一条假辫子，还学了几句含混不清的中国话，比如："我是从长城以外很远很远的地方来的。"

王家在安徽休宁县松萝山，这里地处安徽南端，距离黄山很近，峰峦攒簇，松萝掩映，危石戛泉，幽岩密箐。松萝山上气候温和，雨量充沛，土壤肥沃，土层深厚，特别适合茶树生长。福钱可能是第一个亲身造访茶园的外国人，他把整个茶叶制作的过程从头到尾记录了下来。有些工序让福钱倍感困惑。他注意到制茶的工人把一堆粉末状的东西掺进茶叶，有一些他认出来了，是一种叫普鲁士蓝的染料，还有一种闻起来有臭鸡蛋的味道，其实是生石膏。他问工人为什么要掺这些东西，工人狡黠一笑：为了糊弄老外啊，老外喜欢茶叶看起来很绿，越绿，他们就越愿意掏更多的钱。福钱大概估算了一下，100磅的茶叶里，差不多掺了1磅半的石膏！

福钱从安徽买了大批的茶苗和茶籽，运回上海。1849年1月，福钱把第一批茶苗、茶籽发出，运往印度。他接着开始了第二趟探险，这次是到武夷山寻找红茶。英国人更喜欢红茶，因为喝红茶能放糖，喝绿茶不能。凯瑟琳公主的嫁妆里就有几箱正山小种。福钱可能是第一个通过实地调查，弄清楚红茶和绿茶区别的英国人。红茶和绿茶的差别，在于红茶多了一道发酵工艺。福钱在武夷山找到了一种上好的乌龙茶：大红袍。乌龙茶是一种半发酵茶，英国当时进口了大量武夷山的乌龙茶，正是因为武夷山乌龙茶茶色较黑，英国人才将所有的红茶笼统称为"黑茶"（black tea）。

从武夷山回到上海，福钱收到了来自印度的坏消息。他的茶苗和茶籽几乎全军覆没。福钱寄出了上万株茶苗，还有几箱茶籽。这批货从香港出发，先是在海上被耽误了两个月，到3月船才到加尔各答，然后沿恒河逆流而上，到达阿拉哈巴德。由于恒河水位太低，又耽搁了一个月，到5月才抵达喜马拉雅山区萨哈兰普尔的茶园。东印度公司打算在这里大面积种植福钱从中国运来的茶树。福钱寄出的茶苗和茶籽到达加尔各答的时候还状况良好，但到阿拉哈巴德时，好奇的警官犯了一个极大的错误：打开了运送茶苗和茶籽的箱子。等货到了萨哈兰普尔，13 000多株茶苗，只有1 000株存活，而且这1 000株都布满了霉菌。这批茶苗被移种到喜马拉雅茶园之后，当地的负责人执意要给茶树浇水，这样又把大部分茶苗浇死了，最后只剩下80株大难不死。福钱运过来的茶籽呢？情况更糟，没有一颗发芽，全部发霉烂掉了。

福钱接到这样的坏消息，真是欲哭无泪。再搜集茶苗茶籽并不困难，但怎样才能把茶苗和茶籽安全地运抵万里之外的印度？这时，福钱想起了英国医生沃德（Nathaniel Bagshaw Ward）在1830年发明的"沃德箱"。沃德箱是一个密闭的玻璃容器，植物在沃德箱里可以长时期存活。白天，植物可以利用土壤里的水分和二氧化碳完成光合作用；晚上，植物释放氧气，水蒸气在玻璃壁上凝结成水滴，流入土壤再供给植物。沃德箱中的植物生长异常缓慢，但不会枯死。福钱先用红茶茶籽做实验，他把茶籽放在桑树苗生长的土壤里,再把桑树苗装进玻璃箱,运到印度。结果非常成功,所有的茶籽都发芽了。

于是,福钱开始准备凯旋。他把采购来的茶苗和茶籽小心翼翼地放进沃德箱,总共达两万株。福钱还带上了制作茶叶所需要的全套工具:火炉、炒锅、锅铲,以及种植茶树的各种农具。福钱准备了制茶时为了添加香味经常使用的植物:茉莉、香柠檬。最让福钱得意的是,他还雇用了八个手艺精湛的茶农,带他们一起去印度。按照福钱的要求,这八个茶农都来自偏僻的山区,因为福钱不信任通商口岸的中国人,觉得他们不够淳朴老实;这八个茶农还必须来自种茶世家,因为福钱知道,手艺和经验都是世世代代传承下来的。福钱想得非常周到,他又找了两个专门制作茶叶贮存器皿的巧匠。印度生产的茶叶之所以品质不佳,有一个原因就是贮存茶叶的容器太过粗糙,密封性不好。

1851 年 2 月,福钱带着他的茶苗、茶籽和雇工,从上海启程。3 月 15 日,他们到了加尔各答。4 月,福钱一行来到了萨哈兰普尔的茶园。所有的茶籽都发芽了,长势喜人。福钱数了一下,至少有 12 838 株茶树迁居到了喜马拉雅山区的茶园。此后,不到 20 年的时间内,印度大量种植茶树,培育出了大吉岭等世界一流的红茶品种。中国对茶叶的垄断地位从此被打破了。

这是一起巨大的商业盗窃。就好比有人窃取了可口可乐的配方、微软的 Windows 代码,或是 Google 的搜索算法,英国从中国偷走了茶。但无论是福钱,还是东印度公司,都没有觉得有丝毫的不安和愧疚。相反,他们觉得这是一次伟大的探险,一次胜利的攫取。凡是人所有的,他们都想要有。他们豪情万丈、理直气壮,因为,那是另一个民族的"野心时代"。

作者注:本文取材于 Sarah Rose, *For All the Tea in China: How England Stole the World's Favorite Drink and Changed History*, Penguin, 2010.

谁会爱上法西斯？

有一次我和崔之元教授一起参加一个座谈会，谈法西斯的起源。我主要介绍《作为群众运动的法西斯主义》一书的观点，崔老师却说后来的研究并未证明小资产阶级是法西斯的社会基础。我感到自己读书还是少，管窥蠡测，贻笑大方。2016年美国大选中，特朗普异军突起，重读这篇旧文，不免浮想联翩。

1973年，38岁的米哈伊·瓦伊达（Mihaly Vajda）被匈牙利科学院解聘了。

瓦伊达是出生于布达佩斯的犹太人，他们一家在"二战"期间和其他犹太人一样历尽凌辱和苦难。"二战"之后，瓦伊达在布达佩斯大学读书，后来到匈牙利科学院哲学研究所工作。瓦伊达是著名哲学家卢卡奇（Szegedi Lukács György Bernát）的高足，也是所谓"布达佩斯学派"的代表人物之一。卢卡奇是当代影响最大也是争议最多的马克思主义哲学家之一，有人称其为西方马克思主义的创始人。卢卡奇早年在政治活动中很活跃，

"二战"之后在一系列政治事件中,比如1968年的"布拉格之春",都受到当局的批判。他晚年远离政治,主要和阿格妮丝·赫勒(Agnes Heller)、弗伦茨·费赫尔(Ferenc Feher)、乔治·马尔库什(George Markus)、米哈伊·瓦伊达等青年理论家一起,潜心钻研,但"布达佩斯学派"终究难免因言得祸。其他几位同道先后远走高飞,移民美国、澳大利亚,唯有瓦伊达留在匈牙利。

从1973年直到1990年,瓦伊达一直处于失业状态。为了生计,他曾经在语言学校里教授过德语,但他一直在孤独中思考。瓦伊达出版过英文、德文、意大利文和匈牙利文的20多部著作,涉及胡塞尔现象学、哲学、政治学和文学评论等领域。1976年,瓦伊达用英文发表的《作为群众运动的法西斯主义》一书,备受学术界关注。

什么是法西斯主义?这是个充满了争议的概念。左翼学者更多地强调法西斯主义和大资本家的关系,在他们看来,法西斯就是大资本家的打手。右翼学者则注意到法西斯的极权统治一面,他们认为希特勒和斯大林应被统称为极权统治者。政客们则会把法西斯主义的称号像扔臭鸡蛋一样砸向对手。

如果较真地讲,法西斯主义的特殊之处在于,它在很大程度上是一场群众运动。希特勒不是通过军事政变,而是民主选举上台的。支持法西斯主义的群众,既不是大资本家,也不是工人阶级，而是小资产阶级。他们是底层官员、中小企业家和大学生。

瓦伊达谈道，资产阶级上层成员的特点是对把控自己命运的自信。出生于统治阶级家庭的他们不用花太多的努力就能获得足够的学识和教育，也不需要为生计考虑太多。只有他们才算得到了自由。社会的变革对他们不会带来太大的影响，除非是爆发了天翻地覆的革命。经济社会中时有起伏波动，但寻常的风浪，难以撼动他们的统治地位，相反，他们已经习惯了在这些变动中翻手为云、覆手为雨。他们比一般的社会成员更能承受风险。比起保守主义，"逐新趋异"（receptivity towards what is new）才是他们的鲜明特征。和常人的想法不同，资产阶级上层成员对权力并不热衷。他们不需要在弱者面前显示自己的强大，也不惧怕有谁能凌驾于他们之上。资产阶级上层成员往往会选择把权力交给别人，他们关心的是背后真正的控制权。

尽管纳粹喜欢雇用一些退伍军人参加游行，但大部分退伍军人其实是共产党的支持者。他们在第一次世界大战漫长而艰苦的壕沟战中，或多或少接受了马克思主义的宣传。城市中的工人阶级已经逐渐形成了自己的政治组织、政治纲领，他们变得更加团结，身份认同感更强，也在和资本家的斗争中积累了经验：不给涨工资就罢工。第一次世界大战之后，劳动力凋零，统治者为了安抚工人阶级，扩大了选举权的范围，还要不时地给工人阶级一些好处。所以，同样是受到金融危机和经济衰退的影响，组织起来的工人阶级相对来说能够更容易地从政府那里得到保护和补贴。

夹在中间的小资产阶级就不同了。他们感到自己的生活水平朝不保夕：经济衰退让他们担心会失业或破产，金融危机让他们遭受了投资损失，通货膨胀让他们的积蓄化为乌有。他们看到比自己地位低的工人阶级都能团结起来，为自己争取利益，不由得心中暗恨：工人有工会，有共产党，小资产阶级有什么呢？他们惊惶不安，怨声载道。

瓦伊达讲道，小资产阶级在心理上有自己的鲜明特征。第一，他们从不反省和自我批判。凡是他们想要的，都是理所应当的；凡是妨碍他们得到自己想要的，都是丑恶的，都是要被消灭的；他们完全认同于自己所属的群体（家庭、民族、国家），并把自己的价值标准视为最高准则。第二，他们不想改革，没有建设一个新世界的胆量和想象力，但他们会变得激进，即使他们变得激动，也不是为了现存社会的根本变革，而是为了恢复自己的传统地位。第三，他们倾向于排斥自己群体之外的人们，喜欢寻找替罪羊。比如，他们会认为，自己的处境变得更糟糕是因为犹太人、共产党或法国人。第四，他们会选择在权威和对手力量软弱的时候变得更加激进。法西斯主义并不是在工人运动高涨的时候出现的，相反，它是在工人运动走向低潮之后才出现的。纳粹之所以甚嚣尘上，是因为小资产阶级感到魏玛共和国实在是太软弱可欺了。小资产阶级是以腐烂的食物为生的鬣狗，他们组织了冲锋队，对抗工会。工人之所以能够罢工，是因为他们都在生产第一线，罢工会导致工厂瘫痪。小资产阶级无法罢工，是因为他们和生产活动早已分离，想罢工也无工可罢。因为无法罢工，所以他们选择暴动。著名哲学家葛兰西（Antonio Gramsci）讲道，冲锋队是小资产阶级在历史上第一次创建了适合自己的组织方式。

法西斯主义崛起的背景，是自由资本主义的危机。古典的、自由放任的资本主义已经走向了没落。自由资本主义的意识形态自己埋葬了自己。按照自由主义经济学的观点，经济活动一定是理性的，这一断言使得资本主义无法不断地改变和修复自我。到哪里寻找新的出路呢？几乎出乎所有人的意料，法西斯主义横空出世了。

严格意义上讲，墨索里尼在意大利建立的才是法西斯主义，希特勒在德国实行的是纳粹主义。但正是由于希特勒对法西斯主义的推崇，才促使其大行于世、变本加厉。对意大利而言，资产阶级在经济上和政治上都很软弱，他们一方面要对抗地主阶级，一方面还要提防工人阶级。资产阶级选择了墨索里尼，尽管他们不得不放弃政治权力，但能够借助法西斯主义迅速地扩大自己的经济力量。在法西斯主义统治时期，意大利开始推广电气化，建立了现代银行体系，修建了四通八达的公路网，大兴水利灌溉，农业蓬勃发展。没有法西斯，意大利就不可能如此迅速地实现工业化。

法西斯主义在意大利用了一到两年才最终夺权，但在德国，纳粹党仅仅用了一到两个月的时间，就把自己变成了国家唯一全能的政治组织。从1929年经济危机开始，德国资产阶级就痛感魏玛共和国软弱无能，他们担心这种无能会导致共产党和工人阶级乘虚而入。德国资产阶级不相信自己有驯化工人阶级的能力。马克思在《路易·波拿巴的雾月十八日》中一针见血地写道："资产阶级自身的利益要求它逃避自身统治的危险……要拯救它的钱包，必须把它头上的王冠摘下。"1919年右翼选民的数量仅有450万人，到了1920年，右翼选民就激增到了1 000万人。

总会有那么一个两个妄人和狂人，这并不足虑。但谁会甘心做这些妄人和狂人的拥护者呢？哲学家阿伦特（Hannah Arendt）讲到"平庸的恶"，就是这一点点"平庸的恶"，就足以放纵深重的罪孽。除了"平庸的恶"，还有"平庸的自豪""平庸的仇恨""平庸的轻信"，都是危险的易燃物。每一个人在特定的环境下，如果稍加放纵，都有可能会爱上法西斯。有一些学者试图从德国或意大利的"国民精神"中寻找法西斯的基因，其实没有这个必要。罪恶就住在我们每个人的心里，你在客厅里找不到它，是因为它躲在阁楼上。

作者注：本文是匈牙利哲学家米哈伊·瓦伊达《作为群众运动的法西斯主义》一书的书评。瓦伊达此书是"东欧新马克思主义译丛"之一。丛书由衣俊卿主编。衣俊卿写了一个长达26页的总序，可以看看。我还在看 Robert O. Paxton, *The Anatomy of Fascism*; Roger Griffin, *The Nature of Fascism*; Kevin Passmore, *Fascism: A Very Short Introduction*.

这个世界为什么越来越没有秩序

一位外国朋友跟我讲了这么一个故事。他到北京参加中国发展论坛，会议日程里有一场对话基辛格的活动，他非常感兴趣：这样一位饱经沧桑的老人，会用他的历史智慧给我们什么启迪呢？他到了会场，发现人潮汹涌。奇怪的是，人们并没有在基辛格面前停步，而是穿过基辛格的会场，去旁边的另一个会场。他非常好奇：谁比基辛格的吸引力更大呢？跟过去一看，那个房间里是马云。这才是中国。

91岁的基辛格博士忧心忡忡，摇头叹息：这个世界变得越来越没有秩序了。"阿拉伯之春"过后，中东的政治沙漠里并没有像西方国家期待的那样长出民主的嫩芽，相反，鲜血浇灌出了更多的仇恨，仇恨嗜求更多的鲜血。欧洲变得更加迟钝和内向，也变得更加多疑和猜忌，欧洲大家庭面临着前所未有的分裂风险。东亚地区经历着政治格局的巨大调整，中国正在崛起——不，几乎所有的东亚国家都在崛起——在这些野心勃勃的新兴国家中间，还有一个怎么也不愿意承认自己会衰弱的日本。

在基辛格的眼里，尽管有很多种世界秩序的可能性，但他最钟情的还是源自欧洲的"威斯特伐利亚和平"（Westphalian Peace）。1648年，在德国西北部威斯特伐利亚地区的两个偏僻小镇上，来自神圣罗马帝国、法国、瑞典和德国境内大大小小的邦国签订了一系列和约。在"威斯特伐利亚和约"签订之前，信奉新教的邦国和信奉天主教的邦国互相视对方为异端，由波希米亚王位继承权之争引发了一场血腥的"三十年战争"，欧洲境内大大小小的邦国几乎都被牵扯进来。在战争最惨烈的地方，万户萧疏，尸骨枕藉，德意志各邦国有60%的人口死亡，波美拉尼亚有65%的人口死亡，西里西亚有1/4的人口死亡。到最后，交战各方发现谁也无法消灭对手，大家都已是精疲力竭，奄奄一息，为了求得自保，就必须和敌人妥协。

"威斯特伐利亚和约"确立了一套新的国际规则。主权国家成为世界政治的主体。所有的国家，不分大小，均一视同仁。这套体系被国际社会沿用至今。太平洋上的岛国，比如瑙鲁，只有一万多人，但它和所有其他国家是平起平坐的。这是一套新奇、独特而混乱的国际规则，细想自有其匪夷所思之处：治理中国的一个县所要面对的种种问题，都比治理很多小国更加复杂。但这套临时拼凑起来的规则，在不到四百年的时间里，就已经大行于世，构成了当前的国际政治体系。

其实，在礼仪性的"主权国家一律平等"之背后，隐藏的是一套"均势"战略。各国在判断亲疏敌友的时候,会进行冷冰冰的利益计算。"没有永恒的朋友,没有永恒的敌人,只有永恒的利益。"均势战略的思想,很像是牛顿力学在国际政治中的应用:有作用力必有反作用力;当合力为零的时候,来自各个方向、各种大小的力相互抵消,物体就处于稳定平衡状态。政治是对利益的精确计算,国际政治是各种政治力量之间的对比,这就是基辛格信奉的政治现实主义。有人批评政治现实主义只重利益,没有道德,但在基辛格看来,政治现实主义之所以不轻言道德,乃是因为其追求的是更高的道德:只有懂得克制的道德才是真的道德。

尽管我们直到今天都还在使用"威斯特伐利亚体系"中礼仪性的外交惯例,但"威斯特伐利亚和约"达成的均势并未保证世界永久和平。法国大革命的爆发重新燃起了"三十年战争"的激情。法国国民议会认为,所有反对大革命的君主政体都是反动派,因此他们颁布法令,宣布法国将无限制地支持世界任何一地的人民革命。大革命之后登台的拿破仑集大革命与启蒙运动代表于一身,他开启了动员全国资源的全面战争时代。直到拿破仑在天寒地冻的俄罗斯战场兵败,才使得欧洲再度回到均势格局。从 1815 年的维也纳会议到 19 世纪和 20 世纪之交,欧洲经历了一个难得的和平年代。但恰恰就在人们刚刚习惯了和平生活的时候,第一次世界大战爆发了。很多学者认为,维也纳会议过于依赖均势，结果把精明的计算变成了钩心斗角、尔虞我诈，腐蚀和毒化了欧洲的和平。

再放眼全球，基辛格博士谈道，各种文化对世界秩序的理解大相径庭。除了欧洲式的"威斯特伐利亚体系"，至少还有伊斯兰的世界秩序观、中国的世界秩序观和美国的世界秩序观。

在穆斯林对外扩张的时期，伊斯兰教把世界分为已经皈依的"伊斯兰之家"和尚未皈依的"征伐之地"，伊斯兰教的使命就是对"征伐之地"发动"圣战"，直到统治全世界。一战之后，西方对中东的蛮横干预，比如英法强行划分势力范围，支持犹太复国主义等，埋下了中东持久动荡的祸根。"二战"之后，遵循西方现代化模式和"威斯特伐利亚体系"的民族主义者成为中东国家的领袖，但这些政权逐渐腐化，引起民众的不满，最终导致伊斯兰教极端势力再次占据上风。穆斯林兄弟会的创始人哈桑·班纳（Hasan Bana）断言，如果坚定地沿着"全面彻底"光复伊斯兰教的道路走下去，全世界的穆斯林"都会支持我们"。美国对中东的社会文化心理有严重的误判：原教旨主义者是不会承认世俗的主权国家凌驾于宗教之上的。我们最近在中东看到的反而是主权国家的衰落，国家分裂为不同的部落和教派。基辛格谈道，当各国政府失去对本国全境的管辖之日，也就是地区政治秩序走向解体之时。中东将会步入自己的"三十年战争"，直到无政府主义和极端主义耗尽了这一地区的元气，和解与和平才可能在废墟中站起来。

基辛格谈到，与欧洲不同，亚洲是一个更加模糊、复杂的概念。亚洲国家的文化差异极大，印度的文化传统和中国的文化传统迥异，南亚和东亚在历史上大多数时期都互相隔绝。但奇特的是，或许正是因为这种差异，亚洲国家在对外交往的时候反而成为"威斯特伐利亚体系"最坚定的支持者。著名的"和平共处五项原则"就是对"威斯特伐利亚体系"的更雄辩的声明。但是，这并不代表亚洲国家是西方制度的追随者。在现有的国际体系中，亚洲国家仍然不能找到应得的尊重，也找不到自己的梦想。随着亚洲国家的崛起，它们对现存的世界秩序可能会更加不满。这种不满不是想要推翻世界秩序，而是想在现存的世界秩序之中得到更多的代表性和发言权。每个崛起的新兴国家都争着要发表自己的看法，这个世界会变得更加嘈杂和易怒。

基辛格是欧洲移民，他的英语始终带着浓重的德国口音。基辛格的现实主义外交思想和美国的民意格格不入。美国建国以来长期持孤立主义立场，对国际事务既不了解，也不关心。到了第一次世界大战之后，美国开始登上国际舞台，第一个出场亮相的美国总统是威尔逊，他是一位牧师的儿子、昔日的大学教授。威尔逊对宣传美国价值观充满了牧师般的狂热，但对现实政治又表现得像大学教授一样无知。基辛格在其《大外交》一书中曾经说过，威尔逊之后的美国总统，多多少少都是威尔逊主义者。美国对国际事务仍然不懂,却越来越关心。在美国民众看来,外部世界只是自己价值理念的投影。民主制度是一种有效的内部治理制度,但民主易于导致对自己的过度自信,美国的外交政策受此民意的影响,经常会出现"极端的过度扩张和盲目的撤退"。美国的外交政策往往在一开始由于无知的冲动,急于把自己的价值观灌输给别的国家,一旦受到挫折,又会迅速地陷入沮丧和幽怨,迫不及待地想撤回国内。从越南、伊拉克到阿富汗,在两代人的时间里,像这样的错误,美国至少重复了三次。那美国为什么还能保持世界霸主的位置呢?很简单,大国犯错误的空间更大而已。

在政治思想上,新的并非都是更好的。正如基辛格讲到的,世界秩序必须在权力和合法性之间寻找到一种均衡。我们已经无法回到"威斯特伐利亚体系",但建立一个"威斯特伐利亚体系2.0",尊重文化的多元性,在合作与竞争中实现"共生演化"(coevolution),或许是建立新的世界秩序的起点。

作者注:本文是基辛格《世界秩序》一书的书评。此书中文版已由中信出版社出版。

日本为什么会发动侵华和侵美战争？

窗外在举行胜利日阅兵，哪里也去不了，城里倒是安静得很。阅兵时节好读书。接下来的四篇书评都是阅兵这两天写的。

美国作家约翰·托兰（John Toland）参加过第二次世界大战，他有着强烈的"二战"情结，写了大量的"二战"历史著作，包括《希特勒传：从乞丐到元首》《最后一百天：希特勒第三帝国覆亡记》《日本帝国衰亡史：1936—1945》等。《漫长的战斗：美国人眼中的朝鲜战争》也是他写的。

《日本帝国衰亡史》是 1970 年出版的，共分四卷：《乌云压顶》《短兵相接》《决一死战》和《投降》。此书当然是有偏见和缺陷的，比如此书主要谈的其实是"二战"时期的太平洋战争，对中国的抗战一带而过，就连在东南亚的缅甸等地的战争也着墨甚少，所以读来未免会有失望。但通读一遍，亦有助于理顺历史线索。

今天跟大家分享第一卷《乌云压顶》。书中最值得玩味的是两个问题，一是为什么日本会发动侵华战争；二是日本为什么会偷袭珍珠港，主动挑起和美国的战争。

作者先从1936年的"二二六"兵变讲起。1936年2月26日，一群激进的陆军低阶军官发动兵变，计划杀死首相、大藏相、宫内相和侍从长等高官，因为他们觉得整个政治体系都已经腐烂了。

在"二二六"兵变之前，就已经出现了多起暗杀事件，比如大藏相井上准之助、首相犬养毅都是遇刺身亡。这是一种奇特的、具有浓郁日本色彩的"下克上"（gekokujo）现象：在一个习惯于科层制的社会，平日里下级高度服从上级，但到了经济动荡、社会失范的时候，过去一直服服帖帖的下级会格外具有造反精神。这场兵变可以说相当成功，杀死了多名高官，占领了位于东京中心地带的国会大楼和首相官邸，让大臣们惶惶不安，也震惊了裕仁天皇。

著名的苏联间谍佐尔格（Richard Sorge）藏身于德国使馆，他在发给莫斯科的电报中极有远见地判断，"二二六"事件将带来巨大的变革，日本会开始对外扩张，而且首先是瞄准中国。

日本当时已经侵略了中国。关东军的两名野心勃勃的参谋军官，即石原莞尔中佐和板垣征四郎大佐私自密谋，刺杀了张作霖，策划了"九一八"事变，占领了沈阳。这种私自行事让东京感到非常尴尬和震惊，但到了此时，箭在弦上，已是不得不发。

吊诡的是，石原莞尔坚决反对进一步南下占领中国。他认为，日本的敌人是苏联，要想和苏联决一雌雄，必须先发展日本的重工业，这就需要苦心经营满洲，要耐心等待。按照他的预期，日本要到1952年才能发动对苏联的全面进攻。石原属于"皇道派"，还有更激进的一派即"统制派"，要求发兵南下。石原莞尔曾说："只要我活着，就别想有一兵进入中国。"因为他担心南下必然会和英美形成对抗，而日本是打不过英美的。

然而形势的发展已经失去控制。1937年6月，近卫文麿就任日本首相。近卫当年46岁，是日本著名政治元老西园寺的门徒，此前一直拒绝参政。1936年近卫临危受命，他希望能够力挽狂澜，却无能为力。当时，陆军对政治具有极大的影响力，有实质性的否决权。在陆军的坚持下，陆相的人选必须由陆军批准。如果军方不赞成某个内阁，陆相就会辞职，而陆军拒绝批准其他任何人担任陆相，这样就可以顺利倒阁。

近卫是个比较偏向自由主义的日本政治家。裕仁天皇做皇太子的时候去过欧洲，喜欢西方音乐和高尔夫球，他看起来更像个邋遢的村长，根本就没有皇帝的威仪。他最喜欢的事情是周六和周一做海洋生物学的科学实验。

按照作者的说法，天皇和近卫都不愿意发动全面侵华战争，海军也不赞成入侵中国。比如当时的海军次官山本五十六曾在哈佛求学,在美国待过很长一段时间,他知道美国的厉害,不愿意得罪美国。然而陆军却日益狂热,迅速把事态推到了战争的边缘。1937年"七七"事变爆发之后,中日之间的战争已经在所难免。

日本之所以发动侵华战争,亦是试错的结果。1938年日本和苏联为了争夺东北和苏联边境的一座小小荒山大动干戈,苏联空军狠狠地教训了日本兵。约10个月之后,在东北和蒙古的边界诺门坎,日本和苏联又打了一仗,这是历史上第一次大规模的坦克战。日本以惨败告终,这才对攻打苏联死了心。

作者并非史学家,对中国显然并不了解,所以其关于日本侵华战争的叙述或恐有误。其擅长的是描写日本内部的决策,有很多细节耐人寻味。比如作者认为,天皇自始至终对战争的进展了如指掌,和罗斯福、丘吉尔对其军队进展的了解程度一样,远胜于希特勒对其前线的了解。

那么,日本为什么又要发动对美国的战争呢?

日本侵华激起了美国的愤怒,但美国在中国并没有什么重大的实质利益。日本表现出非常敏感的一面:一方面,美国1924年的排外法案限制日本人入境,这伤害了日本人的自尊心;另一方面,最让日本人不满的是美国人的双重标准:你干过的事情,我为什么不能干?为什么你能灭了印第安人,我就不能灭了中国人?为什么美洲要搞"门罗主义",却要求亚洲"门户开放"?

日本跃跃欲试，想打美国，和希特勒在欧洲战场闪电战的胜利有关，日本军部开始吵吵"勿失良机"。法国已经战败，英国焦头烂额，他们顾不上东南亚的殖民地了，而那里富有石油、铁、锡、大米、煤和橡胶，就像丢在大街上的垃圾一样，可以随便去捡。

近卫难以遏制军部的冲动。熟悉近卫的人说，他不是个领袖人物，也非强人的典型。他的哲学基本上是消极的，首先考虑的是如何不招惹和激怒军部，尽可能拖延和陆军摊牌的时间。"如果和陆军撕破脸，陆军就会把你踢开，然后更加肆意妄为。"日本民众的反美情绪日益高涨，流行的说法是存在一个包围日本的ABCD（美、英、中、荷）包围圈。

海军本来是反对与英美开战的，但海军和陆军又要争夺权力，所以海军的策略是表面上支持、暗地里反对。1941年9月，作战计划已经初步确定：海军袭击珍珠港，陆军入侵香港、马来西亚和菲律宾。

偷袭珍珠港的作战构想是山本五十六1940年视察航空母舰飞机训练的时候想出来的。或许，这一想法是山本抄袭英国人的。1921年，美国出版了伦敦《每日电讯报》记者赫克托·拜沃特（Hector Charles Bywater）写的《太平洋海上霸权》，里面就设想了一支日本舰队偷袭珍珠港，同时偷袭关岛和菲律宾群岛的场面。日本的海军参谋部把这本书译为日文，在高级海军将领中发行，勤奋好学的山本肯定读过这本书。

日本一边着手训练，一边继续和美国谈判。日本在鹿儿岛附近加紧训练飞行员低空飞行，数周之后，经过刻苦训练，投弹命中率大幅度提高。当地的母鸡受到惊吓，都下不出蛋了。按照约翰·托兰的说法，日本其实是希望和美国达成和解的，但日美双方始终存在分歧。美国人打从心眼里不信任日本人，觉得日本人不可靠。日本人的文化则认为，一个人很矛盾、很复杂，是成熟的标志。美国已经破译了日本的密码，所以对日本的谈判意图了如指掌；但要命的是，美国的翻译日文水平很差，对日本密电的内容往往翻译得不准确，或是添油加醋，产生了很多歧义。

财新传媒主编王烁在评论天津爆炸案的时候曾写到，灾难为什么会爆发？是因为所有的链子都掉了。这一观察也适用于战争。日本入侵珍珠港，连自己都觉得是冒险，但山本天生就是个赌徒。最令人感慨的是，美国居然直到最后一秒钟都没有意识到日本人正在逼近。在这个过程中掉了无数链子，有无数次，情报明明可以清楚地提示美国人，日本就要偷袭珍珠港了，但每一次都被官僚体系中的愚蠢、狭隘、懒惰拖延，这才酿成了悲剧。

回顾这段历史，不由得让人感慨，侵略战争从根本上讲就是决策错误。哪里有非打不可的战争？战争往往是由误判和冲动造成的，而不同派别内部的钩心斗角，使得战争从一开始就漂移不定，不知漂向何方。

残酷的战争,残暴的人性

托兰的《日本帝国衰亡史》第二部是《短兵相接》,主要写了珍珠港事件、日本入侵东南亚、巴丹岛"死亡行军"、美国空袭东京、中途岛海战和瓜达尔卡纳尔岛战役。这些故事多有专门的著作,有的还拍成了电影或电视剧。托兰的叙述沉郁而灵动,写出了战争的残酷,也记录了日本军人的残暴。

偷袭珍珠港可谓惊心动魄。看过美国电影《珍珠港》,再读托兰的书,很多剧情似乎犹在脑海(还有一部更早的电影是《虎!虎!虎!》)。托兰在描写战争场面的时候,突然宕开一笔,写道:"在空袭最厉害的时候,围着筒裙的夏威夷姑娘照常来到泛美码头,腕上套着花串向克里帕号客轮的旅客送别",令人唏嘘。

偷袭成功的消息传来,高兴的当然是日本军部,但更高兴的是丘吉尔。他忍不住感谢上帝,因为美国从此将和他正式站在一起了。30多年前,爱德华·格雷爵士(Sir Edward Grey)曾经跟丘吉尔说过，美国像个大锅炉，"底下的火一烧，就能产生无穷的力量"。这天晚上，丘吉尔美美地睡了一觉。

能够阻止日军在东南亚迅速取胜的震慑力量有三股：一是太平洋舰队，二是麦克阿瑟的空中力量，三是英国海军上将菲利普斯指挥的舰队。珍珠港的成功偷袭，消灭了太平洋舰队的主要力量。10个小时之后，日本的轰炸机悄悄飞到菲律宾的美军克拉克机场，摧毁了麦克阿瑟的远东空军。两天之后，日本的飞机在茫茫大海中发现了菲利普斯将军的"Z舰队"，结果用了4架飞机的代价，炸沉了"Z舰队"的主力战列舰。对此战绩，就连日本人自己都觉得不可思议。

日本陆军在东南亚的侵略也频频得手。在攻陷香港的时候，遭到的最顽强抵抗不是英军，而是被英军戏称为"少爷兵"的义勇军，由华人、欧亚混血儿、当地的普通英国居民和葡萄牙人组成。日军随后又占领了新加坡。为了庆祝胜利，日本国内每家每户都发两瓶啤酒、一包赤豆、三盒清酒，13岁以下儿童每人发一盒糖果、点心。

日军在菲律宾的巴丹半岛遇到了激烈的抵抗。美军和菲律宾士兵得不到援军支持，不得不捉蛇、蜥蜴，吃草根、树皮充饥，很多人得了疟疾、坏血病（维生素C缺乏症）等各种疾病。麦克阿瑟坐飞机撤退到澳大利亚，驻守巴丹半岛的最高指挥官金将军最后不得不投降，7.6万名美、菲士兵被日本俘虏。这些俘虏在日军的押运下，徒步走向120公里之外的集中营。在这六天的行军中，战俘们受到日军肆意殴打、侮辱和杀害，这被称为"巴丹死亡行军"。托兰此书对"死亡行军"写得不够详细，我读过专门写这段经历的回忆录，其中日本兵的残忍令人发指。

托兰写道："对日本军人来说，残暴是一种生活方式。"上级对下级残酷无情，受过洗脑的日本士兵总是觉得跟随比带头更容易，什么奇怪的命令对他们来说都见怪不怪：比如，接受检阅的时候，规定日本兵的生殖器必须垂向左边。《日本时报与广告报》上的一篇文章公开宣称："对（战俘）发慈悲就是延长战争""迟疑是没有必要的，犯罪者必须扫除"。

一连串的胜利冲昏了日本人的头脑，尤其是海军，更是趾高气扬。这些胜利加剧了日本统帅部内部的不和。海军和陆军都想争夺主导权。海军想征用陆军五个师团去打澳大利亚，陆军觉得这种想法简直是天方夜谭：澳大利亚有多大，海军知道吗？别说五个师团了，十个都不够用。海军内部也有分歧，山本五十六坚持要攻打中途岛，但海军内部大部分人都反对。

美国为了鼓舞士气，组织了一次大胆的、象征性的空袭东京活动（有好几部关于这次空袭的电影，比如《东京上空30秒》）。这次活动其实已经被日本人获悉，日本派出了战舰堵截。美国飞机被迫提前升空，大白天飞到东京上空投弹。由于航油不足，返航时无法飞到中国内陆，有的飞行员飞到了符拉迪沃斯托克（海参崴），有的则飞到了中国境内的日本占领区，被押送回东京拷问。这一事件使得山本五十六的疯狂计划突然得到了大家的支持。

但是，这次日本的保密措施放松了，军官们在酒楼里肆无忌惮地公开谈论作战计划。一位飞行员出发之前，居然收到他的一位中国朋友写来的信，信中祝他袭击中途岛成功——似乎全世界的人都知道日本要袭击中途岛了。这次美国提前截获了日本的情报，并加紧备战。一艘被炸坏的航空母舰，本来得三个月才能修好，但在1 400名工人的努力下，只用两天就修好了。中途岛一战，日本惨败，损失了四艘航空母舰。美国夺回了对太平洋的控制权。这是太平洋战争的海上转折点。（有反映此战役的电影《中途岛战役》。）

太平洋战争的陆上转折点出现在一个无名小岛：瓜达尔卡纳尔岛（推荐美剧《太平洋战争》，里面浓墨重彩地讲述了瓜达尔卡纳尔岛战役）。大部分美国人从来没有听说过这个小岛，大部分日本人根本发不出这个岛的正确读音。表面上看，这是个宁静的热带小岛，美得如天堂一般，但实际上这里是处处隐藏着危险的地狱。双方不断投入兵力，但没有一方能占据绝对优势。这是一场消耗战，到最后，饥饿和疾病成了交战双方真正的敌人。

日本兵最惨，他们在丛林中深一脚、浅一脚地夜行军，后面的人得拉着前面一个人的手，否则就找不到路。有人找到一种发光的苔藓，把它抹在前面的人的背上，但又不能抹得太多，否则会被天上的飞机发现。没有水，只得喝河水，很多人因此得了痢疾。半数以上的人得了疟疾。他们不敢生火做饭，只能吃浆果度日。等到援军到来的时候，这些士兵已经变得人不像人，鬼不像鬼。他们蓬头垢面、衣衫褴褛，头发一抓就掉一绺，眉毛睫毛也在脱落，牙齿松动，身体严重缺盐，连海水都觉得是甜的。他们整整三个星期没有大便，一喝水就想大便，但又排不出来。成群的绿头苍蝇爬在伤病员身上，他们没有力气驱赶。士兵们列了一张死亡期限表：

能站者——可活 30 天

能坐者——可活 20 天

躺着小便者——可活 3 天

不能说话者——可活 2 天

不能眨眼者——凌晨即死

作者注：本文为约翰·托兰《日本帝国衰亡史：1936—1945》读书笔记之二。

跟随"大东亚共荣圈"的小伙伴们

《日本帝国衰亡史》第三部《决一死战》讲述了1943年到1944年的战事,如山本五十六之死、德黑兰会议、塞班岛战役、菲律宾海海战、东条英机下台、莱特湾之战、"断颈岭"之战等。到1945年年初,美军已经控制了太平洋和东南亚,在进攻日本本土之前,只剩下冲绳和硫黄两座小岛尚在日军手上。

1943年,太平洋战争的形势发生了微妙的变化。日军早期势如破竹的攻势被遏制,战争进入了对峙阶段。

1943年4月,山本五十六乘飞机视察所罗门群岛的防御,但其行踪早已被美军知悉。4月18日,山木的座机被美军击落。山本的继任者是古贺峰一,他的运气也极其糟糕,就任不到一年,在1944年3月乘机前往菲律宾前线视察途中,飞机失事,古贺下落不明。

战争拼的是实力的对比。日本尽管占领了东南亚和中国的大面积国土,但各占领区的司令官并没有充分开发当地的自然资源，也没有生产出大量的军用物资，即使生产出来，也只有很少一部分能运回本土，因为日本的商船数量有限，美国的潜艇又不断地袭击往来的运输船只。日本已经日益穷蹙。

海陆两军为了争夺战略物资互相攻击。"陆军和海军为每一件小事都要争吵"，航空本部和舰队司令部也大闹不和。丰田副武海军大将把陆军称为"马粪"，他公开说宁愿把女儿嫁给乞丐，也不嫁给陆军军人。

但就在日本国力由盛至衰的转折点，其"软实力"却大为彰显。日本提出了"大东亚共荣圈"，但美国人觉得这是个笑话。美国作家赛珍珠提醒其同胞，"泛亚主义"的精神是根深蒂固的："东西方的主要障碍是，白人不愿放弃其优越感，有色人种不愿忍受其卑劣感""亚洲人不愿做殖民地居民，他们已经下定决心永不再做殖民地居民"。

受到"大东亚共荣圈"鼓舞的亚洲政客有一大把。这要怪还得怪西方。第一次世界大战之后，美国总统威尔逊唤起了亚洲国家的民族自觉，但西方列强说的是一套，做的是另一套，不肯平等地对待亚洲人民。丘吉尔和罗斯福签订的《大西洋宪章》再度燃起亚洲人民的希望，因为其中提到，"各国人民有权选择自己的政府形式"。但丘吉尔很快就浇灭了亚洲的希望——他明确地讲道，这个宪章不适用于英国的殖民地。

相比日本侵略者而言，很多殖民地人民更怨恨英国人。看到英国军队全线撤退,很多人反而觉得开心,因为这证明白种人并非不可战胜,黄种人战胜了白种人。东南亚国家的政治家认为这是一个民族解放和独立的好机会。尽管在日本的扶植下,他们只能做傀儡,但他们觉得,傀儡的地位比奴隶的地位更高一些。

1943年11月,大东亚会议召开。东条英机担任会议主席,坐在他右边的是缅甸、伪满洲国、汪精卫伪南京政府的首脑,左边是泰国、菲律宾和印度的首脑。

汪精卫说,我们不仅要打赢"大东亚战争",还要实现"大东亚共荣"。"中国"的口号是:"再兴中华,保卫东亚。"

紧接着,泰国的旺·威泰耶康亲王、伪满洲国总理张景惠和菲律宾总统劳雷尔一一发言。

菲律宾人的感情溢于言表。劳雷尔说道:"拥有无限智慧的上帝不会抛弃日本,不会抛弃大东亚各国人民。上帝将会降临人间,与我们一起流泪。"

最后压轴的是缅甸的巴莫。缅甸刚刚在日本的扶植下建国,巴莫任元首,昂山素季的父亲昂山将军任国防部长,昂山将军曾是缅甸共产党的创始人之一,后来投靠了日本人。巴莫的发言非常得体、顺耳。他说:"多亏了日本,我们才能又一次得到这个真理并按照它行动:亚洲人当然应该收复亚洲。在这个简单的真理中寄托着亚洲的命运。"

这种受到小伙伴拥戴的感觉真好。对东条来说,这几个小时是他一生中最得意的时刻，他像慈父一样朝各国代表微笑。撒谎者也会被自己的谎言陶醉。

但就在此时，美国已经在太平洋战场上展开攻势。美军采用了"蛙跳战术"，避开一些大的岛屿，直接进攻具有战略地位的小岛，甚至是珊瑚礁。尽管战争大多围绕着这些小岛进行，但战斗极其激烈，美军付出了惨烈的代价。

日本海军继承了英国的传统。日本海军是英国海军帮助建立的，喜欢模仿的日本人照抄了英国海军的一切。江田岛的海军学校就是英国达特茅斯海军学校的翻版，就连造房子的砖都是从英国运来的。更关键的一点是，日本的潜艇继承了英国的传统，不攻击商船，而美国的潜艇肆无忌惮地击沉了毫无防守能力的日本商船。美国的潜艇有了较大的改进，用新式鱼雷取代了早期的鱼雷——早期的鱼雷往往走弧线而非直线，而且常常不爆炸。日本不胜其扰，开始派出舰队护航。美国的潜艇一时难以得手，潜艇舰长纷纷回去接受训练。但他们很快就回来了，这次，他们改用打群架的"狼群战术"继续骚扰日本商船。

太平洋战争早期，日本的零式飞机性能优于美国飞机。后来，美军推出了新型的"泼妇式"战斗机。"泼妇式"的爬高和俯冲性能都胜过"零式"，武器配备更多，驾驶员的后部有很厚的装甲板保护，前面有很厚的防弹挡风玻璃。一位海军飞行员说："我真爱这种飞机。要是它会做饭的话，我就娶它做老婆。"

美国拥有大批训练有素的飞行员，他们至少经过两年训练，都有300小时以上的飞行纪录。日本派出的却是新手，只经过半年训练，有的只有几个小时的飞行记录。没有办法，日军发明了自杀式的"神风特攻队"，飞行员在飞机上绑上炸药，直接向美国的军舰撞去。

在塞班岛和帕琉岛，美军每往前推进一步，都要付出沉重的代价。据统计，打死一名日军平均要用掉1589发轻重武器弹药。让美国人最不能理解的是，日本人明知绝无成功的可能性，也不会投降。日本伤兵躺在地上求救，美国兵过去帮助他，日本兵就拉响手榴弹，和美国兵同归于尽。这和日本军国主义的洗脑有很大关系。日本兵接受的教育是，美国会割掉俘虏的生殖器，好让日本人绝种。不仅日本兵，就连日本的平民也深受荼毒。美国占领塞班岛之后，数千日本平民麇集在海边的悬崖上打算跳崖自杀。美国人用大喇叭向他们喊话，但没有人听。父母把孩子扔下去，自己接着跳下去。母亲背着孩子跳入惊涛骇浪。一个母亲在分娩时淹死，孩子的头刚刚露出来。无法撤退的重伤员每人一颗手榴弹，他们拉响手榴弹自杀。平民也如法炮制，一家人抱在一起，拉响一颗手榴弹。塞班岛上，3万日本守军几乎无一幸存，2/3的平民，大约2.2万人毫无必要地死去。

美军参谋部本来打算跳过菲律宾，直接占领台湾，麦克阿瑟竭力反对。他当年坐飞机离开菲律宾，很多人戳着他的后背骂他胆小鬼。自大的麦克阿瑟渴望成为"菲律宾的解放者",他拼命说服了马歇尔将军。

美军占领菲律宾之后,菲律宾人马上转向拥戴美国人。一位美国上校召集大家开会,一是宣布菲律宾已经被美国解放,二是想雇用一批菲律宾劳工。他发言结束后,一位议会议员开始讲话。他是用英语讲话,讲的时候朝向菲律宾听众,但其实是说给美国人听的。他说:"我们是为了活命而不得不服从日本人。"

美军上校说,菲律宾是菲律宾人的,我们需要你们的劳工,但会付钱给你们,你们拿这些钱,可以买大米和生活用品。

当地的省长大声说: "我们365天给美国人干活,不要报酬。"

美国上校说不能白干,他的声音被一片排山倒海般的喊声淹没。

"亲爱的美国人!我们干!我们干!"

作者注:本文为约翰·托兰《日本帝国衰亡史:1936—1945》读书笔记之三。

日本投降了

　　一位美国军官说，从美学的观点看，硫黄岛丑得不能再丑。硫黄岛长约8公里，宽4公里，约等于曼哈顿区的1/3。硫黄岛南端有座死火山，整座岛蒸汽弥漫，到处是沸腾的硫黄坑。日军负责全岛总指挥的栗林忠道中将下令，放弃在海滩迎敌的传统作战方法，改为在多孔的火山岩中建筑地下防御工事，做好在纵深地带抵抗的准备。

　　硫黄岛一役，美军伤亡惨重。海军陆战队死亡4 554人，海军死亡363人。日本方面则几乎全军覆灭。2.1万日本守军中，只有3 000人活下来，其中216人被俘虏，其余的士兵仍然躲在又闷又热，充满了硫黄气味的山洞里。他们饥饿难耐，甚至想吃掉自己的同伴。很多人疾病缠身，靠着求生的欲望，一天天在死亡线的边缘挣扎。有些士兵最后投降了。他们终于想明白了：日本已经把硫黄岛所有守军都列入了战死者名单，我们为什么要死两次呢？但更多的日本兵宁愿死掉。

　　所有的人心里都很清楚，日本已经没有胜利的可能性。军部的一份调查表明：日本的钢铁产量比官方估计的少 2/3；飞机的产量只有计划产量的 1/3；由于没有煤，军火生产减少了 50%；由于缺乏燃料和装卸货物的人力，整个运输系统已经瘫痪。

日本已经陷入绝望。困兽犹斗，日本开始想方设法，不惜出各种"奇招"。为了补充兵力，日本宣布组建"国民义勇军"，由 15—55 岁之间的男人和 17—45 岁之间的女人组成，全民皆兵。为了补充石油储备，日本发明了从松树根提炼航空油的办法。粮食不够，日本政府号召学生去采橡子，计划把橡子制成食物。继"神风特攻队"之后，日本又发明了"人肉鱼雷"，即用仅容两人的微型潜艇，装上炸弹撞击美国战舰。日本还想出了所谓的"飞象计划"，即用氢气球装载燃烧弹，打算让这些气球飘到美国，烧掉美国的森林和城市。日本总共制作了大约 1 万个氢气球，征用了包括裱糊匠、女中学生和红灯区的女人在内的上百万劳动力。糊气球的糯米纸要用辣椒根强化，于是，全国的辣椒根都被征用了。

军部仍然反对投降。战争部大臣阿南惟几和陆军参谋长梅津美治郎坚持要在本土和美国决一死战。很多少壮派军官听到可能投降的消息，一个想法就是暗杀主和派，另一个想法就是自杀。这使得日本政府的反应犹犹豫豫，首鼠两端。一方面，铃木首相想对外释放求和的信息，比如他说"太平洋本应成为太平之洋"；另一方面又要顾忌军方的反应，比如他说对《波茨坦公告》只能"默杀"。在日语的语境中,"默杀"是想表达"无可评价",但直来直去的美国人只会理解为日本拒绝《波茨坦公告》。

美国人的愤怒越来越不可遏制。

美国曾经很真诚地反对在西班牙和中国屠杀平民。"二战"爆发之后,罗斯福总统致电各交战国,敦促不要采取轰炸平民的"非人道野蛮行为"。但打到1945年,几乎每个美国人都同意,落在日本和德国土地上的所有炸弹都是敌人罪有应得的。

美国的B-29轰炸机原本和在欧洲战场上一样,投放的是高爆炸药。这种空袭对工业集中的德国有作用,但对日本不管用。日本的军工生产除了大工厂,还有2/3的产量分散在家庭作坊和只有不到30人的小工厂里,仅仅炸毁大型兵工厂,无法有效地摧毁日本的战时生产能力。于是,美军开始朝东京及其他城市投放燃烧弹。东京有大量的木结构房屋,很多房屋是在江户时期建造的,所以日本人把火灾叫作"江户之花"。空袭之后,东京有88.58平方公里的面积被焚毁,变成了一片焦土。尽管美军刻意不朝日本皇宫扔炸弹,但无法控制的烈火也烧到了皇宫。名古屋、横滨、大阪和神户都葬身在熊熊烈火之中,200万座建筑物被夷平,1 300万人无家可归。《时代》盛赞:"燃烧吧,把日本的城市像秋天的落叶那样烧掉!"有人在美国散发一本名为《死亡屠杀》的匿名小册子,里面要求参加"死亡狂欢节"的人们做"良心上的检讨"。大部分美国人对此都嗤之以鼻。有个牧师在《纽约时报》的读者来信专栏里反驳:"上帝给了我们武器,我们就用吧。"在考文垂、鹿特丹、华沙和伦敦是罪恶的事情,到了汉堡、德累斯顿、大阪和东京却成了英雄行为。

美国制造出了原子弹。要不要朝日本扔原子弹呢?要不要轰炸东京?要不要轰炸文化古城京都?要不要提前对日本人提出警告?要不要先在偏僻的地方试投,也许这样就能吓倒日本人?

最后,美国决定,不能事先告诉日本人,省得他们把美国的轰炸机打掉。不能只在无人区投弹,要选择人口稠密的地方,好好教训一下日本。东京已经是一片废墟,炸不炸其实无所谓了,京都需要保留,最后美军选择了广岛、小仓、新潟和长崎四座城市。广岛是日本第八大城市,该市12万平民已经疏散到农村,市区还有24.5万人。广岛人觉得美国不会轰炸他们的城市,理由有很多:他们有很多亲友在美国;他们的城市像京都一样漂亮,美国人说不定会把它当作战后的居民区;杜鲁门总统的母亲曾经在附近住过;等等。1945年8月6日,第一颗原子弹在广岛爆炸。

或许,美国人的选择是对的。在第一颗原子弹爆炸之后,阿南将军还在鼓吹和美国决战,他说原子弹有什么可怕,我们有防空洞。

大家都觉得用原子弹惩罚日本,是情理之中的事情。战后,记者问杜鲁门，是不是一定要向日本投掷原子弹？杜鲁门不耐烦地说，为什么一定要纠缠原子弹的事情呢？在东京投下的燃烧弹比原子弹杀死的人更多，原子弹不过是更大的大炮而已。当杜鲁门告诉丘吉尔美国有了原子弹之后，丘吉尔抑制不住内心的狂喜：赶紧用啊，赶紧炸日本啊。他说："原子弹才是愤怒的基督再临。"而当斯大林听到美国有"一种具有异乎寻常破坏力的新式武器"之后，他不动声色地说：好好用它对付日本人吧。转身，斯大林就下令，由他的死党贝利亚（Beria）负责，组织人力、物力加紧研制自己的原子弹。

8月9日，第二颗原子弹在长崎爆炸。这颗原子弹比第一颗的威力更大，它的形状是球形的，就像丘吉尔的体形，于是取名为"胖子"。美国轰炸机本来要在小仓投弹，但小仓的上空始终烟雾缭绕，投弹手无法识别投弹目标，这才转而飞向长崎。长崎是日本最欧化、基督徒最多的城市。

祸不单行，苏联又决定对日宣战。苏联宣战对日本军部的震动比两颗原子弹更大。最后，天皇不得不亲自下令，接受《波茨坦公告》的条件，宣布投降。为了表明投降确是天皇的旨意，天皇做了件破天荒的事情，他第一次录音，在广播里向他的臣民宣布投降。第一次录音的时候，因为紧张，有几句话没有录清楚，天皇又录了第二遍。他对录音的兴趣更大了，主动提出再录一遍，被录音师委婉地拒绝了。

日本人在广播里听到一个他们从未听过的男子声音，音调高亢，几乎失真，讲的是佶屈聱牙的皇室日语，收音机的效果又不好，几乎没有几个臣民听清楚皇上到底在说啥，但是他们知道，战争结束了。

战争真的从此结束了吗？

日本驻菲律宾的守军司令山下将军根据麦克阿瑟的命令受到审判，最后被处以绞刑。山下的首席辩护人阿道夫·里尔上校说："我们是不公正的，伪善而带有复仇心的，我们在战场上打败了敌人，却让敌人的精神在我们心中赢得了胜利。"

日本投降了。但战争并没有从此结束。

作者注：本文为约翰·托兰《日本帝国衰亡史：1936—1945》读书笔记之四。

亲爱的经济学家

国王爱银行

在银行监管的背后，也存在着复杂的政治经济关系。本文推荐了一本关于银行监管的政治经济分析专著——《生来就脆弱》[①]（Fragile by Design），此书理论和案例兼备，但因为题目宏大，难免有所疏漏，比如直接用这本书中的模型套中国的银行监管就不一定合适。如果能够借鉴其中的思路，作一些修正，专门谈中国的银行监管，一定很有意思。

几乎每个国家都有自己的银行。富国有，穷国也有；民主国家有，专制国家也有。哥斯达黎加没有军队，但有银行。科威特几乎不征税，却离不开银行。唯一找不到银行的国家可能是1990年到2011年间的索马里，因为那时候索马里连年内战，别说银行了，连政府都没有。2011年，索马里临时政府在过渡时期颁发第一批法令时，就迫不及待地建立了中央银行。

我们现在熟悉的银行，是15—17世纪以来，源于欧洲国家

---

① 本书尚无中文版。——编者注

的一种金融创新。银行的诞生,并非像种子长成大树那样,自然而然、顺理成章,而是制度创新的基因突变。银行的发展和民族国家的建设相互影响,是一种共生演化。

从公元 9 世纪到 15 世纪,欧洲处在肮脏、动荡的中世纪,很多懵懵懂懂的小国互相争斗,但谁也灭不了谁。到了 16 世纪,才开始出现大国兼并小国、权力慢慢集中的趋势。法国兼并了勃艮第、布列塔尼,英国占领了苏格兰、威尔士、爱尔兰和康沃尔,而卡斯提尔和阿拉贡则落入西班牙的囊中。战争越打越血腥,越打越旷日持久。以荷兰为例,1568 年到 1648 年,荷兰跟西班牙打了 80 年,才赢得政治上的独立。独立之后,荷兰一方面要跟英国打仗,争夺海上的航线,另一方面还要应付法国、瑞典和西班牙盟军的入侵,掐指算来,荷兰一连打了 150 年的仗。

打仗就是烧钱。法国国王路易十四曾经感慨,只要坚持到最后一枚金畿尼,就一定能打赢。怎样才能为战争融资呢?皇室本来有自己的家产,但这些钱很快就不够用了。政府也可以通过征税筹款,但这样做会遇到一个难题:越是打仗,越是民生凋敝,税基日益萎缩,要是继续横征暴敛,税基只怕会流失得更快。亚当·斯密曾经说过,战争的支出总是迫不及待的,但征税却是缓慢的,所以必然出现赤字。在争霸竞赛中决定胜负的往往是政府的借债能力。

早期的欧洲国家规模较小,借的钱也不多,所以国王们大多会向富裕家族借钱。借钱给国王不是什么一本万利的好买卖，国王们的信用比流氓好不到哪里，经常耍赖，借钱不还，连累很多富裕家族都破产了。

这时候，国王们发现了一个好东西，那就是银行。

现代银行的雏形更像是政府融资平台。1407年成立的热那亚圣乔治银行（Banco di San Giorgio）名为银行，实际上是热那亚共和国的财政代理人。它既不吸收存款，也不对私人企业贷款，但拥有征税的权力。1694年成立的英格兰银行，主要目的也是为了替英国国王威廉三世筹款，当时威廉三世正和法国国王路易十四打得不可开交。英格兰银行在治理模式上采用了股份公司的方式，它和东印度公司以及臭名昭著的南海公司一起，是最早的一批股份公司。这些股份公司和政府有着千丝万缕的联系。它们都有政府的特许权，同时还要为政府分忧解难。据估计，到1720年，英格兰银行、东印度公司和南海公司一共持有70%的英国公债。

一系列金融创新导致了现代银行的诞生。第一，政府的举债方式有了巨大的变化。先是在西班牙，后来在荷兰，出现了永久公债。所谓永久公债，就是购买这种公债的投资者可以永远领取利息，但是拿不回本金。如果不愿意持有这种公债，投资者还可以拿到市场上把它卖掉。这一创新培育了大批新兴的投资者。第二，股份公司的组织形式出现。股东们不用再承担连带的风险和责任，不必担心一次投资失败就要倾家荡产。第三，汇票开始出现。商人们在买卖过程中不需要再随身带着金币和银元，方便多了。汇票还是一种信用工具，商人们可以更快更安全地为贸易融资。第四，纸币也开始出现。金本位时期，纸币其实比金币更可靠。金币铸造的时候会掺假，会降低成色，而纸币上清清楚楚写着合多少黄金，童叟无欺。

这些金融创新的背后，都有政府的支持，或至少是鼓励。永久公债是为了帮政府筹集更多的资金。著名经济学家希克斯（John Hicks）在《经济史理论》中说道，政府非常欢迎股份公司这一形式，因为要想募股，你就得把自己的财产交代清楚，你把财产都交代得清清楚楚了，政府的征税官就不用再上门去查了。汇票有利于贸易的繁荣，而当时的税收主要是对贸易征收的间接税。纸币要想站稳脚跟，必须得是"公共和私人债务的法偿货币（legal tender）"，没有政府的许可怎么可能？

所以离开政府，就不会出现现代银行。现代银行是"特许银行"（chartered bank），这种特许，不仅是一张准许合法经营的执照，更重要的是，它是政府和银行之间的一份契约。政府和银行之间的博弈，决定了谁能办银行、银行能经营什么业务、银行业的规模多大、银行出现危机该怎么办。换言之，一国银行体系的稳定性，是由围绕着银行的政治博弈决定的。

哥伦比亚大学商学院和国际关系及公共事务学院教授查尔

斯·卡洛米利斯（Charles W. Calomiris）和斯坦福大学胡佛研究所的史蒂芬·哈伯（Stephen H. Haber）教授在其新书《生来就脆弱》一书中，提出一个分析银行监管的政治经济学分析框架，尽管略显粗疏，但亦可烛照现实。

按照卡洛米利斯和哈伯的分析，现代银行牵涉到银行的管理层、银行的股东（尤其是小股东）、银行的债权人（主要是存款人）、银行的债务人等，他们的利益并不完全一致，时常会相互冲突。政府必须要摆平这些不同的角色。管理层可能会欺负小股东，因为很多内幕信息小股东不得而知。管理层可能会给自己发天文数字的薪酬，也可能会挪用股东的资金，或是草率地拿股东的钱去作风险很大的投机。如果出现了危机，政府会面临要不要救银行的选择，要是救助银行，又要决定由谁承担损失。要么，政府会强迫借钱给银行的债权人接受"理发"（haircut），其实就是给债务大打折扣——债权人原本借给银行 100 块，现在只能拿回 20 块，这在金融界美其名曰"债务重组"；要么，政府会直接出钱救助银行，可这些钱并不是当官的自己的钱，都是纳税人的血汗钱；要么，就像在塞浦路斯银行危机中一样，政府打存款人的主意，让存款人交税，也就是说，银行把你存的钱折腾没了，政府还得罚你的款。

很多涉及金融监管的处理办法，都不存在唯一的最优解，最终的均衡是由政治力量的博弈决定的。

如果是专制国家，而且非常专制，独夫治国，那就不需要银行了，国王想怎么盘剥百姓就怎么盘剥。但没有银行，企业和家庭就无法借款，经济将走不出贫穷和停滞的陷阱。若是在集权体制下，政府会倾向于减少银行间的竞争，留下的只是和政府联系紧密的少数大银行。存款人往往别无选择，要么把钱塞在褥子底下，要么不得不把钱存进效率低下的银行里。这种体制下，银行体系不仅是低效的，而且是不稳定的，因为处于垄断地位的银行会把钱贷给自己的关系户，导致坏账增加。如果专制政府集权的程度相对不高，无法对银行体系进行严密的控制，政府很可能会利用银行体系，悄悄地增发货币，在无形之中征收通货膨胀税。

民主制度和专制制度最大的不同是，民主制度下的政府更需要公众的政治支持。政治家必须进行精确的政治计算，权衡怎样才能使得自己的政治同盟更为强大。必须指出的是，正如著名政治学家威廉·瑞克（William Riker）提醒我们的，民主制度并非完全相同。瑞克将民主制度细分为自由主义和民粹主义两种。对自由主义者而言，民主不过是一种程序，官员的任命必须通过选举，但自由主义者总是害怕多数派的暴政，所以他们更强调保护个人的自由、少数派的权利。对民粹主义者而言，民主是一种崇高的道德，民主选举出来的政府代表的是公义，而这种公义是少数人不能否决的，自由就是通过政府实现人民的集体利益。

在自由主义的民主制度下，政府最为关注的是产权保护，同时确保法律能够发挥作用，市场经济的游戏规则会相对更加透明、清晰。即使在这种情况下，政府也从来不会任由银行业野蛮生长，只不过政府不会过多地干预。政府犯不着干预，它的收入来源可以依靠税收，不需要让银行帮助买单。它更多地会置身局外，试图平衡银行系统中不同角色间的利益分歧。

在民粹主义的民主制度下，政府更关心的是老百姓开心不开心。当然，要是能够让老百姓多占点儿便宜，他们会更开心。怎样才能满足民众的欲望呢？一种方式是实施福利国家制度，提供充足的公共服务，如公共卫生、医疗、教育等，这主要是通过财政来取悦选民。另一种方式则是干预银行。比如，如果债务人很多，怨气很大，民粹主义政府很可能会倾向于袒护债务人。民粹主义政府更常用的办法是鼓励民众借钱，用借来的钱买房置业、旅游购物。这样一来，不需要实实在在地解决就业问题，也不用担心日益扩大的贫富差距，就可以轻轻松松地制造出皆大欢喜的假象。这才是"资本主义的肮脏的秘密"。但这样做就要干预银行，迫使银行降低贷款利率，降低借款门槛。最为经典的案例就是在美国风行一时的次级贷款，让很多根本没有还款能力的人借了一大笔钱，最后还不起钱。不仅是穷人，所有的中产阶级都享受着"免费的晚餐"，但这恰恰种下了金融危机的祸根。

质言之，在专制制度下，银行一定会受到不同程度的压制，金融抑制可能会带来金融不稳定，也可能不会；在民主制度下，银行会有更多发展壮大的机会,但民主国家的金融体系有可能很稳定,也有可能不稳定。以美国为例,美国自19世纪中期以来,频繁爆发银行危机。1837年、1839年、1857年、1861年、1873年、1884年、1890年、1893年、1896年、1907年、20世纪20年代、1930—1933年、20世纪80年代、2007—2009年——在过去的180年时间里,美国爆发了14次银行危机,几乎平均每10年就要来一次。

这就是政治博弈的结果。你可能想象不到,尽管现在在美国能够看到无处不在的大银行的网点,但在美国历史上的大部分时间里,银行只能在一个州的境内营业,不能跨州经营。直到20世纪70年代,银行想在一个州内增加分行也是不允许的。美国的银行体系中存在着上万家"单体银行"(unit bank),只此一家,别无分店。这样的银行体系,不仅是低效的,而且是不稳定的。自20世纪70年代以来,美国的金融政治有了巨大的改变,金融监管的放松带来了大银行的春天,但银行在进步主义者的压力下,不得不承担各种"社会职责",比如为了帮助美国人"居者有其屋",专门成立了准政府公司:房利美和房地美。为了讨好选民,政府不仅纵容,甚至鼓励银行向不符合条件的穷人发放住房按揭贷款。政府为什么要这样做呢?道理很简单,有房子住的选民,才是最忠实的选民。

国王总是爱银行的,但爱情有各种各样的表达方式。

热气腾腾的狗屎运

希腊的债务问题远没有结束，欧洲仍然面临着各种金融风险。这里介绍的是著名财经作家迈克尔·刘易斯（Michael Lewis）写欧洲债务危机的一本书。此书非关金融危机的深层根源，谈的都是浅层表象。

金融危机的深层根源实在很难讲清楚，不如讲讲浅层表象吧。浅层表象总是比深层根源更有趣。美国著名财经作家迈克尔·刘易斯的《自食恶果》，写的就是陷入困境的欧洲国家的众生相。

所谓国家不幸诗家幸，金融危机的爆发，反倒为刘易斯这样的财经作者提供了全球旅行报道的机会。他从冰岛、爱尔兰、希腊、德国一路走来，讲述人性的贪婪和无知如何导致了一场金融浩劫。不同的国家、不同的民族，各有各的贪婪和无知，但遭遇危机的每一个国家的共同点就是没有抵挡住诱惑——人性真是经不起考验。

欧洲金融危机首先是从冰岛爆发的。冰岛是个很小的国家，小到这个国家只有九个姓氏，几乎所有的人都互相认识。冰岛是个很荒凉的地方，荒凉到美国国家宇航局在首次登月之前，曾让宇航员到这里来体验月球环境。冰岛一直是个渔业国家，人们过着世外桃源般的生活。为什么欧洲金融危机的暴风会起自冰岛呢？

因为冰岛在一夜之间变成了一个对冲基金交易所。冰岛大学里学习渔业经济学的学生，纷纷改读金融工程。原来的渔夫，现在变成了交易员。刘易斯在采访中遇到一位外汇交易员，他以前是一个渔船船长，16岁就出来打鱼，谈起打鱼头头是道：怎么发现鱼群？从什么角度撒网？在深海上如何捕鱼？遇到恶劣天气该怎么办？他不无自豪地说，自己花了7年的时间才学会打鱼。刘易斯问他：如果你觉得要花7年的时间才能学会打鱼，那为什么你会认为没有经过一天培训，就能在金融市场上做投机交易呢？

这位交易员想了半天，回答不出来。是啊，为什么呢？

不仅交易员们不懂金融，冰岛的官员们也不懂金融。商务部长是个哲学家，财政部长是个兽医，中央银行行长是个诗人——他曾经是总理，狂热地支持米尔顿·弗里德曼（Milton Friedmon）的自由主义经济主张，不相信任何政府管制。冰岛人天性粗鲁，走起路来都是横冲直撞。他们对自己的"金融才华"深信不疑，就像他们对小精灵的存在深信不疑一样。但来自伦敦的资深金融专家说：他们如同刚进入社会的孩子，别人都觉得他们最好糊弄，他们买的都是最差的资产。但举国若狂的冰岛人却浑然不觉，直到有一天醒来，才发现他们的债务总额已经是 GDP 的 850% 了。

冰岛破产了。冰岛人在虚假的繁荣时期贷款买了豪宅和豪车，现在还不起钱了。最简单的办法就是：砰！放一把火把汽车烧掉，然后获取保险赔偿金。

冰岛毕竟偏居海外，真正引发欧元危机连锁反应的是希腊。说到希腊，这个国家不爆发金融危机才怪。希腊人从来就没有缴税的习惯。谁要是缴税，那大家就会觉得，此人不是白痴就是疯子。希腊人都愿意到政府部门工作，政府部门的工资是私营部门工资的三倍。如果是在"艰苦"的工作岗位上，男士可以 55 岁退休，女士可以 50 岁退休。哪些是"艰苦"的工作岗位呢？理发师、无线电广播员、餐厅招待和音乐家都算。

希腊债务危机的导火索来自一桩政治丑闻。坐落在希腊东北部一座山上的瓦托佩蒂修道院以不接待女性著称，他们甚至连雌性动物都不允许进入。这个修道院的院长伊弗雷姆神父比少林寺方丈释永信还懂经营。他不知道从哪个故纸堆里翻出来一个文件，证明 14 世纪的时候拜占庭皇帝曾经赠予修道院一个湖泊。这个湖泊已经被希腊政府划为自然保护区了。神父就到政府那里去闹，要求归还湖泊。希腊政府真的给他们了。神父像《渔夫和金鱼》里的老太婆一样，又有了新的要求。他不要这个湖泊，要求政府拿其他的地产来置换。这个湖泊附近的地只值500万欧元，但神父居然从政府那里套走了价值10亿欧元的地产，其中包括2004年奥运会体操中心。就在神父踌躇满志地想打造商业地产帝国的时候，这桩丑闻被曝光，政府倒台了。新上台的政府不敢接上届政府留下的烂摊子，索性把原来的家底撂了个底朝天。大家这才发现，原来公布的财政赤字只有70亿欧元，实际上却超过了300亿。

修道院丑闻只是冰山露出海面的一角。在希腊这个素有集体主义传统的国家，人人都只为自己着想，到处充满了谎言和欺骗，人与人之间失去了信任，没有一个希腊人会在背后赞美另一个希腊人。人们对所有形式的成功都充满了怀疑，因为人人都在行贿或收受贿赂，要么就是偷税漏税。这并非希腊人天性如此，而是在一个腐败透顶的体制下，人们逐渐学会了这样的生存经验。为了重塑健康的经济，需要人们暂时放弃个人的利益，但每一个希腊人都在想：凭什么让我做出牺牲呢？

爱尔兰和希腊不一样，这是个多灾多难的国家。1845—1852年间，爱尔兰爆发了大饥荒，800万国民中，100万人活活饿死，150万人被迫移民。短短10年时间，这个曾经人口最稠密的欧洲国家变成了人口最为稀少的国家之一。直到20世纪80年代，爱尔兰的人口中还有1/3处于贫困线之下。

20世纪80年代之后，爱尔兰出现了狂飙突进的经济增长。

除了自由贸易、提供免费高等教育等政策，爱尔兰还降低了公司税率，使其成为外国公司青睐的税收避风港。大量波兰移民涌入，提供了廉价、丰富的劳动力。

爱尔兰的制造业发展速度很快，但他们嫌制造业赚钱太慢。房地产才是赚快钱的王道。建筑业很快占到爱尔兰 GDP 的 1/4，而各国平均水平一般只有 10%。爱尔兰每年建造的新房面积是英国建造的新房面积的 50%，但英国需要买房的人口是爱尔兰的 15 倍。从 1994 年到欧洲金融危机爆发之前，爱尔兰的房价平均上涨了 500%。

房地产的畸形繁荣刺激了银行疯狂放贷。给建筑业和房地产业的贷款占银行总贷款的 28%（欧洲平均水平大约为 8%）。这种击鼓传花式的"庞氏骗局"是无法持续的。2008 年 9 月 29 日，爱尔兰银行股票大跌，人们纷纷提走自己的存款，银行危机爆发了。奇怪的是，爱尔兰政府宁肯自己背债，也要支持银行。美林的一位交易员持有一家爱尔兰银行大量的债券，他忍痛割肉，以 50 美分的价格把债券抛出，但第二天，他吃惊地发现，那些债券涨到了 100 美分，因为爱尔兰政府对其进行了担保。最终的结果是，银行危机转化为政府的债务危机，爱尔兰政府走到了破产的悬崖边缘。

跟南欧或岛国这些惹了麻烦的国家相比，德国本来应该置身事外。德国人和散漫懒惰的南欧国家居民恰恰相反，他们更像中国人：工作勤奋，赚了钱就拼命攒起来。德国人对纪律和规则的痴迷几乎到了强迫症的地步。但德国人并没有独善其身，德国银行持有210亿美元冰岛银行债权、1 000亿美元爱尔兰银行债权、600亿美元各类美国次级住房贷款债券，以及多得数不清楚的希腊债券。德国人之所以陷得这么深，不是因为他们喜欢冒险，恰恰相反，因为他们过于相信写在纸面上的规则和纪律。天真的德国人根本没有看清金融市场上的风险。当华尔街上人人都意识到次级贷款市场出现了危机时，德国人还在懵懵懂懂地往里冲。全世界最后的买家就是一意孤行的德国人。

为什么看起来诚实、聪明、理性的德国人居然被拖进了这么混乱的境地？刘易斯讲道，德国人仔仔细细地敲打箱子，翻过来掉过去地检查，想要确保里面的东西没有碎，但唯独没有注意到，箱子里已经散发出一股恶臭。在这个尔虞我诈的金融世界里，德国人天生缺乏对病毒的免疫力。他们相信华尔街的推销员不会说假话，他们相信希腊人拍着胸脯对希腊没有财政赤字的保证。

或许，德国人的心理要更加复杂。刘易斯讲道，德国人在内心深处有一种矛盾：他们热爱干净，但又对肮脏的东西有一种潜意识的热爱。德国人喜欢讲粗话，比如马丁·路德曾有名言："我就像马上要拉出来的大便，而整个世界就是一个巨大的肛门"。汉堡的红灯区里，曾经有个节目非常吸引观众：在污泥满地的环形场里,赤身裸体的女人们互相打斗,观众们头戴塑料帽,以防溅到污泥,站在旁边看得津津有味。德国人乐于看到糗事,却不愿身陷其中。

如果你表面上热爱整洁和干净,内心里却留恋着龌龊和肮脏,早晚会遇到问题的。如果正处于糟糕的情况,德国人会说:"Die Kacke ist am dampfen",意思是说,碰上了热气腾腾的狗屎运。这次,欧洲真的碰上了一大摊新鲜出炉、热气腾腾的狗屎。

作者注:本文取材于迈克尔·刘易斯的《自食恶果:欧洲即将沦为第三世界》,中信出版社,2012年出版。原书名为 *Boomerang*,即澳洲土著用的飞去来器,扔出去还会飞回来。翻译成"自食恶果",大意不错,但少了些韵味。此书的翻译尽管流畅,但存在很多明显的错误,大部分错误是粗心和疏漏所致,比如说施瓦辛格是澳大利亚人,其实应为奥地利人。

为什么猴子变不成猩猩？

本文介绍李伯重教授关于江南明清时期原始工业化的研究，顺带谈谈我关于制度演变的一些感想，只是些初步想法，请大家批评。

建国之后，"资本主义萌芽"曾经被称为中国史学界的"五朵金花"之一，是当年的热门研究题目。概言之，"资本主义萌芽"命题是想证明，一切社会的发展阶段都是按照既定的步骤一步一步来的，奴隶社会之后就是封建社会，封建社会之后就是资本主义社会。为什么中国没有出现资本主义呢？"资本主义萌芽"命题的解释是，中国在明清时期已经出现了资本主义的"萌芽"，这个"萌芽"之所以没有长成大树，乃是因为突然遇到了外国殖民者的入侵，打断了发育过程。如果没有鸦片战争以及之后的外国入侵，中国一样会由封建主义，经由资本主义"萌芽"，最终演变为资本主义。

这是一种非常教条而且幼稚的历史观。当人们刚刚对进化论一知半解的时候，最常听到的一个质疑就是：要是进化论是对的,那猴子为什么没有变成猩猩,猩猩为什么没有变成人?猴子不会变成猩猩,猩猩也不会变成人,但这并不意味着进化论的原理是错的。同理,每一个社会的演化都与众不同,中国无法变成欧洲,欧洲也不会变成美国。我们必须坦然地接受历史演变中的多样性和偶然性,但这并不等于说,我们无法用一种较具普遍性的分析框架考察经济制度的变迁。

有趣的是,尽管"资本主义萌芽"的问题和答案都错了,但其解题思路却别具一格。无数研究者兀兀穷年,深入研究江南等地的明清经济史,掘地三尺,爬梳剔抉,像拼图一样,把无数碎片拼成了繁复生动的画卷。李伯重教授的《江南的早期工业化》,亦得益于这一学派的积累沉淀,同时又能洞幽烛微,自出机杼。

不妨大致勾勒一下明清以降江南地区的原始工业化进展,并与欧洲尤其是英国的工业化革命参详印证。

按照李伯重教授以及其他学者的研究,中国的江南地区在明清时期已经出现了相当发达的原始工业,尤其是原始轻工业。大约从明代中期,尤其是嘉靖、万历年间开始,江南形成了一个以苏州为中心,以南京、杭州、松江(清代为上海)为侧翼构成的三角形地带,这是江南原始工业化的核心区。江南的原始工业化持续了300年时间,直到太平天国运动导致江南元气大伤。太平天国运动是一场残酷的内战,十年兵燹,江南人口损失泰半,原始工业化也就从此折戟沉沙。

这一切是如何开始的？

起初，要有光。这光就是需求。需求从哪里来？其一，得益于人口的增长。这点中外大致并驾齐驱。人口之增长，除了承平时代自然增长之外，或许是因为耕地的扩大和良种的推广，或许也因为1493年"哥伦布大交换"之后，高产的美洲农作物，如番薯、土豆、玉米等传入欧亚大陆。人口增长带来了对日用品需求的提高。尽管从古罗马时代起，国际贸易就已经开始兴盛，但传统的国际贸易大多集中于奢侈品，贸易尚未对生产带来巨大的影响。其二，市场规模的扩张速度比人口的增长率更快。在欧洲，这主要是因为海外殖民地的扩张；在中国，则是因为水陆交通的便利，带来南北贸易的兴盛。

日常需求无非吃穿住行。在吃穿住行中，食品加工和纺织业又排在最前面，因为它们主要是可贸易品。建筑难以异地贸易，运输则更多是服务业。对照江南的工业化和英国工业革命，均能看出纺织业的领先作用。所异者，在纺织业中，英国以毛纺织为主，以棉纺织为辅，而江南则以棉纺织为主，以丝织业为辅。

从轻重工业的发展来看，江南和英国各擅胜场。江南是一种"超轻工业化"的产业结构，纺织业和食品加工业发展最快，尤其是棉纺织业。从生产的绝对规模来看，江南的棉纺织业远远大于英国的毛纺织业。从这两个部门所占的地位来看，棉纺织业在江南原始工业化中的地位，可能也比毛纺织业在近代早期英国轻工业中的地位更重要。从产品质量来看，直到 19 世纪之前，江南农家的手织棉布在品质上仍优于英国新式工厂机器所织的棉布。

中国所不及英国者，是重工业。英国的铁器制造业在 16—17 世纪就有了长足的发展，能够生产上千种铁器。据估计，当时英国人均使用的铁的数量，是中国人的 10 倍。英国的造船业规模和发展速度都超过了江南。江南所造沙船，只适宜于内河运输，不适合在海上航行。江南几乎没有煤矿，而英国在工业革命期间的突出特点是煤炭业的兴起。法国人梯奎（Ticquet）曾把煤称为"英国财富的最大来源"。没有煤铁行业，就没有英国的工业革命。

这又引进了制度变迁的第二个重要变量，即资源禀赋。一则，资源禀赋能够影响到偏好和技术。教科书里把偏好视为给定的，其实偏好在很大程度上受到资源禀赋的影响。技术有各种不同的组合，采用何种组合，或曰技术的配方如何调配，在很大程度上取决于资源禀赋的差异。二则，资源禀赋能够影响到生产组织形式、生产地理布局，乃至社会阶层分野。三则，资源禀赋是非均衡分布的，因此也是历史演变中突然出现分岔路径的重要原因。

与英国相比，江南缺煤缺铁，也缺少木材。江南一带人家盖房，都不得不"兼用竹木"。当时，英国冶金工人每年砍伐20万株大树，只是为了烧炭，这对中国人来说是难以想象的。但江南富有人工，且是素质较高的劳动力。不仅江南士子学识渊博，就连普通的农夫农妇，大多也接受过读写和计算的教育。这种不同的资源禀赋，导致江南和英国采取了不同的技术路径。

中国人并非对技术陌生。尽管中国未发明出蒸汽机，但与蒸汽机有关的许多关键技术，比如活塞、阀门、皮带传动，在中国出现得比欧洲还早，甚至有欧洲学者认为，欧洲的蒸汽机发明，受到中国技术的启发。1862年，徐寿和华蘅芳在安庆成功地研制出中国第一台蒸汽机，但由于江南缺少煤铁，此物未能在中国广泛流传。中国在唐宋时代就会制作明轮船，但由于金属匮乏，中国明轮船的关键装置，比如转轴和传动齿轮一直是木质的。活字印刷一度是用铜版，但到万历之后就少有用铜活字；到康熙年间，朝廷要编纂《古今图书集成》，用铜版活字；到了乾隆年间，由于铸钱缺铜，又把铜活字销毁供铸了。

资源禀赋不仅决定了技术路径的差异，还导致生产组织方式的不同。中国的原始工业化并未催生欧洲那样的工人集中生产的工厂制度，在江南盛行的是独立经营的中小企业。这不仅是因为江南缺乏机械和机器，也是因为江南难以建造大厂房。营建厂房的成本高昂，只能让普通人家望洋兴叹。从另一个角度来讲，既然江南技工心灵手巧，大多是熟练劳动力，自己就能够运作一个小型的手工作坊，为什么非要去大工厂里，听从工场主或工头的呵斥呢？马克思曾经说过，英国的一些手工工场，宁愿使用一批半白痴来从事简单机械的工作，这就是工厂的秘密。像牛马一样为别人卖命，还是自己经营一个小手工作坊，大小事项都能自己做主？这两种生产组织方式孰优孰劣？

我们无法检验的是，假如没有西方的入侵，江南的原始工业化将何去何从。如果沿着历史的惯性，很可能江南会继续发展节约资源、重用人工的技术和生产方式。假设市场规模继续扩大，江南可以从其他地方运来煤铁和其他资源，它会复现英国的技术吗？这也是完全有可能的。在生物界，有时候我们会看到，在相同的生存环境下，不同的物种往往有极大的相似性。鲨鱼是鱼，鲸鱼是兽，但它们看起来却形如兄弟。在另一种情况下，比如达尔文在加拉帕戈斯群岛看到的，同样是鸫鸟、陆龟和金翅雀，在不同的岛屿上却有各自的特殊品种。达尔文在《物种起源》的结尾写道："从一个简单的开端，演化出了无穷无尽的、最美丽和最奇异的生命形式，而且这一过程仍在继续。生命以此观之，何其壮丽恢宏！"

很久以来，我们都没有用心去领会经济制度演变的壮丽恢宏。

作者注：本文取材于李伯重的《江南的早期工业化（1550—1850）》，中国人民大学出版社，2010年出版。我在李伯重教授的研究之外增加了一些自己的观点引申，这些引申未必得当，有谬误之处均归我。对明清江南经济感兴趣的读者还可以参考：傅衣凌著《明代江南市民经济初探》《明清社会经济变迁论》，许涤新与吴承明主编的《中国资本主义发展史第一卷：中国资本主义的萌芽》，以及彭慕兰《大分流》，王国斌《转变的中国》等。

英国的羊毛业何以能后来居上？

本读书笔记主要引用达德利·迪拉德（Dudley Dillard）的 *Economic Development of the North Atlantic Community*，Prentice-Hall[①]。此外也引用了朱迪斯·M.本内特（Judith M. Bennet）和C.沃伦·霍利斯特（C. Warren Hollister）的《欧洲中世纪史》、亨利·皮朗（Henry Pirenne）的《中世纪欧洲经济社会史》等。

在工业革命之前，一直存在着手工业。手工业和工业的生产方式存在很多差异：手工业主要是为本地市场生产，工业则往往为更广阔的国内、国际市场生产；手工业会把生产和销售联系在一起，工匠不仅生产产品，还知道卖给谁，到了工业时代，工人并不知道自己是为谁生产。

在手工业时期，工匠的技术水平比工厂里的工人要高，而且不是高一点儿，是高很多。这在我们的时代也能观察到，当农民

[①] 本书尚无中文版。——编者注

从农村出来，到工厂做工之后，他们的技术水平没有提高，反而降低了：种地需要的技术水平远超过在生产线上当个装配工。

在欧洲手工业时期，工匠的成长会经过学徒（apprentice）、工人（journeyman）和作坊主（master）三个阶段。学徒阶段不领工资，在主人家里吃住，在德国是三年，在法国一般是三至五年，英国最长，要待七年。学徒期结束之后，进入工人阶段，journeyman 的称呼源自法语，本意是"白天干活的工人"。他们其实不是工业化时代的工人，是介于主人和学徒之间的过渡。他们为主人打工，领取工资，但没有自己的作坊。当上了主人之后，就得身兼数职：既是工匠，自己要干活；又是老师，要带徒弟；还是商人，得把产品卖出去。作坊主、工人和学徒之间当然有利益冲突，但这种利益冲突常常被夸大了。在中世纪，他们大体上是一个社会阶层：吃住都在一起，去的是同样的教堂，葬在同一片墓地。中世纪有一套成文和不成文的规则，比如宗教教义、行会和城市的法律，保证每个工匠都有大体同等的收入，而且在社会阶层中的地位不变。地位低的人，根本就没有往上爬的机会。稳定比效率更重要。这是一种低水平的均衡。

在中世纪晚期，手工业逐渐转变为工业。这是一个漫长而缓慢的过程。从工业革命最终的胜利来看，尤其是从英国的工业革命来看，煤炭、钢铁行业的崛起是最关键的，但纺织业，尤其是羊毛业也极具代表性，而且其演化要更加渐进。

13世纪，羊毛业的中心在佛兰德，即今天比利时的东佛兰德省和西佛兰德省，法国的加来海峡省和北方省，以及荷兰的泽兰省。这里是交通枢纽，连接了北欧、中欧和南欧。佛兰德的羊毛业早期集中在根特、伊普尔、杜埃和博格斯，后来转移到了布拉班特，主要在布鲁塞尔、勒芬和安特卫普等。佛兰德本身不产羊毛，所以主要从英国和西班牙进口原材料，然后加工生产。

导致羊毛业繁荣的主要原因是市场规模的扩大，佛兰德的羊毛业不仅供应本地市场，还要供应整个欧洲市场。贸易当然会带来收益，但不容忽视的是，贸易时常会带来更多的不确定性（遥远的外部市场的变化会影响到本地的生产和就业），也会导致收入分配的变化（大的生产商越来越大，很多小的作坊主逐渐沦为雇工）。当时出现了一批被称为"blue nail"（蓝指甲，因为他们长期做工，手指很脏）的手工业者，每周都要跑到雇佣市场上等着招工，跟出卖劳动力的工人已经相差不大。

佛兰德羊毛业衰落的主要原因是阶级斗争和竞争加剧。由于贫富差距日益拉大，底层的手工业者贫困潦倒，他们在绝望时会起来造反，也有很多手工艺人移民到了意大利和英国。布拉班特的崛起也加剧了佛兰德的衰落。

14世纪，羊毛业的生产中心转移到了意大利的佛罗伦萨。佛罗伦萨可能是当时欧洲最大的城市。生产链条不断拉长，在城里集中的是供应链的最后环节，如染色和制衣，其他生产环节通过外包的方式转给了外围的手工作坊。佛罗伦萨的羊毛业资本密集程度超过了佛兰德。但佛罗伦萨也没有避免佛兰德的命运。究其根源，也是因为在生产迅速扩张的过程中出现了贫富分化和阶级斗争。佛罗伦萨不仅是欧洲工业化程度最高的城市，也是最动荡不安、最具革命气息的城市。

15世纪，羊毛业的生产中心转移到了英国。和佛兰德、佛罗伦萨不同的是，英国的羊毛业不仅后来居上，而且保持了持续增长的势头。从15世纪占据优势开始，直到18世纪，英国的羊毛业一直遥遥领先。

英国的羊毛业何以能后来居上，而且长期保持发展态势呢？一个最重要的原因就是，英国的羊毛业转移到了农村。

这是一系列偶然因素的结果。当时出现了用水车缩绒（fulling，亦称毡化）的新技术。过去，一般是用人力缩绒，即用人脚在水里踩，水车取代人力之后，效率大幅提高。但更微妙的是，当时的阶级斗争主要发生在城市里，城里有手工艺人的行会，大家很容易互通声气，达成集体行动；而搬到农村之后，零星的雇工难以团结起来形成一股强大的势力，即使受到压榨也只能忍气吞声，这就使得新兴的资本主义的生产方式在农村易于推行。因此，与我们惯常的看法不同，英国资本主义的萌芽最早是出现在农村，而非城市。当然，不是所有的生产环节都能搬到农村，价值链最后端的环节，往往要集中在距离消费市场最近的地方。

那为什么佛兰德和佛罗伦萨没有用水车替代劳动力呢？不是因为佛兰德和佛罗伦萨不知道水车技术，而是因为资源禀赋决定了技术路径。佛兰德是低地，没有瀑布。佛罗伦萨倒是有瀑布，但其季节性太强，丰水期水流湍急，枯水期几乎没水，要是把生产作坊拉到山区，大概只有半年的时间能够使用水车，所以对佛罗伦萨来说，用水车替代劳动力是不经济的。

当然，导致英国羊毛业后来居上的原因还有很多。和佛兰德、佛罗伦萨相比，英国本地盛产羊毛。英国的羊毛过去大多用于出口，后来本国的生产技术提高之后，开始征收羊毛出口税，不再鼓励把羊毛运到国外。这种保护主义政策在一定程度上也促进了英国羊毛业早期的发展。

从英国羊毛业后来居上的历史经验，我们能够得到的重要启发是：当生产规模急剧扩大、技术水平快速提高的时候，往往会导致贫富分化和阶级斗争，这是经济持续发展道路上的一道坎。能不能跨过这道坎，对未来的持续发展影响深远，但怎么跨过这道坎，有时候靠的是远见，更多时候靠的是运气。

长途贸易的崛起

这是我的个人读书笔记。为了研究中国经济的演进，我将中国经济史和欧美经济史对照着阅读。此文本来是要发表在报刊上的，但想想这种读书笔记未必吸引大众。我还是自娱自乐算了。

这些读书笔记当然不会像股市评论那样吸引人，但多少东西藏在历史深处，安静的读书人应该能够读得出来。

人类历史上最轰轰烈烈的变革当属工业革命，但工业革命在喷薄而出之前，早已在黑暗的中世纪欧洲酝酿了数百年。

气候变化给欧洲的发展带来了微妙而深远的影响。大约在公元800至1300年间，欧洲出现了"小阳春"，气温比之前和之后的历史时期都要高上几度，雨水也更少。当时能种葡萄的地方比现在要往北300英里左右，湿地和沼泽渐渐退去，大西洋上的暴风雨也比之前少了。气候的变化导致粮食亩产量的提高，人口数量也随之增长，这带来了长途贸易的兴起。

从5世纪到15世纪，君士坦丁堡（现为土耳其的伊斯坦布尔）一直是欧洲的贸易中心。但从7世纪开始，阿拉伯民族不断向外扩张，到9世纪的时候已经完全控制了地中海西部。从10世纪起，基督徒开始反攻。从1096年起，基督徒发动了数次"十字军"东征，这些远征打着宗教的旗号，却改变了贸易的格局。"十字军"东征最初是针对穆斯林发动的战争，到最后却变成了基督教世界的内讧。1202至1204年的第四次"十字军"东征首先攻占了亚得里亚海东岸的基督教城市扎拉［Zara，即今天克罗地亚的扎达尔（Zadar）］，紧接着又洗劫了拜占庭帝国的首都君士坦丁堡。这次作战得到了威尼斯的支持，经此一役，威尼斯打通了通向黑海的商路，在地中海东部俨然成为贸易中心。威尼斯是个非常世俗化的城市，只要能做生意，跟谁做都无所谓。即使在"十字军"东征期间，威尼斯也仍然一边和基督徒做生意，一边和穆斯林做生意。威尼斯唯一看不惯的是其竞争对手，比如热那亚。意大利城邦之间的贸易纷争呈现白热化。威尼斯商人马可·波罗周游世界，在中国能成为大汗的上宾，回到故乡却在威尼斯和热那亚的一场冲突中身陷囹圄。

　　长途贸易并非仅仅局限于地中海。在欧洲的北部，尤其是在北海和波罗的海，另一个贸易群逐渐出现。大约在公元700—1000年间，维京海盗出没在波涛之中，令人闻风丧胆。这些海盗随后却金盆洗手，改做正经生意了。从某种意义上讲，海盗是长途贸易的初始阶段。中欧，乃至东欧地区也和南欧、西欧、北欧越来越多地互通往来。这主要得益于欧洲蛛网密布的河道，内陆航运较为便利。西欧、中欧和南欧之间横亘着一道阿尔卑斯山脉，但早在罗马帝国时期，就已经在主要的隘口设置哨卡、修筑大道。整个欧洲逐渐连成一体。北欧和南欧都出现了大规模的长途贸易，北欧交易的大多是羊毛、布匹、粮食、木材和食盐等大宗日用品，南欧的地中海地区则更盛行奢侈品贸易，包括丝绸、香料、陶瓷、珠宝等。

长途贸易从两个方面推动了早期工业化：其一，当时政府的收入主要来自关税，贸易的繁荣带来政府收入的提高，于是政府有更多的财力投资于基础设施和公共服务；其二，贸易的发展，尤其是大宗日用品贸易的发展，带来了不同地区的生产专业化。佛兰德地理位置优越，人口稠密，成了远近闻名的纺织业中心；英国擅长生产羊毛；巴黎盆地出口谷物；斯堪的纳维亚出口木材；波兰出口盐；日耳曼北部地区出口鱼类；勃艮第出口葡萄酒。这些专业化生产的出现，最初是由于资源禀赋的差异，之后则随着生产规模的扩大和分工的细化，形成了各自的比较优势。

一开始，还没有出现城市的繁荣，欧洲仍然是一个单调乏味的农业社会。长途贸易的兴起，带动了封建社会的沙漠里一块块商业绿洲的出现，在很多交通便利的地方出现了集市。本地集市大约每周有一两天时间开张，国际集市大约每年有数周时间开张。著名的国际集市香槟（Champagne）每年有 6 周的时间，迎接南来北往的各地客商。到15世纪之后，集市渐渐退出历史舞台，城市取代了集市。

很多城市并非源于集市，而是在教堂或军营的旁边出现的。商人们选择聚居区的时候，不仅会看交通是否方便，还要看城防是否安全。很多城市的名字带有"堡"（burg），比如爱丁堡（Edinburgh）、汉堡（Hamburg）和匹兹堡（Pittsburgh），这显示出当年的遗风，很多城市早期就是个城堡。英文中的城镇"town"的原意是"围子"，用泥墙和树枝围起来的一块地方。最早，"围子"里平时并不住人，到有盛大集会或是外敌入侵的时候人们才聚集到这里。

在集市和城市中，资本主义的萌芽逐渐出现。由于来自各国的商人使用的货币不同，货币兑换商应运而生，他们是最早的金融家。领主们看到商人们来了，立刻就会派人过去征税，但与此同时也维持了市场的秩序。法律也开始出现，但这是充满了泥土气息的商人的法律。商人们不习惯以农业文明为基础建立的僵化的法律，也对决斗、"神意"等形式主义的东西嗤之以鼻。他们需要一种简便、快捷和公平的法律。早期集市上出现的法庭被形象地称为"泥腿法庭"（pie-powder courts，或 courts of dusty feet）。尽管"泥腿法庭"很简陋，但举凡合同、协商、代理、仲裁、拍卖等业务，均已经有了初步的规矩。这是"中世纪的私人国际法"（private international law of the Middle Ages）。

商人自发形成的这套习惯法之所以能够被认可，在很大程度上是由于当时欧洲各国的力量都不够强大，说是国王，其实不过是个小军阀头子。这就迫使商人必须自我救助、自我维权。从一开始，手工业者和商人们就形成了自己的行会（gild）。最初，行会的规模局限在一镇或是一业。后来，几个、几十个，甚至上百个行会团结起来，声气相通，互相呼应，形成了"汉萨"（Hanses）。几个比较有名的"汉萨"包括伦敦的佛兰德汉萨、大宗商品商人协会（Merchants of the Staple）、冒险商人协会（Merchant Adventurers）和汉萨联盟（Hanseatic League）等。佛兰德汉萨的主要成员是在伦敦做生意的佛兰德人。大宗商品商人协会和冒险商人协会则以向英国王室提供贷款的方式，垄断了羊毛等大宗商品的出口业务。汉萨联盟联合了日耳曼地区上百个城镇的商人，一时睥睨王侯。

集市、早期的城市、商人习惯法以及行会，都是在欧洲没有出现强而有力的政府之前，在很大程度上由市场参与者自发形成的。从一方面来看，政府和市场呈现出此消彼长的关系。当英国、法国和德国这些新兴的现代民族国家出现之后，城市的自治权力逐渐缩小，行会也日渐萎缩；但另一方面，市场经济的游戏规则，却在潜移默化之中被政府传承了下来。

人天生就是城邦动物

关于城市的经济学研究，近年来有较大发展。研究城市，仅仅谈经济是不行的。城市也是最容易出现官僚主义的地方，很多城市管理者的决策令人匪夷所思。城市是民主生活的学校，我们都是这所学校的小学生。

亚里士多德有一句被广为误解的名言。他在《政治学》中说："人是一种政治动物。"乍听起来，人们很容易以为他是在用厌恶和鄙夷的眼神，打量着那些在政治的泥潭中挣扎的红尘男女。其实，亚里士多德是想说，人从本质上是一种群居动物，只有通过参与集体活动，人们才能不断砥砺切磋，在道德上臻于至善。

亚里士多德的《政治学》开宗明义就提到，这是一本谈论城邦的书。古希腊文中，政治学（politike）的词源就来自城邦（polis）。《政治学》更妥切的翻译应为《论城邦》。

亚里士多德给予城邦极高的评价，在他看来，理想的政治体制，似乎只能诞生在城邦中间。他说："所有城邦都是某种共同体,所有共同体都是为着某种善而建立的……由于所有的共同体都旨在追求某种善,因而,所有共同体中最崇高、最有权威,并且包含了一切其他共同体的共同体,所追求的一定是至善。这种共同体就是所谓的城邦或政治共同体。"亚里士多德并非不知道其他的政体,比如波斯帝国,但他觉得那是野蛮人建立的政体。在谈到如何保全"最糟糕、最暴虐"的政体,即僭主政体的时候,他才提到波斯的名字:"一个成功的僭主还应该效仿波斯人及野蛮民族的僭术。"

亚里士多德天性是喜欢热闹的,离群索居的生活不适合他。整体大于部分,集体生活也重于个人生活。他说,那些能够长久地脱离城邦的人,"要么是一个超人,要么是一个鄙夫",他们就像"棋盘中的孤子"。在这一点上,他倒是和孔子很谈得来。孔子在奔波的道路上遇到长沮、桀溺两位隐士,他们对子路说,天下洪水滔滔,谁能改变世界呢?你不如跟随我们这些"避世之士"吧。子路把他们的话告诉孔子。孔子怅然而叹:"鸟兽不可与同群,吾非斯人之徒与而谁与?"意思是说,我不能和鸟兽同群,看得上也好,看不上也好,我只能和自己的同类,那些芸芸众生厮混在一起。可见,孔子也认为人天生就是政治动物,不过孔子很可能相信人们应该居住在阡陌交通、桑麻耕作的农村,而亚里士多德则认为人就应该住在熙熙攘攘、百业俱兴的城市。

古希腊世界的"城邦"包括城市,也包括附近的农村,但显然是以城市为核心的。亚里士多德心目中的"城邦",和我们今天理解的城市有很大的差别。我们理解的城市是分工和贸易的中心,亚里士多德理解的"城邦"则是经济上自给自足的。家庭联合起来,形成了村落;村落联合起来,"为了满足生活需要,以及为了生活得更美好结合成一个完全的共同体,大到足以自足或近于自足时,城邦就产生了"。

亚里士多德不仅是一个哲学家,他还想当一个规划师、教育学家,甚至妇联主任。他对理想的"城邦"提出了一系列巨细兼顾的设想:理想的政治体制应该坚持"中庸"之道,既不能让富人独断,也不能让穷人暴乱,应该由中产阶级居中调节,建立一种混合的"共和政体";理想中的城邦,要向东而建,北靠高山,有充足的水源;理想中的城邦,人口不能太多,因为"人口过多的城邦很难或者说不可能实现良好的法制"。在理想中的城邦,孩子们都要学美术和音乐,这主要是为了陶冶他们的情操,"既不立足于实用,也不立足于必需",但在18岁之前,孩子们最好不要参加剧烈的体育运动,因为"身体的劳累会妨碍思想"。在理想中的城邦,怀孕的妇女需要每天朝拜专司生育的神祇的祀庙,免得她们偷懒。

阅读亚里士多德的《政治学》,会有一种很奇妙的感觉:凡是谈到政治的时候,哪怕你觉得亚里士多德未免有些理想主义,但那些博大精深的政治智慧也足以令人沉思至今;但若是谈到经济,以及建立在经济分工基础上的社会生活的时候,亚里士多德几乎像一个孩子一样天真幼稚。

这并不奇怪。主流经济学只是在最近 20 多年,才开始真正关注城市。这里我推荐一本关于城市经济学的代表作,哈佛大学经济学教授格莱泽(Edward Glaeser)的《城市的胜利》。格莱泽出生在曼哈顿,在他眼里,没有什么生活比城市生活更美好了。城市能够积聚生产要素,实现规模经济,所以城市是经济的"增长极";城市能够催生创新,南来北往的人们聚在一起,观点相互碰撞,更容易激发异想天开的创意;城市还能够节约资源和能源,所以和环保人士的观点恰恰相反,要是你真的热爱大自然,最好的办法就是住在城市里,尤其是大都市里——人们越是要去亲近大自然,对大自然带来的干扰和破坏也就越多。

不用说,格莱泽的乐观观点和我们在城市生活中的日常感受有很大的差异。为什么不提交通拥挤呢?为什么不提空气污染呢?为什么不提贫民窟呢?为什么不提城市里的罪犯、黑帮、娼妓、毒贩、乞丐呢?

如果单纯从经济学的角度来看,格莱泽说的很可能是对的。城市的空气是自由的。城市给人们提供了更多的机会和梦想。那些背井离乡、衣衫褴褛的农民工,在嘈杂而沸腾的火车站感受到激动和不安;那些从偏远小镇到都市中寻找商机的企业家,在摩天大楼中的办公室看到万家灯火而感受到庆幸和感恩。我们都来自五湖四海，都怀着梦想而来。在城市里留下的人越多，梦想的色彩越多，梦想变成现实的机会也就越多。

从政治学的角度来看，城市的空气也是自由的。这是中世纪那些逃离封建庄园，躲进拥挤的自由城市的农民、工匠们发自肺腑的欢呼。但是，这里的空气不像童话故事那样纯净而甜蜜，而是像海风一样野性而咸涩。城市之间充满了竞争，在这种激烈的竞争中，有的城市迅速崛起，有的城市则突然衰败。这其中有运气的成分。城市的演进在很大程度上受制于路径依赖性，但也有人为的因素。经济学家喜欢把城市视为市场经济的自发扩展秩序，但在现实中，城市的成败受到城市政治的影响。城市是一个复杂而脆弱的生态系统，但政治家们往往缺乏对城市经济的敬畏。无数案例告诉我们，城市的成功从来不能依靠人定胜天的豪气，也不能依靠轻狂的政治野心，更不用提官员的贪欲和短视了。

这就将我们引入了最有趣的领域，即城市的政治经济学。据说，一切政治都是本地的。城市经济能否繁荣，不仅影响着市民们的福祉，也取决于市民们的参与。解决城市中的诸多问题，比如交通拥挤、犯罪和贫困等，不可能仅仅靠某种先进、复杂的技术，也不可能仅仅靠政府增加更多的投入。城市化中出现的新问题层出不穷，尤其对于中国这样的传统农业国，城市化是完全没有经历过的。在民生问题基本得到解决之后，民权意识逐渐萌发。城市是个大学校,但我们都只是刚刚背上新书包的小学生。如何学习在社群中自律和合作,如何尊重城市中的陌生人,城市的主政者如何学会像断奶那样戒掉"计划"的瘾,都是需要我们学习和探索的。原来的科层制中的官僚们只懂得顺应上下级关系,现在他们需要面向大众,耐心地倾听、回答和说服。

如何第二次跨越金融危机的浊流

> 此文系我对巴里·艾肯格林（Barry Eichengreen）教授《镜厅》（*Hall of Mirrors*）一书的书评。此书是我主持翻译的，学生们先译完初稿，我觉得不理想，又重新翻译了一遍，累死了。以后再也不翻译书了。

常言道：失败是成功之母。在很多时候，这话是错的。大部分情况下，小的成功更容易激励人们继续尝试和努力，而突如其来的失败只会让人们体会到挫败感。在很多时候，成功反而可能是失败之母。人们也经常说道，只有从历史中学习经验，吸取教训，才能避免在未来犯错误。遗憾的是，人们并非总是能从历史中汲取正确的启示，他们更容易误读历史，或仅对历史有片面的了解。一位历史学家曾经嘲笑拿破仑入侵俄罗斯：拿破仑的确研究了历史，但他学习历史只是为了更好地犯第二次错误。

著名经济学家巴里·艾肯格林的新书《镜厅》讲述的就是人们如何认识和误读金融危机的故事。1929—1933 年的大萧条和 2008—2009 年的全球金融危机是现代两次最为重大的金融危机。这两次危机在很多方面极其相似。人们很自然地就会把这两次金融危机联系在一起。更为巧合的是，这次全球金融危机中，美联储的掌舵人本·伯南克（Ben Shalom Bernanke），以及奥巴马总统经济顾问委员会的主席克里斯蒂娜·罗默（Christina Romer），在年轻的时候就已经研究过大萧条的历史。既然我们已经有了大萧条的历史教训，这一次，决策者是否能够做得更好？

决策者当然能够做得更好。在大萧条之前，宏观经济学还没有成熟，人们对金融危机的认识是朴素而粗暴的。对当时的决策者和经济学家而言，市场经济是自然规律，如同风暴和海啸的到来是人力所不可违抗的。国际金本位制将各国经济焊接在一起，当时的决策者并不看重宏观政策自主性，为了维持汇率稳定，他们可以坦然接受旷日持久的经济衰退和飙升的失业率。他们相信，金融危机时期企业破产是件好事，这正是"优胜劣汰"所必需的。用胡佛总统时期的财政部部长安德鲁·梅伦（Andrew Mellon）的话说，破产是必需的，是"将腐烂的部分剜除"。当时的中央银行家信奉真实票据论，他们认为中央银行只能提供与经济活动之所需相匹配的信贷，当经济繁荣的时候，央行会提供更多的信贷，而在经济出现萎缩的时候，央行会减少信贷的供给。他们认为银行倒闭和企业倒闭的性质是一样的，政府没有救助金融机构的义务。政府要严格坚持财政纪律，财政赤字是一种罪恶，即使经济出现了危机，政府也必须紧缩财政支出。这种掺杂了清教徒的严苛和社会达尔文主义者的冷酷的政治哲学,导致决策者在遇到史无前例的金融危机时无动于衷,冷眼旁观,到局势一发不可收拾之后,又转而陷入歇斯底里的恐慌。为了掩饰自己的无能和失误,政客们纷纷把其他国家视为替罪羊,以邻为壑的"贸易战"和"货币战"最终将各国拖进了第二次世界大战的深渊。

如今的决策者确实做得更好了。由于吸取了大萧条的教训,他们避免了最糟糕的结果。当雷曼兄弟倒闭之后,他们果断出手,不惮以"社会主义的方式"拯救资本主义,为金融机构注入大量流动性,几乎将系统性重要的金融机构都变成了"国有金融机构"。当经济跌入谷底之后,他们联合起来,采用扩张性的财政政策和货币政策,尤其是实施了前所未有的量化宽松政策,以非常规的方式刺激经济增长。发达国家邀请重要的新兴市场国家加入 G20,各国政府抵制了以邻为壑政策的诱惑,加强协调和对话,出现了难得一见的团结。这些政策反应和 20 世纪 30 年代大萧条时期的对策迥然不同,尽管全球经济在危机之后不可避免地陷入了长期低迷,但和 30 年代大萧条时期相比,人们感受到的痛苦要小很多。2010 年,美国的失业率在最高时期达到 10%,但这一数字仍然大大低于大萧条时期 25% 的失业率。

但是,决策者在成功避免最糟糕的结局的同时,也"成功"地犯下了一系列新的错误。在艾肯格林教授看来,决策者之所以会犯下这些新的错误,恰恰是因为决策者自认为他们在应对这次金融危机的时候非常成功。他们过分聚焦于30年代大萧条的教训，忽视了身边出现的新变化。

由于大萧条主要是一场由银行破产导致的危机，因此决策者在应对2007—2008年金融危机的时候，自然也将注意力集中于商业银行，他们忽视了影子银行，也忽视了对冲基金、货币市场、房地产贷款金融机构。或许，正是因为这一失误，使得决策者未能意识到雷曼兄弟的倒闭带来的巨大灾难。毕竟，雷曼兄弟不是一家商业银行，它并不吸收公众的存款。决策者没有料到，金融市场间有着千丝万缕的联系：雷曼兄弟的倒闭直接引发了货币市场的恐慌，因为很多货币市场基金持有雷曼兄弟发行的短期票据，而货币市场的恐慌，又迅速传染到投资者对投资银行的挤兑。"多米诺骨牌"就这样一张一张地倒下了。

2010年，欧洲经济仍然沉疴不起，但欧洲央行匆匆忙忙地决定退出非常规政策，到2011年春季和秋季，欧洲中央银行两次提高了利率。这看起来是件匪夷所思的事情，结果不言而喻：欧洲并没有迎来复苏，反而陷入第二次衰退。为什么欧洲中央银行会如此行事？这在很大程度上源于德国对通货膨胀的担心。1923年德国爆发了恶性通货膨胀，很多历史学家甚至认为，这一恶性通货膨胀导致民众对魏玛共和国不满，转而支持希特勒，使得纳粹党上台。德国对欧洲中央银行有着巨大的影响力，而当时身为欧洲中央银行行长的法国人特里谢（Jean Claude Trichet）

急于表现得和德国人一样高贵，他比德国人还激进。这又是一个对历史的误读。

即使曾经有过像 20 世纪 30 年代大萧条这样刻骨铭心的历史，人们也只能吸取一半的教训。美联储的量化宽松政策遭到国会的猛烈谴责，政客们抨击零利率政策将导致新一轮的资产价格泡沫。美国国会反对金融救助，反对扩大公共支出，反对增税。欧洲在 2012 年大幅度削减预算赤字，全然不顾欧洲经济已经再度陷入衰退。英国没有加入欧元区，有自己的央行和独立的货币，但英国也忙于削减政府支出。这种政策上的出尔反尔、优柔寡断，是导致全球经济陷入长期低迷的主要原因之一。

在金融监管改革方面同样出现了失误。大萧条之后，美国的金融监管体制出现了巨大的变革。《格拉斯-斯蒂格尔法案》（*Glass-Steagall Act*）要求商业银行和投资银行互相隔离。存款保险制度应运而生。美国证监会正式成立。但在这次全球金融危机之后，尽管 2010 年的《多德-弗兰克法案》试图提出一系列改革措施，但仍然未能触及根本。艾肯格林谈道，正是由于决策者相信已经避免了最坏的局面，他们才失去了锐意改革的决心。成功再次成了失败之母。

人不能两次跨越同一条河流，人也不能以同样的方式跨越两条不同的河流。每一条金融危机的浊流都有看不见的漩涡：这一次真的不一样。

你们谈论的房地产泡沫，美国在 90 年前就有了

历史总是在不断回放。人们开始讨论当下房地产泡沫的种种时，1926 年的美国佛罗里达州就曾经历过一场来得快去得也快的房产泡沫，而一些被人们遗忘的故事也逐渐浮出水面。

1925 年，刚刚交了保释金从监狱出来的金融诈骗犯庞兹（Charles Ponzi），逃到了阳光灿烂的佛罗里达，用化名做起了房地产生意。

和庞兹一样，前后来到佛罗里达的还有很多其他各路英雄，大家都是为了一个共同的"革命目标"走到一起来的。1910 年，费雪车身公司的创始人卡尔·费雪（Carl Fisher）带着年仅 15 岁的新娘在迈阿密蜜月旅行，他一眼就相中了这块风水宝地。费雪在佛罗里达州推动当地政府修筑了四通八达的公路，公路沿线的房价立马飙升。著名的美国政治家威廉·詹宁斯·布莱恩（William Jennings Bryan）为了让自己患有关节炎的妻子过得舒服一些，也把家搬到了佛罗里达州。当地著名的房地产大亨乔治·

梅里克（George Merrick）找到布莱恩，让他给自己的"西班牙别墅"项目站台。布莱恩曾经参加过总统竞选，差一点儿就当上了美国总统。他在竞选总统的时候为贫苦农民代言，反对金本位制，如今则为房地产商呐喊，赞美"黄金海岸"。

这是美国经历的第一次真正意义上的房地产泡沫。之前，美国也曾经有过地价上涨，但那大多是农村的土地。而这是美国第一次经历城市地区的房地产价格上涨。在1925—1926年间，佛罗里达州的房地产泡沫进入了鼎盛状态。开发商聘请乐队和马戏团吸引顾客。打开报纸，看到的全是房地产广告。佛罗里达出现了很多"保证书小伙"（binder boys），他们个个都是健美年轻的"小鲜肉"，穿着白色西装，鼓动客户购买"保证书"（binder）。这个保证书相当于定金，购买保证书的投资者并不是真的要买房，他们会转手卖出，赚取差价。1925年夏天，在房地产繁荣的鼎盛时期，保证书一天就可能被转手倒卖8次。保证书收据还能像货币一样流通，酒店、夜总会和妓院都接受这些收据。

你们谈论的房地产泡沫，90年前美国就有了。从20世纪20年代佛罗里达房地产泡沫，能够看出房地产泡沫的一些共同特征：

一是急剧变化的地产需求。房地产从来都没有所谓的"刚性需求"。住多大的房子才算够？是不是非要买房才能安居？但在某些特定的阶段，地产需求可能会出现一些前所未有的变化。20

世纪20年代佛罗里达的房地产泡沫和汽车的普及息息相关。随着福特汽车公司著名的T型车问世，越来越多的美国人可以买到廉价汽车，他们驾着车来到气候温暖、土地便宜的佛罗里达。当时，在纽约、芝加哥、底特律等地也出现了房价的急剧上涨，那是因为商业地产成了一种新的投资模式。20世纪20年代是属于摩天大楼的十年。在这十年破土动工的高楼大厦，比20世纪的任何一个十年都要多。新建的摩天大楼，不再给一家公司做总部办公室，多出的房间可以出租给其他客户，赚取租金。这些新出现的需求并非都是虚幻的，但由于这是新的需求，往往使得人们难以判断合理的界限在哪里，更容易相信未来的房价将一路飞涨。2007年美国次级房地产贷款危机的出现，就源于一批低收入家庭突然开始贷款买房，这是一种全新的现象。21世纪初中国的房价开始快速上涨，源于20世纪90年代的住房制度改革，突然从单位分房变为拿钱买房，这也是我们从未有过的一种经历。

二是极其宽松的货币政策。货币政策要不要关注包括房价和股价在内的资产价格？这一问题至今亦无标准答案。但宽松的货币政策往往可能导致流动性过多，这些流动性就会流入房地产市场或股市，推高资产价格。1924年，美联储将其贴现率，亦即其贷款给商业银行的利率从4.5%调低至3%，目的是帮助大英帝国回归金本位制。这一低利率政策导致市场上的流动性增加，而很多流动性流入了房地产市场。2007年美国次级房地产贷款危机的出现，也发生在美联储不断降息，全球处于超低利率的时期。中国实施住房制度改革之后房价开始上涨，但最终房价上涨的速度并不快，真正加速上涨，乃是在实施了宽松的货币政策之后。

三是逍遥"法外"的金融投机。如果没有金融机构推波助澜，房地产价格不会急剧膨胀。在过于宽松的金融监管制度下，金融投机很快就会一浪高过一浪。在20世纪20年代佛罗里达房地产泡沫中，参与投机的有各种金融机构。相对而言，传统的银行更为保守，最激进的是建筑和贷款协会（building and loan associations）。这些机构就像互助储蓄银行一样，主要借款给自己的成员。负责监管建筑和贷款协会的主要是地方政府，而地方监管者认为这些机构并不吸纳公众存款，所有的贷款都有房地产作为抵押，因此不会出现问题，所以对这些机构睁一只眼闭一只眼。很多建筑和贷款协会是房地产商建立的，他们通过降低首付比例、发放二次抵押贷款等方式刺激人们贷款买房。尽管建筑和贷款协会不会像银行那样出现挤兑，但如果贷款合同违约率提高，同样会出现资不抵债问题。

四是房地产商还通过发债融资。当时已经出现了证券化。在20世纪20年代，开发商发行了大约100亿美元的房地产债券。大约有1/3房地产债是以住宅按揭利息为基础，其余的房地产债则以商业地产项目的未来租赁收入为基础。为了吸引投资者购买，发行人保证债券持有人能够获得5%的利息率。当然，这也就意味着，如果潜在投资的收益不足，该项目或保险公司就会承担很大的风险。导致2007年美国次级贷款危机的那些令人眼花缭乱的"金融创新"，其实根本就不是创新，80年前，佛罗里达的房地产商就已经熟知这些伎俩了。

和所有的泡沫一样，到底是什么原因导致了佛罗里达房地产泡沫的破裂，一直很有争议。有人说是股市下跌：1926年2月到5月间，标准普尔指数（S&P Composite）下跌了11%；有人说是气候异常：1926年冬天佛罗里达异常寒冷，之后的夏天又亦日炎炎。1926年，一场飓风袭击了迈阿密，城区超过100人死亡。其他的州，尤其是邻近的州担心资金都被佛罗里达吸走，它们通过立法限制资金外流，还到处造谣，说在佛罗里达买不到肉，闹市区会有巨型蜥蜴咬人。

佛罗里达的房地产泡沫来得快，去得也快。先是交易量下跌，过了一段时间之后价格也随之下跌。在佛罗里达州和临近的佐治亚州，有155家银行破产。这些银行大多由杰姆斯·R. 安东尼（James R. Anthony）和卫斯理·D. 曼利（Wesley D. Manley）这两个银行家拥有或控股。曼利被逮捕。他的律师为其辩护时，声称其患有精神错乱。

和2007年美国房地产泡沫相比，20世纪20年代佛罗里达的房地产危机影响相对较小,受到冲击最大的是佛罗里达州及其邻近的佐治亚州,但后来几乎所有的房地产泡沫症状都能在当时找到。将近 80 年之后,由于岁月久远,记忆黯淡,很多人忘记了当年的佛罗里达房地产泡沫。健忘的结果是,危机还会再来一次,而且来得更为猛烈。

作者注:本文取材于巴里·艾肯格林的新作《镜厅》。中文版已由中信出版社出版。

当泡沫崩溃之后还能留下来什么

这篇文章谈的是另一种泡沫,即创新创业可能带来的泡沫。我对未来谨慎地乐观,中国经济还有很多好牌,怕就怕叫牌叫得太高,牌技其实并没有那么神乎其神,最后恐怕会打宕了。

所有的泡沫在刚开始的时候都非常励志,充满了革命理想主义色彩。我们当下能够听到的最为励志的故事,就是创新创业。就连我这种书斋里的学者,都阴差阳错地看了好几回创业项目的路演。身边的朋友们,朋友的朋友们,好像不是在创业,就是在去创业的路上。有一回,我在路边小店里吃早餐,一碗豆腐脑,两根油条,然后,就听到旁边桌子上几个年轻人在兴奋地讨论A轮和C轮融资。你要是拉着政府官员、经济学家以及其他行业的企业家,问他们中国经济的前景如何,他们几乎一个比一个悲观。唯独正在创业的人们感受不同,他们觉得机会从来没有这么好过,一个光辉的时代马上就要到来了。

我们真的迎来了创新创业的火热夏天了吗?

从新技术革命的历史经验来看，大概可以勾画出一个简单的发展脉络：(1)下一轮新技术革命的萌芽往往出现在上一次经济低迷时期。旧的产业已经衰落，各种生产要素的价格处于较低水平，具有叛逆精神的年轻人会在迷惘中自己试着摸索出一条新的、没有人走过的路。(2)当新技术革命的曙光初现之后，往往会引发一次盲目的投资狂热。人们无法预测新产业的预期收益，只能凭借自己的想象定价。狂热的程度决定泡沫膨胀的程度。(3)泡沫一定会破灭，就像抛到空中的皮球一定会掉下来一样。一旦泡沫破灭，第一批所谓的新技术企业纷纷倒闭，哀鸿遍野，先驱成了先烈。(4)后来的创新企业将踩着第一批先烈的尸骨前行。泡沫带来的大量投资，在很大程度上改善了基础设施，奠定了技术进步的基础，而泡沫崩溃之后，后来的企业往往以非常低廉的价格享受到成熟的技术和基础设施，这才有了从废墟中崛起的机会。(5)真正的技术革命发生在更晚的时候。当中原逐鹿的尘烟散去，新技术的霸主基本确定之后，新技术仍然需要一段较长的时间扩散、渗透到其他行业。等到新技术铺天盖地而来，改变了传统产业的业态，所谓的新技术其实已经变成了成熟技术。

19世纪40年代的英国，曾经到处充满着对铁路的狂热。一位苏格兰法官描述当时的场景："这个国家简直就是一所铁路疯子收容院。"街边的小贩都在贩卖铁路股票。几乎每天都有新的开发计划在另一个不查地图就找不到的偏僻小镇开工。但是,突然之间,泡沫崩溃了。1847年10月16日,铁路股票市值锐减85%,很多银行被迫关闭。为什么铁路泡沫会最终崩溃?理由很简单:在伦敦和伯明翰之间,或是在曼彻斯特和利物浦之间,只需要修建一条铁路,不可能一下子修十条铁路。

20世纪90年代,美国出现了互联网泡沫。1994年纳斯达克综合指数只有500点,到2000年3月10日突破了5 000点,但随后一路狂跌至1 114点,跌幅近80%。在纳斯达克最为癫狂的时候,几乎所有带有".com"的公司都会受到市场的追捧。比如一家网上宠物店"pets.com",靠烧钱打广告,居然也上市了,但上市只有268天就退市了,3亿美元资产灰飞烟灭。为什么互联网泡沫会最终破灭?理由很简单:很多互联网公司的商业计划书高度雷同,它们都希望能够尽快地跑马圈地,利用网络效应获得垄断利润,但每一个板块的胜出者都不过寥寥数家,许多板块甚至连支持一家独大的市场规模都没有。

2015年,我们不过是在两次技术革命中间的地带,距离真正的新技术革命仍然道阻且长。触目皆是的"互联网+",不过是上一次技术革命的成果被传统产业逐步消化而已。

互联网在20年前就已经出现了,技术的扩散为什么会如此缓慢呢?

事实上,技术的扩散从来都是极其缓慢的。19世纪末,就已经有了电气化的技术，但等到美国的企业完成电气化改造，已经是40年之后了。传统产业的方方面面都需要慢慢适应新的技术。别的不说，单就厂房的改造而言，电气工程师不知道怎么设计厂房，建筑师又不懂电气化技术，就这么纠结了几十年。

当前的"互联网+"时代，是在许多技术进步和经济社会变迁的合力下塑造出来的。互联网技术本身在不断升级换代，消费者对网络的适应和接受能力今非昔比。网络时代的第一代"土著居民"已经到了开始消费的年龄，就连退休的老人，也变成了网络世界的新"移民"。传统产业渐渐没落，大量的资源闲置，急于寻找新的投资领域。互联网技术开发的门槛大幅度降低，三五好友，几十万元，就能捣鼓出一款新的手机应用。创富英雄的神话对年轻人有着巨大的示范效应。此外，也不能不提政府的鼓励政策，由于政府的支持，创业环境明显比以前宽松很多。

难道这不是创新创业的最好时光吗？

我丝毫不怀疑新技术革命即将到来，我始终相信，新一轮的技术革命中，至少有一半的故事会发生在中国。我对中国的信心不在于我们的自主创新能力——除非孩子们上大学的时候都逃课了，否则我不相信他们在接受了中国式教育之后还能有批判思维、颠覆思维的能力——但我相信中国有两个独特的优势：其一，中国具有庞大的市场潜力。有很多先进的技术，最终只能到中国，因为只有中国才有足够大的市场，能够让这些新技术商业化。高铁就是一个很好的案例,最早的技术可能是德国或日本的,但由于最大的市场在中国,中国的高铁技术也就能很快地实现赶超。按照同样的逻辑,我们完全可以相信,未来治理雾霾的最先进技术一定会出现在中国,老年产品的生产一定会聚集在中国,甚至新能源技术的突破都有可能发生在中国。其二,中国还有巨大的劳动力优势。是的,非熟练劳动力的工资已经越来越高,很多劳动密集型企业纷纷搬到越南、孟加拉国等劳动力更便宜的地方去了,但我们还有大量的廉价、优质的工程师。"大跃进"式的大学教育带来了工程师的过剩供给,博士的工资又比不上保姆的工资了。很多中国企业正是利用了这支庞大的技术研发人员大军,通过"劳动密集型的研究与开发"实现了技术创新。

但是,这些优势并不能自发地保证未来的创新创业不会出现泡沫。到美国转转,你会发现,新技术的领军人物往往是稚气未脱的年轻人,因为他们有闯劲、有才华、有想象力,但商业项目的运作者和投资人却大多白发苍苍,因为他们有经验、有定力、有人脉关系。在中国,你会发现新技术的领军人物还是所谓的学术权威,一天到晚折腾商业项目的却是飞扬跳脱的少年,他们自认为与众不同,其实每一个人都和另一个人长得一模一样。粗略估计一下,现在的创业项目中,大约 70% 以上是移动互联网项目。为什么说我们即将迎来创新创业泡沫的破灭呢?理由很简单:消费者不会在自己的手机里安装 1 000 个应用。

大量的资金如潮水般涌入，我们将首先看到这场创新创业泡沫的壮大，在阳光下，这些泡沫折射出彩虹的瑰丽光芒。但我们已经有把握判断，这就是泡沫。越来越多的互联网公司不再专注于互联网本身，他们在兼并、收购，买他们熟悉或不熟悉的业务；越来越多的高科技企业没有再推出令人眼前一亮的新发明、新产品，但它们的 CEO 却越来越多地在公众面前亮相；所谓的创新，越来越同质化，越来越缺乏想象力，它们乍看都很美丽，可惜细看却似曾相识。

有泡沫并不可怕。泡沫破灭了也不可怕。铁路泡沫破灭之后，至少留下了四通八达的铁路；纳斯达克网络泡沫破灭之后，至少留下了跨洲光缆。等到我们如此追捧的泡沫破灭之后，究竟会留下些什么呢？

金融中了魔，得治

这是我给特纳勋爵（Adair Turner）的新书《债务和魔鬼》（Between Debt and the Devil）写的书评。余永定教授为此书写了一篇较长的推荐序，可参考。

2008年9月20日，特纳勋爵就任英国金融服务局主席。5天之前，雷曼兄弟刚刚申请破产保护。这好比是在泰坦尼克撞上冰山的时候被任命为船长。特纳勋爵一直在金融机构和企业就职，他在英国石油公司（BP）、大通曼哈顿银行（Chase Manhattan Bank）、麦肯锡和美林等大公司有过工作经历。后来，他开始转入公职，曾经担任过英国工商业联合会（Confederation of British Industry）的主任、气候变化委员会的主席等职务。全球金融危机之后，他和其他各国的金融监管者紧密合作，推动金融监管体制改革。

在全球金融危机爆发之前，特纳的观点就比较另类，他不相信金融体系能够自发地实现资源的最优配置。全球金融危机爆发之后，特纳的观点变得越来越激进。他曾经说，全球金融危机之前的金融创新"对社会无益"。

金融的急剧膨胀是较为晚近才发生的现象。尽管金融行业始终在发展，但就金融产业占 GDP 的规模来论，这一比例在 20 世纪初期曾经大幅度下降，到了 70 年代之后才开始快速扩张。伴随着金融行业的发展，整个社会的债务规模也大幅飙升。1945 年，美国企业和居民的债务总额占 GDP 的比例大约为 50%，到 2007 年已经跃升至 160%。金融产品也变得日益复杂。金融机构之间形成了盘根错节的联系。到 2008 年，最大的金融机构，比如 J. P. 摩根、花旗银行、德意志银行、巴克莱等，大约一半的业务都是和其他同行的业务往来。金融具有一种能量巨大的自我强化功能。

特纳认为，爆发全球金融危机的根源在于债务的过度膨胀，而债务的过度膨胀表明金融体系出现了系统性的偏差，已经步入歧途。房地产过度发展、贫富差距不断扩大和全球国际收支失衡是导致债务过度膨胀的三大原因。

房地产过度发展对债务膨胀的影响最为深远。这在很大程度上动摇了我们对金融业的传统认识。在经典教科书里，银行的定义是一种金融中介，其作用是把储户的储蓄贷给借款者，尤其是企业，由此改善了资源配置。但是，特纳指出，这种经典定义严重误读了银行的真实业务。银行的大部分业务并非是为企业的新增投资提供融资，而是为了贷款给大家买房。以英国为例，其银行贷款中有65%是个人住房贷款，7%是个人消费贷款；在给企业的贷款中，有14%是用于商业的房地产贷款，真正符合传统教科书定义的对企业投资的贷款只占14%左右。

在房地产贷款和房价上涨之间存在着自我强化的循环。当大部分银行贷款都流向房地产之后，房价就会上涨。房价上涨之后，人们会预期房价将进一步上涨，这会进一步增加对房地产贷款的需求，对房地产的贷款又将进一步上涨。与此同时，在房价上涨的行情中，银行也大赚特赚，银行的利润不断提高，信心也越来越大，赚到的钱确实是真金白银，何乐而不为呢？于是，我们将看到，银行贷款的扩张速度大大提高。对货币政策来说，这意味着广义的货币供给确实是重要的，但其重要意义不像传统理论所讲的那样，过度扩张的货币供给会带来资产价格泡沫，并最终导致通货膨胀。如果对房地产的贷款不断自我强化，最终将带来债务的大量累积。当债务到了无法持续的时候，击鼓传花的游戏就会结束，泡沫就要崩溃，经济陷入衰退，最终出现的不是通货膨胀，而是通货紧缩。

为什么银行业务会越来越集中于房地产贷款呢？特纳给出的解释是，随着信息技术革命的推进，企业对投资的需求也发生了改变。新一代的代表性企业和福特汽车、美国钢铁不一样了，它们不需要太多的实物投资，这就是所谓的"轻资产"。到谷歌和脸书看看，员工们不过需要一张办公桌、一台笔记本电脑而已，过去那种"资本密集型"的投资已经过时了。谷歌和脸书也不需要雇用太多的员工。谷歌的市值超过 4 000 亿美元，但只雇用了 5 万名员工；脸书的市值大约 1 700 亿美元，只雇用了 6 000 名员工。更突出的是一款主要用于智能手机之间发送信息的应用 WhatsApp，现在市值已经超过 190 亿美元，但它只有 32 名工程师，平均每个工程师服务 1 400 万名用户。在这一背景下，房地产投资几乎成了唯一能够吸收资金的渠道。

收入不平等和国际收支失衡也会加剧债务膨胀。富裕阶层的储蓄更高，中产和低收入阶层的消费冲动更旺盛，所以中产和低收入阶层倾向于更多地借款，满足自己的消费需求。在全球金融危机爆发之前，发达国家的收入分配就已经恶化。蓝领工人的工资从 20 世纪 70 年代之后就已进入停滞状态。为什么日益恶化的贫富差距并没有带来大众的怨言呢？英国《金融时报》曾有一篇评论文章一针见血地指出："债务是资本主义肮脏的秘密。"鼓励中产和低收入阶层贷款消费，在无形中缓解了阶级矛盾。但是，这里面的风险在于，如果大量地向中产和低收入阶层发放消费信贷，往往会带来不良贷款的增加。国际收支失衡带来的债务膨胀是另一个极端，即富国更愿意借钱，穷国反而储蓄率更高。这也是一种内在的不稳定。

金德尔伯格（Charles P. Kindleberger）对金融危机历史的研究指出，金融危机的根源在于银行信贷的顺周期波动——经济繁荣时期银行信贷扩张，经济衰退时期银行信贷收缩。有个关于银行家的笑话说，所谓银行家就是晴天的时候借给你一把雨伞，下雨的时候又把雨伞收回来。特纳指出，仅仅关注单个银行是解决不了金融体系内在的缺陷的。之所以出现金融危机，不是因为银行家的贪婪或腐败，而是因为整个金融体系和魔鬼签订了契约。从传统金融机构的业务管理和风险管理模式来看，做得好的金融机构，无形中也会加剧金融的顺周期波动。比如，一家重视风险控制的金融机构在泡沫破灭之前开始减持资产，但其抛售资产的行为会引发或加剧资产价格的下跌，使得泡沫破灭来得更快、更惨烈。从单个行为主体来讲是理性的行为，从整体来看却酿成了灾难。正如每个汽车厂商所能想到的都是怎样多卖出去一辆车，这当然无可厚非，但最终的结局是汽车越来越多，尾气排放也越来越多。

解决金融体系的内在缺陷，需要采取大刀阔斧的改革。特纳提出的很多改革建议，听起来有点儿过于激进。比如，他主张银行的杠杆率应降为5，而非现在的25左右；比如，他主张与其让银行自发地创造信贷，不如让中央银行直接印钞票。他也谈道，要想解决金融体系的内在缺陷，仅仅关注金融体系是不够的。比如，既然房地产如此重要，而房价上涨的背后是金融体系无限创造信用与城市土地有限供给之间的矛盾，那就应该一方面限制金融机构对房地产的贷款，另一方面改革城市规划、房地产的征税制度。坦率地讲，特纳的这些建议读来令人颇觉震撼，但至少我个人尚未被完全说服。尤其考虑到政策实施过程中的利益阻力和思想桎梏,金融改革恐怕难有革命性的进展。

但特纳的书理应在中国受到更多的关注,因为他讲的债务膨胀问题在中国最为突出。全球金融危机之后,当世界上其他国家都在降低杠杆率的时候,唯独中国在提高杠杆率。中国的金融体系也中了债务膨胀的魔咒。由于中国缺乏有效的信用记录和评价体系,抵押贷款在所有的贷款中所占的份额可能更高。决策者总是说,宏观调控的目的是防止钱流入房地产市场一味地推高房价,并希望钱能够流入制造业和服务业,浇灌实体经济。但制造业和服务业企业的贷款高度依赖其能够提供的抵押品,土地、厂房和地产都是主要的抵押品。房价上涨,抵押品的市场价值提高,企业能够借到的钱就更多;房价下跌,抵押品的市场价值降低,企业能够借到的钱也相应减少。按下葫芦浮起瓢,这大大地增加了宏观政策决策的复杂程度。这意味着货币政策能够腾挪的空间委实有限,而金融改革则始终不能触及本质。

我们不小心打开了瓶子,债务之魔就如一缕轻烟逃了出来,他摇身一变,成了面目狰狞的凶神。我们怎样才能把债务之魔再次装进瓶子里,扔回大海?在债务之魔的瓶子旁边,还有另外一个瓶子,上面写着:"专治债务之魔,药力猛烈,使用需小心。"我们陷入了困惑:到底要不要打开这个新的瓶子呢?里面出来的会是天使,还是一个更加阴险的魔鬼?

各国中央银行不再需要政策协调了吗？

这是我参加中国人民银行和纽约联邦储备银行在杭州联合召开的研讨会的一点儿心得。中方希望讨论宏观政策的溢出效应，可美方就是不愿接招。在最需要政策协调的时候，各国央行可能会再度错失合作的最佳时机。

2016年2月底在上海召开的G20财政部长和央行行长会议传来消息：众人期待的政策协调并未达成。全球金融市场仍然动荡不宁，汇率问题牵动市场神经，为什么央行们迟迟不愿意更紧密地协调、合作呢？

几天之后，在杭州召开了由中国人民银行和纽约联邦储备银行共同举办的中美央行高端对话。纽约联邦储备银行主席杜德利（William Dudley）带领由12名成员组成的豪华代表团，与中国央行官员、学者和市场人士进行政策讨论。在3月1日的午餐演讲中，杜德利的一番话或许能够解释，为什么发达国家的央行行长们对国际经济政策协调并不热衷。杜德利谈道，各国央行会根据本国的经济形势，制定最优的货币政策，当他们这样做的时候，仿佛有一只"看不见的手"，会引导各国央行的自利行为促成利他结果，全球经济形势随之得到改善。与之呼应的是，在第一场讨论中，美联储国际金融部主管卡明（Steven Kamin）介绍了他们对美联储量化宽松政策溢出效应的研究。他的结论不出意料：美联储的货币政策对新兴经济体有利有弊，但总体来看，可能正面影响要大于负面影响。

这是在"大稳定"时期的主流看法。在全球金融危机之后，新兴市场国家对发达国家货币政策的溢出效应颇有微词。巴西财政部长曼特加（Guido Mantega）甚至警告，货币战争即将到来。新兴市场的这种担忧是否只是杞人忧天？各国央行真的不需要政策协调了吗？

对货币政策溢出效应的定量研究忽视了一个重要的因素：虽然在平常时期溢出效应并不显著，但在动荡时期，溢出效应很可能会带来意想不到的冲击。其一，动荡时期市场信心不足，一有风吹草动就可能触发羊群效应；其二，动荡时期市场上过去积累的风险因素更容易突然暴露。

纽约联储银行的专家们应该记得20世纪30年代的大萧条。之所以会出现全球范围内旷日持久的经济危机，就是因为缺乏政策协调，导致在各国之间出现了风险的传染。

20世纪20年代美国经济欣欣向荣，但风险因素也逐渐累积。起初，是房地产市场泡沫，主要发生在佛罗里达地区。1927

年佛罗里达房地产泡沫崩溃，但这次危机主要局限于佛罗里达及邻近的佐治亚州，没有引发全国范围内的系统性危机。1929年9月，美国股市突然暴跌，10月继续狂跌。工业产量随之急剧下降，但即使如此，美国经济也没有陷入真正的大萧条。当时的确出现了银行挤兑危机，但主要集中在纽约和南部地区。幸运的是，纽约储备银行和亚特兰大储备银行与其他储备银行相比，有更丰富的处理金融危机的经验。纽约是国际金融中心，经历的风浪更多。亚特兰大储备银行由于历史原因，还负责监管古巴的货币流通和金融市场。古巴经常出现金融动荡，亚特兰大储备银行也就有了更多练手的机会。正是由于纽约储备银行和亚特兰大储备银行出手迅捷，才避免了一场全国性的金融危机。

但美联储的货币政策产生了溢出效应。先是从核心国家传递到外围国家，然后又从外围国家传递到核心国家。当资产价格出现了泡沫之后，美联储提高了基准利率。这使得国际资本流动出现逆转，从美国流向欧洲的资金突然停止，像奥地利和德国这样高度依赖外来资本的国家首先受到冲击。

1931年5月，奥地利信贷银行遇到了挤兑风潮，在两天之内流失了16%的存款，在两周之内流失了30%的存款。德国投资者在奥地利的资产被冻结，他们不得不将在其他银行的存款取出，或是变卖其他投资。就这样，危机扩散到了德国。德国第三大银行达纳塔银行遇到了挤兑风潮。德国央行宣布将救助达纳塔，却发现其黄金储备已经流失得差不多了，根本没有钱实施救助计划。达纳塔银行被迫关门。德国其他银行马上也遭遇了挤兑风潮。

经济危机像瘟疫一样迅速扩散。德国的危机从酝酿到爆发花了大约两年的时间，但危机扩散到英国只花了数周，随后又在几天之内就扩散到了美国。1931年9月，英国被迫退出金本位制。就在英国退出金本位制之前，荷兰中央银行行长杰拉德·威瑟灵（Gerard Vissering）打电话问他在英格兰银行的朋友，英镑到底会不会贬值。他的英国朋友信誓旦旦地说英镑不会贬值，威瑟灵也就没有调整其持有的英镑头寸。两天之后，英镑突然贬值，荷兰中央银行损失惨重。威瑟灵被迫引咎辞职。

中央银行被骗了一次，就不愿第二次受骗。大量黄金源源不断地流出。为了遏制黄金外流，美联储提高贴现率，结果导致信贷成本提高，让本来就已经不景气的企业日子更加难过。1932年在芝加哥地区出现了一次严重的银行危机。美国政府好不容易把火扑灭，到了1933年，密歇根州又爆发了银行危机。这次银行危机的核心角色是汽车大亨福特父子控制的卫护集团（Guardian Group）。像2008年的雷曼兄弟事件一样，美国政府在反复犹豫之后，决定让卫护集团倒台，这带来了更多的银行挤兑。各州纷纷告急，20多个州宣布银行歇业，美联储的黄金流失犹如大出血。

1929年股灾并没有导致大萧条，随后的溢出（spillover）和溢入（spillback）才导致了大萧条。回顾这段历史，我们能够吸取的教训是：

第一，各国央行抱着"各人自扫门前雪"的消极态度，对政策协调毫无兴趣。德国央行行长为了救助达纳塔银行，坐着飞机到英国、法国、美国求助，最终却遭到冷酷的拒绝。当美国的黄金不断外流的时候，兑换黄金最起劲的是法兰西银行。

第二，各国央行在应对危机的时候力不从心，缺乏应有的政策自主性和足够的政策工具。由于"开放条件下三难选择"的约束，央行采取了错误的应对政策。在经济已经陷入危机的时候，央行为了保卫金本位制，遏制黄金外流，还在提高利率。由于央行没有相应的金融监管职能，在遇到银行危机的时候束手无策。美联储想要救助出了问题的银行，但很多小银行不是联邦储备体系的成员银行，而救助大银行又需要国会授权。没有金融监管职能的最终贷款人，只能是不合格的危机拯救者。

第三，各国央行的沟通工作没有做好。一是和市场的沟通：央行在危机中举棋不定、出尔反尔，加剧了市场上本来就有的恐慌情绪。二是央行间的沟通：英格兰银行行长和纽约储备银行行长之间关系甚密，他们和德国央行行长的关系尚佳，但和法兰西银行行长间颇多龃龉。

对固有经验的重视，对他国利益的漠视，对潜在风险的忽视，导致了发达国家央行在货币政策溢出效应问题上的冷淡。发达国家和新兴市场之间的力量消长，又抹上了一层微妙的忌惮和嫉妒。在最需要政策协调的时候，央行们可能会再度错失合作的最佳时机。

前有金融险滩

本文是我为张明的新书《危机、挑战与变革：未来十年中国经济的风险》写的序言。张明越写越勤奋，几乎一年出一本书。不过我想说，这本书的书名有些平淡了。

巴菲特曾经说过，只有在退潮之后，才能发现谁没有穿游泳裤。不过很可能，等到退潮之后，我们会发现大家都没有穿游泳裤。2007年美国次贷危机之后，发达国家的金融机构如同多米诺骨牌，一张一张地倒掉。那时，我们还在隔岸观火。如今中国经济进入新常态，潜在的金融风险也会逐渐提高。

在过去的30年里，中国经济尽管有起有落，但大致保持了较高的经济增长速度。眺望前路，中国的经济增长速度将不可避免地放缓。在经济下行时期，存在多种内在的螺旋形下滑机制。比如，越是不肯采用积极的财政政策，经济增长就越慢，经济增长越慢，财政压力就越大。再比如，越是去杠杆，资产价格下跌就越快，资产价格下跌越快，去杠杆的压力就越大。如果低估潜在的金融风险，可能会导致准备不足、应对失措。

此外，金融体系的复杂程度较之10年前、20年前大为增加。影子银行的规模急剧膨胀，混业经营日益流行，金融体系的对外开放程度显著提高，互联网金融野蛮生长；而与此同时，金融监管框架却严重滞后，完全不能适应新的形势。2015年以来，股市汇市等市场的波动性更加剧烈，而且两个市场的动荡互相传染，充分显示国内金融市场的内生传染性已经形成。

在过去的30年里，质疑中国经济、预言中国将会爆发金融危机的声音不绝于耳，但每一次悲观的预言都会落空。原因何在？其实，并不是中国已经做得十全十美。我们身在中国，深知中国经济错综复杂，存在着各种弊端和瓶颈。但是，所有的人都已经注意到的问题，并不是真正的问题。真正的问题是没有人预料到的问题。早在20世纪90年代，中国的银行体系就已经暴露出巨大的问题，从技术上讲已经资不抵债，但恰恰因为危机已经迫在眉睫，中国政府反而能够破釜沉舟，迎难而上，果断通过注资、剥离不良贷款，以及后来的推动国有商业银行上市、改善银行治理结构等政策，化解了潜在的风险。失败是成功之母，成功也是失败之母，或许，正是由于这一成功的改革经验，使得人们低估了未来的金融风险。大部分人都不相信中国会出现流动性危机，理由是大的金融机构都是国有的，当出现流动性短缺的时候，政府无非是把钱从一个口袋，转移到另一个口袋。但是，中国出现局部的流动性危机并非绝无可能，当年的"钱荒"就是一例。如果再出现流动性紧张,我们还能轻易过关吗?大部分人都相信,从整体上讲,中国的资产大于负债,因此,财政状况仍然良好,即使出了问题,也有足够的实力救助金融体系。问题在于,西班牙和意大利的资产也大于负债,欧元区从整体来看也是资产大于负债,但它们怎么会出现债务危机,而且银行危机到现在也无法化解呢?

经济学者的职责在于,对可能存在的潜在风险提出客观的分析。这会让经济学者的角色变得更不受人欢迎,总是像"乌鸦嘴"一样。国家不幸诗家幸,经济越是困难,值得研究的题目也就越多。诗家不幸国家幸,假如决策者对学者的预言能够听得进去,未雨绸缪,学者的预言也可能就不会实现。

张明博士所在的研究团队是中国最好的宏观经济研究团队之一。早在20世纪90年代,这个团队就已经在关注中国的外汇储备是否过多的问题了。早在2003年,这个团队就已经提出人民币需要升值、人民币汇率应该更灵活。早在2006年,这个团队就已经建议中国的外汇储备应该采取更为积极的管理方式。早在2010年,这个团队就提醒,人民币国际化应该缓行,资本账户自由化的风险不容忽视。这个团队还多次预言,中国的房地产市场和股票市场存在泡沫。1997年,这个团队紧密跟踪了东亚金融危机。2007年,这个团队就已经关注到起源于美国的金融危机。这个团队反复地研究当年日本的教训、20世纪30年代大萧条的教训、国际金本位制兴衰的教训，希望能够以古鉴今，从别人的失误中吸取经验和教训，少走一些弯路。

在这本财经评论集里，记录了张明博士过去三年发表在主要媒体的文章。他预测了美联储的政策走势，及其可能对中国带来的冲击。他谈到"一带一路"中应注意各种潜在的风险。他分析了中国金融体系中的潜在风险点，并提出了可能化解风险的各种手段。他的预言或许不会实现，也最好不会实现，但总要有人保持冷静和客观的立场，带点儿忧患意识，为我们讲出可能出现的风险。"知我者谓我心忧，不知我者谓我何求。"政策从来不是完全由学者的观点决定的，历史是交汇在一起的混流。张明博士的这本财经评论集，和他之前的几本文集一样，最大的价值无非在于立此存照：我们来过，我们见过，我们评论过。

亲爱的经济学家致亲爱的股民

> 这是在2015年股灾之后写的一篇小文，其实放在什么时候都适用。股民朋友们请各自珍重，经济学家是帮不了你们的。

亲爱的经济学家：

我非常想听听你关于股市的看法。你觉得股市还会继续上涨吗？

你的股民粉丝

亲爱的股民：

你的胆量真是不小，居然敢请经济学家谈股市。据我所知，经济学家炒股票的并不多，炒股赚钱的就更少。很多优秀的经济学家股票投资的业绩却惨不忍睹。古往今来，经济学家里投资业绩比较好的可能要算李嘉图和凯恩斯。李嘉图本来是做公债投资的，赚了钱，觉得没啥事情好干，才改为研究经济学的，人家是商而优则学，跟我们这些苦逼学者不一样。凯恩斯号称投资天才,其实他也有输得快要破产的时候,不过是运气更好而已。股票到底会不会涨,我真的不知道。我要是知道,也不会告诉你,我肯定自己闷声发大财去了,还做什么经济学家?

你的经济学家朋友

亲爱的经济学家:

谢谢你坦诚的回答,不过确实比较令人失望。最近大家都在讲股市暴跌里面有阴谋,你见多识广,告诉我真的有这回事吗?

你的股民粉丝

亲爱的股民:

你不仅胆量大,而且想象力丰富。我可以明确地告诉你,阴谋论这个东西,真的是没有。也许公安部能查出来,但至少从能够找到的公开发布的数据上,我没有看到索罗斯呀、罗索斯什么的在沽空中国股市。阴谋论的假设前提是,资本可以随心所欲地控制市场行情,这是很难成立的。如果所有的人都要从电影院里跑出来,你非要迎面跑过去,想钻进电影院里,不被踩死,算你命大。同样,如果所有的人都想跑进电影院看

《小世界》，你想表现出自己的特立独行，非要钻出来，不被踩死，也算你命大。这轮股市暴跌，从本质上讲就是踩踏事件，像上海外滩的悲剧一样。之所以会出现踩踏，究其本源，无非是在股市崩盘之前，就已经有了泡沫。人人都知道这是泡沫，一边捡钱，一边不放心地东张西望，任何风吹草动，都会引发泡沫的破灭。

你的经济学家朋友

亲爱的经济学家：

　　没想到你也爱看《小世界》，我也是小五的铁粉，下回我们一起去看吧。还是想问问你股市的事情，最近烦得我广场舞都不想去跳了。听说"国家队"已经出手了，你说我是不是该补仓了？

你的股民粉丝

亲爱的股民：

　　谢谢。我们还是谈论股市吧。你相信"国家队"，问题是"国家队"相信自己吗？股民在投资时经常会犯的错误是，在本应恐惧的时候贪婪，而在本应贪婪的时候恐惧。监管者也会犯类似的错误，在本该恐慌的时候傲慢，而在本该傲慢的时候恐慌。

在关键时刻,政府是应该出手救市的。政府救市的唯一理由是出现市场恐慌,容易引发系统性的金融危机。如果要救市,动手必须要快,下手必须要狠。全球金融危机之后,时任美国财政部长的保尔森(Henry Paulson)要求国会同意他的天价救市计划,他的理由就是,给我一个威力巨大的"火箭炮",结果是我可能根本就不需要开火。信心这东西,就是这样的,有信心,市场就能稳定。我们的救市则是派出了一支游击队,放冷枪,你都不知道他们人在哪里。这种做法聊胜于无,可能会有用,但除非你真的愿意打游击战、持久战。以我之愚见,股市将进入一个茫然失措的震荡行情。要小心。

你的经济学家朋友

亲爱的经济学家:

刚跳完广场舞就收到你的回复。非常感谢。要是股票投资风险这么大,那你说我该投资什么呢?买房子,还是买黄金呢?

你的股民粉丝

亲爱的股民:

很高兴看到你心情不错。你问了一个很难回答的问题。的确在有些城市楼市出现了回暖的趋势，但到底能否持续，谁也说不清楚。从长远来看，中国的房价疯狂上涨的时代已经一去不复返了。中国人买房，不仅是为了居住，更是为了投资。人口年龄结构会对房价有深远的影响。比如像我这一代人，还是在伟大的计划生育政策出台之前出生的，我们可以算是中国的"婴儿潮"一代。如今，我们这一代人上有老、下有小，都得想着挣钱，挣了钱还不敢花。你的收入中，挣了马上就花掉的叫消费，挣了之后不肯或不敢花掉的是你的储蓄。我们都想用自己的储蓄来投资，所以大家都去买房，房价就涨。可是你想，我们也会老的，到老的时候，我们都得把房子卖掉，然后去乡下买个便宜的小房子安度寂寞的晚年。如果大家都把房子卖掉，房价怎么会不跌呢？所以，随着中国进入老龄化社会，房价一定会跌的。黄金嘛，如果你喜欢金光灿烂的感觉，买点儿无妨，不过别忘了，黄金不会给你带来任何利息收入，连银行存款都不如。

你的经济学家朋友

亲爱的经济学家：

你的回复让我又开始担心了。那我该怎么办啊？这个世界上有什么东西是可以保值和增值的？

你的股民粉丝

亲爱的股民：

抱歉又让你担忧了。如果你只是想跑赢通货膨胀，那么买房、买黄金，或是买了股票长期持有，应该问题不大。但所有的投资都有风险，没有任何一种东西价格只会上涨，不会下跌。所有的投资品都会有涨有落。能够永远保值和增值的东西，就像长生不老药一样，真的没有。不过，如果你真想保值和增值的话，不妨听我送你的四字真言：及时行乐。

你的经济学家朋友

激情与技艺

读《论语》

我在纽约还没有安顿好，时差还没有完全倒过来，房子还没有签下来，后面还有申请社会福利号、买家具、孩子上学，一堆的事。FT中文网的编辑霍默静跟我商量，这周是力奋兄离开FT中文网之前的最后一次出刊，希望我的栏目能提前开张。匆匆忙忙赶写出一篇小文，算是为力奋送行。这篇小文是根据我在盘古智库期间在香山的小院子里给学生讲《论语》的讲稿改编的。

每一个中国人的心中都会有一个不同的孔子。《孟子》中的孔子总是肃穆庄严，《荀子》中的孔子更加出世激进。在《论语》这本书中，孔子时而谦恭，时而狂放，也会骂人，偶尔撒谎。他是不甘寂寞、奔走江湖、到处碰壁的"丧家犬"，最后喟然长叹：不如回乡教诲"吾党之小子"。这才有了和弟子们的精彩对话，以及记录这些对话的"课堂笔记"。

孔子的伦理思想，简而言之，大抵是推己及人。《孟子》里讲人有"四端"，人都有恻隐之心，讲得更加详细。今天来看，这些观点似是稀松平常，但这一思想的传播并非顺利，"一山放过一山拦"，中间无意中经释家"不立文字，直指人心"的点化，突然在宋明时期大放异彩，这是后话。

孔子的这一思想，不是出于对"真善美"本质的思辨，纯粹是一个阅尽沧桑的老人的感悟。亚当·斯密在《道德情操论》和《国富论》中反复提到人有同情心，也是出于同样的感悟。这一感悟恰恰契合了脑神经科学和心理学的研究结论。人之异于禽兽，在于人有察言观色、体会别人内心复杂微妙感受的能力。这一能力是我们人类在"出厂"的时候就预装的一套"系统"。正是由于我们能够根据自己的感受去推断别人的感受，才会有社会伦理的基础。当然，这种推断并不一定总是对的，不是讲"有一种冷叫我妈觉得我冷"吗？儒家推崇"己所不欲，勿施于人"，或许是因为在实践中总是能感受到种种的不对劲。

儒家和西方思想分歧的地方在于，西方自启蒙运动以降，格外强调人人平等。如果我们推己及人，那就应该平等地适用于所有的人，在动物保护主义者看来，甚至要适用到所有的动物。换言之，每一个人在我们伦理秩序中的权重都是一样的。儒家则讲："老吾老以及人之老，幼吾幼以及人之幼。"中国的伦理秩序是一层层的圈子，最近的一层是你的家人，再往外一层是你的乡亲、同学、同事，直到五服之外，其他人就跟你没有什么太大的关系了。这一朴素的推断或许更符合真实的人性。

道金斯（Richard Dawkins）的《自私的基因》试图说服我们，当我们以为是自己"自由选择"的时候，其实是你的基因在给你下指令。为什么人会有利他主义？背后有基因的冷静算计：人愿意为自己的孩子牺牲自己，因为要保证基因的传承；兄弟之间既有亲情，又有竞争，因为他们是同一个基因的不同备份；亲兄弟之间的关系会比表兄弟、堂兄弟更亲密，因为他们的基因更为相仿。当你坐在电视机前，看到非洲出现内战，成百上千的人惨遭屠杀，成千上万的人流离失所，而这时，你的孩子突然哇哇哭着跑过来，他不小心用刀子割破了自己的手指。你更关心哪一个？

儒家亦可有自修和度人之分。张横渠有言："为天地立心，为生民立命，为往圣继绝学，为万世开太平。"不知为何，我每次听到这样的豪言壮语都感到不自在。像我这样自卑而庸俗的人，无法理解别人怎么会有这么壮的气势。我有限的修为，让我更能接受曾子的教诲，每日三省吾身，看看自己有哪些地方做得不够，怎么做才能更加成熟从容，才能做到不败不馁，苟全性命于盛世。

按照我的理解，孔子的教导有二，一是"积极清单"（positive list），就是你必须要去做的。那些必须要去做的事情，都是对维系人伦至关重要的大事：夫妻、父子、兄弟、师徒，以及君臣。"首孝悌，次谨信，泛爱众，而亲仁。"能够放进"积极清单"的任务其实并不多。世易时移,义有恒然,礼有权变。遵守道德不是按照一个"操作手册"机械地执行,而是要细心体察你所处的处境,权衡取舍,"从心所欲不逾矩"。人的成熟来自对分寸感的把握。和那些懂得把握分寸的人交往,我们会觉得如坐春风;而和那些不太会拿捏分寸的人交往,我们多多少少总是感到别扭。比如,孝道当然是要倡导的,但到了"二十四孝"的地步,就变成伪道学了。而在《论语》的教诲中,"负面清单"(negative list)更值得细心玩味。例如,"勿意、勿必、勿固、勿我"——凡事不能主观臆断,凡事不能强求,凡事不能固执,凡事不能以自我为中心。有位朋友跟我讲:"don't rush, don't push, don't wish",这也是人生的至理名言。

这说的就是中庸之道。中庸之道就是要知道权衡,这是一种至高的境界。孔子讲:"可与共学,未可与适道;可与适道,未可与立;可与立,未可与权。"能一同学习经济学的朋友,未必能在志向和趣味上心心相印;能有共同的志向和价值观,未必能一起把事情做成;一起做成事情的朋友,未必能在微妙的情景中体察毫厘之间的差异。这也是窃以为儒比道难的原因。道家讲究的是减法,放得下就一身轻;儒家却要求出"二阶导":不仅要看变化,还要看变化中的变化。

修身的目的是什么?《大学》里讲,先修身,后齐家,最后就能治国平天下。我始终疑心这种君王学是朱熹之流强加给孔子的。在《论语》中，我读到的更多是修身养性，没有看出孔子非要把自己的学生培养成帝王将相。后来的儒家那么强调"修身、齐家、治国、平天下"，很可能是集体串通起来骗皇上的。所谓"半部《论语》治天下"，只有阿甘才信。儒士们最拿手的就是礼仪、道德。看看《二十四史》，打仗的时候很少有儒士，治水的时候很少有儒士，轮到皇上要定太子、立妃子、祭奠祖宗的时候，一群儒士就全冲上来了，七嘴八舌，乐在其中。大臣们最热衷的是掺和皇上的家事。何以如此呢？因为他们别的不懂，只知道名教。人最喜欢干自己最熟悉、最会做的事情。

让我们面对这一现实吧：从《论语》中推导出来的伦理观很可能是有科学基础的，但儒家无法应付全球化时代的复杂社会。儒家认为人只有在具体的情境中才有价值和意义。你是谁？按照身份证号码确定一个公民的身份，在儒家看来是不可想象的。只有当我们知道自己是谁的孩子、谁的父母、谁的配偶、谁的朋友，我们才有社会中的定位，才有存在的价值。拿这一套东西推广到普天之下？或许有一天能行，但"俟河之清，人寿几何"？

像我这样一个天生的怀疑主义者，之所以对《论语》感兴趣，无非是因为这里有中国人的文化基因，这是中国文化的底色。在我身边的那些能称得上榜样的师长，大多都自觉不自觉地受到"士"或"君子"这一传统的熏陶。在不同的历史时期、不同的社会里，会有一群人的道德水平普遍高于社会的平均水平。比如在中世纪的欧洲,骑士有自己的一套道德规范。又比如,有很多传教士在无论多么荒蛮的地方都坚守着自己的信念和准则。当你认定自己是属于这样一群特立独行的人之后,你才能在艰难的处境中坚持下来。

飘茵落溷,人世无常。想要在这个空空落落的世界里找到一点儿小小的踏实感,或许只能尽可能地去靠近自己文化的根。这是滔滔洪流中让我们得救的一根柱子。孔子说:"知者不惑,仁者不忧,勇者不惧""造次必于是,颠沛必于是",无非求其心安而已。心安,就是我们能够追求到的最高境界。

从来就没有什么新技术

几乎所有的人都相信，只有爆发一次新的技术革命，才能拯救长期停滞的世界经济，但几乎没有人能够看清，未来的技术进步会出现在哪里。技术和科学并不一样，它自有其演进路径。在中国历史上有相当长的一段时间，没有科学，但有技术。《天工开物》里记载了各种精巧的工艺，但作者宋应星认为，铁矿石是长在土里的，刨出来之后，只要下场雨，就还会再长出来。

技术无处不在。技术改变生活。技术推动经济增长。技术划分历史时代。关于技术，我们知道很多。关于技术，我们知之甚少。我们关于技术的认识水平，大致相当于进化论出现之前的生物学。18世纪法国博物学家居维叶（Georges Cuvier）曾经自豪地说："今天，比较解剖学到达了完美的顶点。单看一根骨头，就有可能确定其在生物分类中的'纲'，有时甚至能确定它的'属'。"居维叶没有夸张，当时的生物学家确实对动物种类之间的关系了如指掌，但他们不了解进化论，他们不知道，所有这些动物，都是从哪里起源的。

如今，历史学家、经济学家和社会学家能如数家珍地详细讨论某一种具体的技术对人类社会各个方面带来的深远影响，但他们说不清楚技术的来源和进化。对技术最为熟悉的工程师们则对这一问题毫不感兴趣。有一次，经济学家布莱恩·阿瑟（Brain Arthur）问著名的技术专家沃尔特·文森蒂（Walter Vincenti），为什么那么多绝顶的工程师，没有一个人尝试过建立一个关于技术的基础理论。文森蒂毫不迟疑地回答："工程师们只喜欢那些他们能解决的问题。"

布莱恩·阿瑟决定自己动手，探索一个关于技术的基础理论。阿瑟的研究以离经叛道著称。所有的经济学家都说规模收益递减，他非要写一篇论述规模收益递增的论文，结果，他被斯坦福大学"放逐"，流落到研究复杂科学的圣塔菲研究所。

在《技术的本质》一书中，阿瑟声称，技术像生物一样，也是有基因、能突变、不断进化的。所有的技术，都脱胎于之前的技术，就像所有现存的生物，都能追根溯源地找到原始的祖先一样。

阿瑟试图找到各种千差万别的技术内在的一致性。依旧用生物学打比方，从外表来看，不同种类的脊椎动物间差异极大，斑马和蝙蝠之间看起来毫无相似之处，但它们的骨骼结构却是高度相似的，都有心脏、肝脏、肾脏和神经系统，都是左右对称的，都建立在细胞的基础之上。如果我们"解剖"技术，就会发现所有的技术都是一种组合。无论多么复杂的技术，都可以拆成若干模块，模块中又有零部件，这样不断地深挖下去，就会发现，复杂精妙的技术最终都是平凡的零部件的组合。

为什么技术要采取模块化的方式呢？赫伯特·西蒙（Herbert Simon）曾经讲过一个关于制表匠的寓言。假设每只手表都有1 000个零件，第一个制表匠一个零件一个零件地安装，若他出了一个小错，或是工作被打断，就得从头再来；第二个制表匠则把手表分为10个模块，每个模块中又有10个小模块，每个小模块中有10个零部件，那么，即使他装错了，或是工作被打断，损失的也只是工作的一小部分。更重要的是，模块化的技术更适合进一步的创新：我们可以尝试把一个模块更新，或是对不同的模块进行新的组合。

那么，所有这些技术，都是从哪里来的？阿瑟提出，技术乃是对"现象"的捕捉。这听起来颇为异端，技术不是受科学的指导，是科学的应用版吗？其实，科学和技术尽管联系紧密，但二者并非一体。直到20世纪初期以前，大部分技术发明都不需要科学的帮助。原始人看到剥落的燧石中有尖锐的石片，可以方便地切割动物的肉和皮毛，就发明了石刀、石斧。热衷于炼金术和炼丹术的人们反复尝试，居然误打误撞地发现了很多化学中的诀窍。直到近代，技术发明才不得不大量从科学那里"借贷"，比如属于量子效应的核磁共振、隧道效应或受激效应，都是从科学理论中搬过来的。

即使是这些更加精密的技术，其本质也是对某种"现象"的捕捉和编码。技术人员和科学家不同，他们关心的是如何应用。看到物体的摆动，他们意识到可以利用这一"现象"做出时钟；了解到多普勒效应，他们会联想到可以利用这一"现象"测汽车超速。随着大量的"现象"被捕捉和编码，工程师们的工具箱里变得更加琳琅满目。工程师们的工具箱里装满了他们已经学会的各种技术，这些技术构成了工程师们的"域"，也就是他们的活动范围。

大部分技术工作都是"日常标准工程"，即按照已经有的技术模板，不断"复制"出解决各种问题的新版本。技术人员应用科学思想，就像政客们使用已故的政治哲学家的思想一样，他们日复一日地使用这些思想，但对其起源的细节却知之甚少。无非是照章办事、依葫芦画瓢而已，最多是在应用于不同问题的时候，作一些小小的改动。但是，不要小看这些微小的变革，积少成多，这些不起眼的创新最后能导致巨大的变化。正如牛顿爵士所说的，顿悟来自"连续不断的思考"。

当然，这不是否认重大的技术突破。但是，如果你仔细去观察，就会发现重大的技术突破并非来自天才观点的横空出世。大部分技术的重大突破来自对已有技术的重新组合，或是从其他的

"域"里寻找新的工具。技术创新中应用的原理大多来自已有的其他设备、方法和其他领域的理论，发明的核心就是"挪用"（appropriation），一种自觉不自觉的借鉴。正如熊彼特所说的，创新就是新的组合。创新就是"混搭"，是把看起来没有联系的事物联系起来，以一种出其不意的组合重新展示给人们。所有的素材其实都在你的手边，而创新就是大胆地跨界、大胆地模仿：从来就没有什么新技术，也不靠专家院士。

当一个绝妙的点子突然出现，技术创新并非能马上实现。从想出一个好的主意，到真正把主意变成现实，还有一段迢迢长路。首先，你可能想到了关键问题的解决方案，但牵一发而动全身，如果你的主部件变动了，那么其他配套的部件也要调整，这又会带来一系列派生的小问题，你必须不断地循环往复、调试修改，直至完成整个系统的重组。其次，技术转化工作可能需要另一个不同的团队。比如，弗莱明（Alexander Fleming）发现了青霉素，但将青霉素现象转化成可治疗的方案，需要对青霉素中的活性成分进行隔离和纯化，需要弄清楚它的化学结构，需要经过临床试验检验其疗效，还需要进行生产方式的开发。这已经远远超过了弗莱明的能力范围。完成这些工作的是牛津邓恩病理学院的霍华德·弗洛里（Howard Florey）和恩斯特·柴恩（Ernst Chain）领导的生化学家团队。13年后，弗莱明的发现才转化成青霉素药物。

技术的演进中充满了不确定性。好的技术被广泛应用，往往要拖延很长时间。经济史学家保罗·戴维（Paul David）的研究指出，美国的工厂花了 40 年的时间才实现了电气化。并非是因为技术不成熟，而是因为配套的技术没有跟上。过去的厂房是按照蒸汽机的要求建造的。电气工程师不懂建筑，建筑师不了解电气化，等到整个经济体系都慢慢适应过来，需要一个漫长的过程。

不成熟的技术却有可能长存。保罗·戴维的另一项研究指出，现有的"QWERTY"通用键盘并非最优的布局，占英语单词 70% 的字母其实是"DHIATENSOR"。但在一次打字比赛中，使用"QWERTY"键盘打字机的打字员胜出，这个偶然性的事件确立了键盘的标准。阿瑟也讲了核反应堆的故事。核反应堆需要不断冷却，同时需要用慢化剂控制中子的能量水平。有三种选择方案，分别是用重水作冷却和慢化，用轻水作冷却和慢化，以及用气体（通常是氦气或二氧化碳）进行冷却并用石墨慢化。加拿大最初使用的是重水方案，英国一直尝试气体-石墨方案，但并不成功。到 1949 年苏联引爆了第一颗原子弹之后，美国急于确立自己的核优势，因此匆忙下令将原本用于航空母舰的反应堆重新设计，供陆地使用。海上反应堆采用的是轻水模式，于是陆地上的反应堆也采用了这种被很多专家认为在经济上和技术上都不够完善的设计方案。

技术可能会突然爆发，汹涌而来，就像寒武纪的"生命大爆发"。技术创新的步伐并非是匀速的，有时候跑得快，有时候跑得慢。当技术大潮到来的时候，不是经济适应技术，而是经济"遭遇"了技术。新一轮技术浪潮会让原有的生产模式土崩瓦解，社会组织发生天翻地覆的变化。蒸汽机的出现改变了原有的纺织业，农户不再在家织作，而是到工厂里做工，成了工人。互联网时代可能会再次颠覆工业革命以来的企业组织、用工制度，甚至教育体制。

技术永远都不完美，永远都在重构。技术是杂交的，不是纯种的；技术是峰回路转，不是金光大道；技术是随和迁就的，不是特立独行的；技术是有趣的，也是无聊的；技术既是残缺不全的，又是雷同冗杂的；技术吵吵闹闹，熙熙攘攘，凌乱无章，无视一切。技术是一个复杂体系，是一个演进的过程。技术不是古板、冰冷的机械，而是生机勃勃的有机体。你侧耳倾听，才能听到它的婉转轻啼。

作者注：本文是对布莱恩·阿瑟的《技术的本质》一书的评论，中文版由湛庐文化策划，浙江人民出版社出版。

斯泰因小姐发疯了

本文介绍的是《普鲁斯特是个神经学家》这本书。此书的主要观点是，19世纪后半期和20世纪初期的现代主义作家和艺术家以一种奇特的方式，超前地体察了人类意识的深层经验，很多看似标新立异的奇怪观点居然都被后来的神经科学证实了。本书可供文青们学习、神经科学研究者参考。

格特鲁德·斯泰因（Gettrude Stein）是一位富家女子。她曾经在著名心理学家威廉·詹姆斯（William James）的指导下学习心理学，在《心理学评论》上发表过论文。后来，她就读于约翰·霍普金斯医学院。在医学院的前两年，她研究的是胎儿的大脑。斯泰因小姐聪明勤奋，她学会了切除脑皮层，并在福尔马林溶液里保存组织细胞。学习之余，她喜欢拳击和抽雪茄。老师和同学们都称赞她是一个出色的科学家。

然而，斯泰因小姐慢慢地对临床医学失去了兴趣。她不再学习有机化学，也不去背解剖课的笔记，而是熬夜读亨利·詹姆斯的小说。斯泰因小姐走火入魔了。她的医学笔记写得晦涩古怪、不知所云。一位教授看了她的笔记之后说:"不是我疯了,就是斯泰因小姐疯了。"

在19世纪后半期和20世纪初期,出现了一批像斯泰因小姐一样疯狂的现代艺术家。美国诗人惠特曼在《草叶集》里尝试写一种无韵的诗歌。他的诗越写越离经叛道。在《草叶集》第二版中,惠特曼坚持收入类似《我就是那个渴望性爱的人》(I Am He that Aches with Love)、《处女膜啊!有处女膜的人啊!》(O Heymen! O Hymenee!)等让正人君子们痛心疾首的"下流作品"。1910年,塞尚的画作第一次公开展出。当时的报纸评价说,塞尚先生的作品"除了可以为病理学学生和研究变态课题的专家提供素材之外,别无他用"。作曲家斯特拉文斯基刻意地惹恼他的听众。当他的《春之祭》第一次公演的时候,观众一片哗然,保守的听众和新潮的听众当场厮斗,还没有演完,剧场的人就都走光了。

1903年,斯泰因小姐到了巴黎。她在巴黎找到了自己的精神家园。一群新锐的艺术家团结在她的身边:马蒂斯(Henry Matisse)、布拉克(G. Brague)、格里斯(Juan Gris),还有神秘多变的毕加索。毕加索曾经给斯泰因小姐画过一幅肖像,看过的人都说画得根本不像,但毕加索说:"将来会像的。"那个时代的先锋艺术家们有一种令人惊讶的傲慢和自负,他们知道,自己和时代的主旋律格格不入。

那个时代的主旋律是科学和理性至上。所谓的科学，乃是像物理学一样严格清晰的学问。人世间的一切必须都找到精准的规律。拉普拉斯（Pierre-Simon Laplace）是当时最有名的数学家之一，他曾经当过拿破仑的内政部长。当拿破仑问拉普拉斯，为什么在他五卷本的关于宇宙规律的著作里没有提到上帝，拉普拉斯说："我不需要那种特定的假设。"拉普拉斯认为他的科学理论能够解释一切社会规律，他把自己创造的这个新学科称为"社会物理学"。正如詹姆斯·乔伊斯所说，当时的科学家热衷于对社会做"活体解剖"。

但现代主义艺术家们拒绝对冷冰冰的科学屈服，他们开始了艰难而寂寞的探索，他们转向对自己的内省，沉醉于对人类心理奥秘的深层体验。马塞尔·普鲁斯特整天躺在床上，任由自己的思绪飘荡。塞尚会持续几个小时盯住苹果看。他自负地说："给我一个苹果，我就能震惊整个巴黎。"连小孩子都能听出来斯特拉文斯基的曲子充满了不和谐音，但他坚信噪音也是音乐。斯泰因小姐兴致勃勃地玩弄文字游戏，她的餐盘上印着自己的作品："玫瑰就是玫瑰就是玫瑰就是玫瑰。"

多年之后，科学家们才发现，这些疯子一般的现代艺术家们远远走在脑神经科学的前面。他们是一群先知，在朦胧的摸索中，他们已经接触到了意识的本质。

理性主义的代表笛卡儿认为，灵魂和身体是分离的。我思故我在，身体不过是一具皮囊。惠特曼则告诉我们，灵肉是无法分开的。他在新奥尔良看到奴隶交易，让他深受刺激：落在身体上的鞭笞，同样把心灵抽得血肉模糊。他在弗吉尼亚州的部队医院里做志愿者，照顾伤兵，每天目睹手术台上四溅的血滴，耳闻伤员们的惨叫，眼睁睁地看着无人认领的尸体腐烂发臭。惠特曼敏锐地注意到，很多士兵失去了肢体之后，会出现一种幻觉，仿佛自己的肢体还在。即使肉体已灭，意识仍然拘牵。科学家后来做过一个试验：一群人摸牌赌博，若依理智，大约摸80轮牌之后能找出赢牌的规律；但要是顺应感觉，大约摸10轮牌，当拿到好牌的时候，手就会格外紧张。科学家在受验者的手上接上电极，这样就能测出手上的导电率。果不其然，摸牌的手指部位导电率最高。这个试验表明：通过身体生成的无意识感觉会先于有意识的决定。有趣的是，惠特曼有一首诗就叫《我歌唱带电的身体》。诗中写道："身体是带电的，我们的神经伴随着微量电压的起伏在歌唱。"——他怎么知道的？

普鲁斯特到30多岁了还一事无成。因为得了哮喘病，他只能躺在病床上胡思乱想。他的代表作《追忆似水年华》写得令人望而生畏地冗长。出版商刚接到书稿，几乎绝望地问：为什么这个年轻人会花30多页，写他翻来覆去在床上睡不着觉？书中最有名的一个桥段写道，普鲁斯特喝茶的时候尝了一口叫"玛德琳"（madeleine）的小点心。带着点心渣的那一勺浓茶碰到了普鲁斯特的上颚，顿时让他感到超凡脱俗，风轻云淡。就是这一点点小小的糕点，唤醒了他对童年的回忆，他想起了在贡布雷的时光：莱奥妮姑妈的老房子、乡间的路、花园里的花、河上漂浮的睡莲。普鲁斯特对记忆的观察细致入微，现在我们已经知道，出现"玛德琳效应"是因为味觉和嗅觉直接与海马体相连，而海马体是大脑长期记忆的中心。

普鲁斯特长久地沉浸在对回忆的玩味之中，他敏感地察觉，记忆并非是连续的，也不是录像机一般真实地复制。记忆中充满了错觉，比如他写到恋人艾伯丁：艾伯丁有一颗美人痣，但那颗痣到底长在哪里呢？一会儿，这颗痣长在下巴上，一会儿又到了唇边，最后到了眼睛下面的颧骨。普鲁斯特承认：越是回想，记忆就变得越来越不精确。神经科学的发展印证了普鲁斯特的猜想。我们总是喜欢把记忆想象成不可磨灭的印记，其实记忆不过是我们对过去的想象，很可能，我们对记忆的每一次想象都会和原有的事实离得更远。普鲁斯特是个改稿成癖的作家，他先是在手稿旁边写上密密麻麻的注释，写不下就再找张纸连上，然后又把很多小便签贴在手稿的各处。我们的记忆也一样。一遍又一遍，我们都在修改着对往事的记忆，直到往事变成我们编织的故事。

1956年，麻省理工学院的语言学家乔姆斯基（Avram Noam

Chomsky）声称,他发现了语言的深层结构。乔姆斯基的理论,和斯泰因小姐的文字游戏不谋而合。乔姆斯基讲道,人们一直以为语言是约定俗成和后天习得的,但真实的语言结构隐藏在我们每个人的心智深处。我们每个人,就像电脑一样,在出厂的时候就预装了一套语言体系。极端而言,所有的语言在结构上都是一样的,而与此同时,语言的边界又是无限的,所有的人都可以找到自己独特的表达方式。乔姆斯基的理论石破天惊,人们最初将信将疑。20世纪80年代,科学家发现在尼加拉瓜有一群失聪的孤儿,他们后来进了一所聋哑学校。这个所谓的学校其实并没有老师,这些孩子从来没有学过语法,他们也听不到别人说话,但奇迹出现了,这些孩子之间开始打手势互相交流:他们发明了自己的语言。低年级的孩子追随高年级的孩子,这套自我生成的语言变得越来越复杂、精巧。斯泰因小姐曾经意味深长地说过:"每个人都一遍又一遍地用无穷的花样重复诉说着同样的事情。"如今,人们终于相信她的话了:玫瑰就是玫瑰就是玫瑰就是玫瑰。

斯泰因小姐曾经感慨:以新的方式看问题真的很难。一切都突然成为阻碍——习惯、学校教育、日常生活、理智和懒惰。事实上,这个世界的天才真的很少。天才在于执着。塞尚坚信传统的绘画没有画出事物的本质。我们的眼睛并非构造精巧的照相机,如果你长久地注视一个事物,你可能会发现,左眼看到的和右眼看到的其实并不一样,而且我们每个人都有天然的盲点。人类的大脑再次欺骗了我们,通过后期加工,大脑使得我们相信,所见到的都是事实。塞尚晚年画的圣维克多山(Mont Sainte-Victoire),色彩氤氲,迷蒙一片,但我们仍然能够辨识出山水的秀姿。塞尚是对的,他画的才是我们真正看到的东西。人们原本以为他画得失真,后来才认识到,我们之所以不能接受他的创新,是因为他画得太过真实。斯特拉文斯基之所以故意引进不和谐音,是因为他不相信只有和弦才是音乐。音乐的感染力在于冲突,在于给我们带来困惑。如果我们只是接受"悦耳"的东西,那就只能越来越沉湎于怀旧金曲。斯特拉文斯基是对的。音乐是由大脑创造的,大脑几乎能够学会聆听任何东西。多年之后,《春之祭》成了好莱坞动画片的主题曲。

前卫艺术确实会令我们困惑,但若没有前卫艺术的晦涩,除了我们自己已知的东西之外,我们不会崇拜任何事物。乔治·艾略特(George Eliot)是维多利亚时代的一位先锋文学家。她才华横溢,却为情所累。艾略特曾经和赫伯特·斯宾塞(Herbert Spencer)有过一段情缘,就是那位鼓吹"适者生存"的生物学家。她爱上了他,但他不爱她。斯宾塞坚定地回绝了艾略特的求爱。他的理由很简单:艾略特长得太丑了。但同时代的著名小说家亨利·詹姆斯却一眼看出艾略特的魅力。他写道:"起初,她真是丑极了,那是一种有趣的丑陋。而现在,在这奇丑无比之中却有一种最强大的美,并且,这种美在几分钟之内就会悄悄地把丑陋抹去,使你的精神被其深深吸引。于是,最后,你就会像我一样,深深地爱上她。"

无论是现代主义艺术,还是晚近的神经科学,揭示出的人类心灵奥秘乍看起来都是混乱而又丑陋的,和我们所熟知的常识大相径庭。但在这奇丑无比之中却有一种强大的美,于是,最后,我们都会深深地爱上她。

作者注:本文取材于乔纳·莱勒(Jonah Lehrer)的 *Proust Was A Neuroscientist*,中文版为《普鲁斯特是个神经学家:艺术与科学的交融》,湛庐文化策划,浙江人民出版社出版。书中专辟了一章,写一位法国大厨对味觉的开拓性研究,喜欢法国餐的读者朋友不妨体会一下。

尽在言语中

本文介绍的是史蒂芬·平克（Steven Pinker）在20年前的一本书。平克讨论的是语言，但涉及的范围远比语法、词法广泛，他介绍了语言的进化、语言与认知，以及从语言的角度如何认识人性与社会。平克后来又写了几本相关的书，互相呼应，亦值一读。

汉语、英语、俄语、波斯语、吐火罗语、阿帕切语……在巴别塔建成之后，散落四方的人们拥有千奇百怪的语言。忠言、誓言、妄言、闲言、谎言、谣言……人们使用这千奇百怪的语言，既能劝慰和坦白，又能欺骗和伤害。幸运也罢，不幸也罢，语言是人之异于禽兽的最重要特征之一。

我们是怎么学会说话的？按照传统的心理学理论，人们学会说话，乃是因为后天的学习。家长和老师耳提面命，学生一点点学习正确的知识，摒弃错误的知识，日积月累，慢慢就学会了自如地运用语言。但是，这一观点其实经不起推敲。从生活经验来看，语言的复杂程度远远超过我们的想象。有限的词汇可以表达出无限种可能的意义，我们需要学习的东西太多了。然而，每个父母都知道，孩子长到两三岁，就会出口成章，时常语惊四座。他们并没有在课堂上专门学习词汇和语法，何以能在如此短的时间之内学会语言呢？如果说这是因为每个人都是潜在的语言天才，那么，为什么到我们再长大一点儿，进了学校，开始学习外语的时候，反而学得那么吃力呢？

麻省理工学院的著名语言学家乔姆斯基提出，各种不同的语言看似差异极大，其实都遵循着某种共同的深层结构。假如火星人到了地球，他们会认为地球人说的都是同样一种语言，只不过各有各的方言。孩子们天生就懂得这种深层结构。好比电脑出厂的时候就预装了一套操作系统，我们来到人间的时候，也都有一套与生俱来的学习语言的装置。

同样在麻省理工学院执教的认知科学家史蒂芬·平克进一步推进了乔姆斯基的理论。他在1994年出版了《语言本能》一书。在平克看来，语言是人类在进化过程中形成的一种本能。蜘蛛会结网，鼹鼠会打洞，这些本领都不是后天习得的，而是生来就有的本能，是祖祖辈辈一代代进化的结果。人类的语言，也是经历了大约35万代的繁衍生息，最终才渐臻完善的。

人是一种群居动物，不同的社会成员之间需要沟通和交流。动物之间也有沟通和交流的需要，蜜蜂会跳舞，鸟儿会鸣叫，野兽会在遇到天敌时向同伴发出警报。人类的语言和这些动物的沟通方式不同。以灵长类动物而论，灵长类动物的叫声是由脑干和大脑边缘的神经组织控制的，这是大脑中较为古老的系统，主要负责情绪的发泄。人类在说话之外，也会通过啜泣、大笑、呻吟或哀嚎等方式发出声音。这些声音的发出，是由大脑皮质下中枢控制的。真正的语言区位于大脑皮层，主要位于左脑的外侧裂区域，细论更加错综复杂，需要调用大脑的不同区域和各种神经元。

何以只有人类会演化出语言？这也可能只是进化过程中微小的突变不断累积带来的质变。比如，大象的鼻子灵巧非凡，但这一构造在生物界可谓独一无二。和大象亲缘关系最近的动物是蹄兔。但蹄兔跟豚鼠长得更像，和大象一点也不一样。和人类亲缘关系最近的动物是黑猩猩，尽管有些动物学家声称黑猩猩能学会简单的语言，但事实上，到今天也没有一只黑猩猩学会哪怕是最简单的日常会话。

人类的语言本能，需要几个基本的"基石"：一是经过改良的声道，能够发出复杂的元音和辅音；二是有一套"心理语法"，即构造短语和单词的规则体系；三是要有记忆和判断的能力，即有一个海量的"心理词典"以及一种独特的分析判断能力。

观察孩子学习语言的过程，在某种程度上就像用快进键放一部电影，能够让我们大体了解漫长的语言本能的进化过程。

婴儿在很小的时候就表现出对语言的敏感。他们在娘胎里面就开始注意周围人说话的语音和语调。不到 6 个月的英国婴儿可以分辨出捷克语、印地语和因斯列坎普语（一种非洲土著语言）中的特有音素，但成年英国人即使受过长期语音训练，也仍然做不到这一点。

新生儿并不会说话。他们的声道和成人还不一样，喉头位置较高，与鼻腔通道相连，所以婴儿在吞咽食物的时候仍然可以用鼻子呼吸。到了 3 个月之后，婴儿的喉头下降到咽喉的位置，舌头后面的空腔（即咽部）空间增大，舌头可以更加灵活地向前、向后自由移动。注意听听孩子发出的声音：头两个月的婴儿只会哭、吧嗒吧嗒地咂嘴、出气，有时候咕咕哝哝。到了 5—7 个月的时候，婴儿开始好奇地探索各种声音，以此为乐。他们逐渐学会了发出吸气音、滑音、颤音和爆破音，咿咿呀呀的，听起来已经很像元音和辅音了。到 1 岁左右，孩子能够理解并说出单词。18 个月的时候，婴儿的语言能力突飞猛进。再有短短一年时间，到大约 2—3 岁的时候，孩子们就能突然讲出合乎语法的流利语言。

大致来说，6 岁之前是孩子们学习语言的最佳时期。亨利·基辛格是十几岁的时候移民到美国的，他讲英语始终带有十分浓重的德国口音。他弟弟比他小几岁，就已经没有德国口音了。母语非英语但用英语写作的康拉德（Joseph Conrad）口音很重，连他的朋友都听不懂。据说纳博科夫（Vladimir Vladimirovich Nabokov）小时候有个英国奶妈，他不会说俄语之前就会讲英语，但他始终对自己的英语口语表达不满。他曾很无奈地讲："我思考起来像是天才，写作像是巨匠，说起话却像小孩。"

为什么年纪越大，学习语言的能力越是减弱呢？

因为学习语言要占用很多的内存。大脑要消耗身体 1/5 的氧气，同时还要消耗大致同等比例的热量和磷脂质。就像我们经常要清理电脑空间一样，大脑也会把不需要的"软件"卸载。孩子之所以要尽早学会语言，是因为越早学会，对他们的生存越有帮助。孩子在 18 个月前后语言能力出现了一次"大跃进"，是因为恰好在这一时期，孩子学会行走，开始在没有大人帮助的情况下自由行动。能够听懂大人的语言指令，能够用语言表达自己的需求和意愿，对独立生存意义重大。到了成年之后，正如俗语所说，"人过四十不学艺"，再去学习一门语言，能够得到的边际收益就大大减少了。因此，一旦掌握了语言，语言学习系统就可以卸载了。这样做是出于精明而冷酷的计算。

人类在运用语言的时候，有一套独特的认知方法。研究人工智能的专家逐渐认识到：简单的可能是最复杂的，复杂的可能是最简单的。在应用语言的时候，同时需要记忆和分析判断。对人类来说，记忆是最难的。人类不可能一下子记住太多的东西。心理学家发现，人们记忆数字、字词，往往不能超过 7 个。电话号码或个人密码超过7位，记忆的难度就大幅度增加。古诗从四言到五言，再到七言，基本上就止步了，尽管也有人尝试过九言、十三言，但都以失败告终。但对电脑来说，记忆却是最容易的事情。

对人类来说，分析判断相对容易，但对电脑来说，却是一件最为复杂的事情。平克举了一个例子："Time flies like arrow."（时光流逝如箭。）对人类来说，这样的表述不会出现什么歧义，但电脑却会浮想翩翩。电脑会认为，这句话是不是想说：一种特殊的"时间苍蝇"喜欢箭？或是说：要像测量箭的时速一样测量苍蝇的时速？

人类为什么会比电脑更快地找到含义呢？不是因为人比机器聪明，而是因为人更爱赌博。人类在遇到这种可能出现歧义的分岔时，会根据自己的猜想选择一条小径，尽快向前推进。那要是猜错了呢？猜错了也没有什么大不了的，不过是回到原点，选择另一条小径，从头再来。这说明，人类的认知模式使用了某种"模糊计算"的方式，也正因为如此，才方便了孩子们在很短的时间里掌握语言。孩子们不需要像电脑那样，刻板地追求面面俱到，毫不遗漏地掌握语言的每一个细节和可能性，他们只需要掌握几个心智开关，就能较好地把握语法的规律。

这种认知模式当然经不起较真。这是一种赌徒式的投机行为。很多哲学家会强调，语言必须是准确而清晰的。要是这样说来,这个世界能不能用高度简化的概念来把握都是个问题。据说,柏拉图把人定义为"没有羽毛的双足动物",第欧根尼马上找来一只鸡,把它的羽毛都拔掉,拿给柏拉图看。从理论的角度来看,很多定义、概念都是不准确的。比如我们怎么定义"南"和"北"?随着南磁极和北磁极位置的不断变化,"南"和"北"的定义也得不断调整,但这丝毫不妨碍人们在日常生活中方便地使用"南"和"北"的方位概念。人类有将无限的世界按照有限的名称加以概括的冲动,这样能够使我们认知世界的难度大幅度降低。如果我们假设这个世界上有 M 种物体和 N 种行为,那就不需要掌握 M×N 种概念,只需要掌握 M+N 种概念就可以了。

说到底,语言从来就不是精确的,语言始终变动不居,充满矛盾和意外。一些语言专家对语言的不纯洁痛心疾首,他们想要"净化"语言。净化后的语言看似更有规律,更加"纯正",但事实上已经失去了生命力。俚语、方言、外来语、江湖黑话、网络用语,从四面八方侵蚀原有的正统语言,你当然可以负隅顽抗,甚至主动出击,像堂吉诃德那样大战风车。但你张开手掌,能挡住风吗?

语言之所以如此,乃是因为人性如此。当我们学会用语言表白真情的那一刻,也就学会了用语言欺骗和造谣。人类生性敏感,诡计多端,最喜欢揣摩别人的心理。对于人类而言,语言就是心智上的较量。谁都想不动声色地占上风，影响甚至左右别人的看法。正如一个笑话所说的，两个精神分析学家见面了，一个说：早上好！第二个精神分析学家马上就开始琢磨：他说这句话，到底是什么意思？

作者注：本文取材于史蒂芬·平克的《语言本能》（Steven Pinker, *The Language Instinct*, William Morrow and Company, 1994）。中文版已由湛庐文化策划，浙江人民出版社于 2015 年 4 月出版。平克在此书之后又在 *How the Mind Works*（1997）；*Words and Rules: The Ingredients of Language*（1999）；*The Blank Slate: The Modern Denial of Human Nature*（2002）等书中进一步阐述和发展了自己的观点，感兴趣的读者可以跟踪阅读。

在敌占区偷听上帝发来的密电

在这个信仰缺失的年代，读读路易斯（C. S. Lewis）的这本书，有种沁人心脾的清凉。先别忙信教和修炼，静下来，仔细考虑一下，什么才是信仰，怎样重建道德。

C. S. 路易斯是牛津大学和剑桥大学的文学教授，《纳尼亚传奇》的作者。他在第一次世界大战的时候蹲过战壕，经历了惨烈的战争。刚刚过了20多年，他又"幸运"地赶上了第二次世界大战。纳粹的飞机在伦敦上空如黑云压城，成堆掉落的炸弹把伦敦炸得满目疮痍。路易斯教授参加了空袭民防队，他还应邀到英国皇家空军演讲。讲坛下面坐着的都是空军将士，他们正要奔赴空中战场，很多人很快就会一去不复返，殒命碧空。面对这些听众，路易斯教授该讲点什么好呢？

他对空军将士们讲苦难、痛苦和恶，讲什么是纯粹的基督教。后来，英国广播公司（BBC）邀请路易斯到电台讲道。当在战争中悲痛疲惫的人们打开收音机时，就会听到一位学者，充满智慧和幽默地谈论公道、德性和基督之爱。路易斯对听众们说，基督徒如同一个地下组织，聚居在一个邪恶势力似乎得势的敌占区，他们在那里偷听从遥远的地方传来的充满希望的消息。他成了20世纪英国最有影响力的基督教代言人。

路易斯只是借基督教谈论人性中的深刻话题，他并不刻意地传教。他特意讲道："一个人若经过最慎重的推理，得出结论说基督教信仰没有充分的根据，我请求他不要接受基督教。"他也无意介入基督教内部无休无止的纷争。路易斯说，所谓的"纯粹的基督教"，也就是入门的基督教。如果基督教是一个廊腰缦回、檐牙高啄的宫殿，里面有很多大大小小的房间，那么路易斯希望做的，只是把人们引到门厅，由人们自己决定，要到哪个房间里去。

"饥者易为食，渴者易为饮。"在战争的困顿和绝望之中，人们才会更渴望探究信仰的本质。有信仰的心灵是成熟的麦穗，没有信仰的心灵是干瘪的麦穗。成熟的麦穗谦卑而沉静，干瘪的麦穗轻浮而张狂。为什么人常常需要信仰呢？

路易斯谈道，是非本在人心，我们天然地就知道道德，却总是无法做到。道德并非本能，人往往会有两种本能。例如，当你身处天津爆炸的现场，一种本能告诉你，这里有需要帮助的人，你应该去救他们；另一种本能则告诉你，这是一个危险的地方，你应该赶紧离开。后一种冲动往往更为强大，因为这是一种求生和自我保护的本能，但道德似乎总是站在弱小的本能一边。人是渺小而软弱的，我们经常会遇到该做却没有做的事情，这让我们羞愧难当。信仰并非一种外在的社会规范，而是一种源于自我反省的选择。每个人都能收到自己的信，这封信或许发自上帝，或许发自其他的地方。你看不到别人的信上的内容，却能知道，你自己收到的这封信，来自一个向导。

信仰并不是一件让人感到很轻松的事情。对于基督徒而言，上帝是唯一的安慰，也是最大的恐惧。路易斯讲道，"我们最需要的东西也是我们最希望躲避的东西"。人在世上，该怎么做，其实我们心里都清楚，但你时常会犹豫，会抱怨，会嫉恨，会怯懦。正如约翰逊博士所说："相对于教导而言，人更需要不断的提醒。"真正的信仰是谦卑的，真正的道德是简单而质朴的。路易斯讲道："真正伟大的道德导师从不引进新的道德观念，只有江湖骗子和怪人才会这样做。"

人们之所以会相信上帝，乃是因为在很多时候，你做不到自己应该做的事情。人要借基督的力量强化自己的意志，这就是所谓的"披戴基督"。向善并非是为了取悦神明，而是你自己在装扮上帝的儿子。你可以设想这样的情况：当遇到人生最艰难选择的时候，你该怎么办？一个最好的办法就是把自己想象成心目中的榜样，想象若是他或她身临此境，会如何行事。这就是按照榜样的标准，为自己设定标准。在基督徒看来，基督的标准就是最高的标准。放弃自我，让基督教导你，好比大人握着孩子的手教孩子写字。只有当孩子对大人完全信任，手指的肌肉不再僵持、完全放松，才能体会到如何把字写得漂亮。

说到底，妨碍我们得到完美人格的，恰恰是我们心中的自我。人有自我意志，行善作恶，都是自我意志刹那间的决定。但我们经常无法把握善恶之间的边界。路易斯讲道，恶是变坏了的善。要作恶，人必须存在，还要有智慧和意志。智慧越多，意志越强，反而作恶越甚。这是一场激烈的内战，当你放弃自负的那一刻，才有得到自我的可能性。

但难就难在这一点。路易斯谈道，按照基督教的教导，最根本的罪、最大的恶就是骄傲。"魔鬼因骄傲才变成了魔鬼，骄傲导致一切其他的罪。"贪婪也会让人竞争，但贪婪可能会止于享乐。唯有骄傲是无止境的，骄傲不以拥有为乐，只以比旁边的人拥有更多为乐。路易斯讲道，就是在酒鬼和色鬼之间，你也能看到友谊和欢笑，但"骄傲始终意味着敌对，不仅是人与人之间的敌对，而且是人与上帝之间的敌对"。信仰之难，并非难在人的理性不够，而是难在做不到彻底的谦卑。路易斯谆谆教诲基督教的四种基本德性：谨慎、节制、公正和坚毅，无非是告诉人们要时刻提醒自己不要妄自尊大。"即使只接近谦卑片刻，那感觉也如同荒漠中的人饮到了清凉的甘泉。"

从这个角度来讲，信仰是求解人生谜题的一种非常独特的解题思路。你可以认为，所谓的信仰，无非就是画了一条辅助线。

这条辅助线看似和题目无关,却能帮助你找到最终的答案。你追求公平,世间往往没有公平。夫妻之间都难以达到事事公平。那么,遇到不一致的意见怎么办?这种事情又不能通过多数票决定,因为"在只有两名成员的'议会'中不存在大多数"。一种妥帖的办法就是放弃自我。我爱你,并非为了得到同等价值的回报,而是为了最大限度地付出,倘若两个人都是同样的想法,最后婚姻就能达到完美的均衡。当然,这是非常困难的,如果只有一方付出,而另一方则是一味地索取和不领情,这种脆弱的均衡是很容易被打破的。如果夫妻间的誓言有一个见证者,有一个更高的目标,这种均衡或许更容易维持。我爱你,并非为了从你那里得到同等的回报,而是为了按照神圣的旨意,做我心甘情愿但时常会懈怠疏忽的事情。在那些幸福而持久的婚姻中,我们经常会看到这样的事情:维系婚姻的不是激情,而是奉献。为什么在婚姻之中,人们更容易作出奉献呢?因为你所求的利益越大,愿意付出的牺牲也就越大。人间别的事情,何尝不是一样的呢?这恰恰是信仰的奇妙之处:追求天国的人们,却能得到在世间的慰藉;放弃自我的人们,反而发现所做的一切都能顺乎本心。

拉罗什福科(La Rochefoucauld)说过:"大多数虔信者让我们对虔诚感到厌恶。"在路易斯看来,神学的信仰和人道的信仰,是两件不同的事情。我们丝毫不关心教士和僧侣们的争论,唯一值得关心的是,在苍苍莽莽的大地上,我们捧着自己那颗敏感而脆弱的心,凄惶茫然,不知道该怎样,才能把它安置得妥妥帖帖。

作者注:本文是对 C. S. 路易斯《返璞归真》(*Mere Christianity*) 一书的书评。此书中文版由华东师范大学出版社出版。

这个世界是我们的，也是你们的，但归根到底是他们的

介绍意大利学者帕累托（Vilfredo Pareto）的一本小书。书中观点仅为一家之言。

意大利著名学者帕累托如果不是个"精英统治论"者，那才叫奇怪呢。1848年帕累托出生于巴黎，是热那亚贵族的后代，他的爷爷帕累托爵士被拿破仑封为帝国男爵。帕累托当过工程师，做过总经理，在洛桑大学任教多年。他热衷过自由主义，支持过社会主义，到了晚年居然从了墨索里尼的法西斯主义。

帕累托写过一本很薄很薄的小书，叫《精英的兴衰》。他在这本书里写道："在历史上，除了偶尔的间断之外，各民族始终是被精英统治着。"精英有好的，有坏的；有新的，有旧的。新的精英想要从旧的精英手中夺取特权，但他们不好意思明说，就说自己是为了一切被压迫者的利益。但仔细地看，就会发现政治的轮回，旧精英衰落，新精英崛起，都是有迹可循的。

帕累托讲道，这种精英的更迭大致表现为三个阶段：第一个

阶段是危机的上升时期，表现为宗教情绪日益浓厚；第二个阶段是旧精英的衰落；第三个阶段是新精英的兴起。旧精英的衰落表现为人道主义和利他主义情感的增长，而新精英的兴起表现为卑微的大众对强大权威的报复。

帕累托所说的宗教情绪非常宽泛。他不仅是说基督教、佛教这些人们习知的宗教；他把当时刚刚兴起的社会主义思潮也归为宗教情绪，爱国主义、禁酒运动、素食主义、禁欲主义，在他看来都是宗教情绪。所有这些"宗教情绪"都表现为某种狂热，但在这种狂热之下，却掩盖着一种让帕累托深恶痛绝的虚伪。他讲道，在某个城镇，人们让年幼的学生在一份要求关闭妓院的请愿书上签字。这也算"开学第一课"？一位太太在年轻的时候风流轻佻，上了年纪之后却沉浸在宗教信仰之中，她最热衷于改造妓女。熟悉她的人说，这些活动能够让她再次回忆起过去，而且不会有丝毫内疚，反而有一种行善的高尚感。只要有机会，人们总是乐意有道德地做不道德的事情。

为什么帕累托觉得宗教情绪泛滥是危机出现的先兆呢？他讲道，如果不是在危机时期，这种狂热绝不会超过一小圈人，而且只能有微小的影响；但到了危机时期，这些狂热分子的活动就扩大了，而且可能会变成普遍的社会现象。你想跟这些人讲理，没人跟你讲理。

当旧精英衰落时，我们能观察到两个同时出现的迹象：第一，衰落的精英阶层变得更加温良恭谦，更有人情味；第二，衰落的精英阶层对其他人的财富的贪婪和强取豪夺丝毫不减，变本加厉地为自己攫取利益。这里面的矛盾在于，你要么强横，要么退让，但不能既软弱又想占便宜。帕累托说："某个社会阶级所拥有的权力和它所支配的捍卫这一权力的力量必须实现某种平衡。没有实力的统治不可能持久。"旧的精英阶层变得更加软弱，这也是宗教情绪弥漫的一个原因。"魔鬼在年迈力衰之时会立地成佛，名妓常常是在韶华消逝时停止邪恶的生活，变成偏执盲信的教徒。"我们可能会突然看到统治阶层变得多愁善感，优柔寡断。在法国大革命期间，对流血的恐惧弥漫在上流阶层，文雅的时尚和诗意的梦想削弱了战斗意志。帕累托抱怨，在罢工期间犯下的罪行始终不受惩罚，政府为了安抚暴民和刁民主动退让。一位感情用事的绅士为了"拯救"一个妓女而娶了她。他觉得她是《悲惨世界》里的芳汀。她不是。他们没有共同的语言，绅士无奈地请求和她离婚。于是她杀了他。陪审团宣告她无罪，新闻界觉得她有理。

当然，旧的精英可能会变得偏执盲信，但他们并没有停止邪恶的生活。他们只是不想冒武装抢劫的危险，只想悄悄地盗窃。统治阶层会给自己的企业更多补贴，频繁地征税，变着法子用各种迂回的方式为自己谋取私利。帕累托感慨，这真是一种愚蠢的做法。如果少一点儿"人道主义"，多一点儿对别人财产的尊重就好了。要是愿意，统治阶层当然可以搞各种各样的慈善活动，但是，要是他们不抢走饥寒交迫者的面包就好了。这种贪婪往往是软弱的表现。帕累托说："弱者恰恰是狂暴之徒，对此我们已经屡见不鲜。"胆小者是最残忍狂暴的。图拉真强大但不暴戾，尼禄暴戾但不强大。

新精英来自哪里？有意思的是，新精英很可能来自旧精英的内部。想想看，有多少共产党的地下党员是国民党高官的子女。旧精英的道德日益腐败，这使得他们中的更优秀者改变立场，转为投靠自己的对手。于是，统治阶级失去了最强有力、最有道德的正派人士。新精英的道德自律明显超过旧精英，他们更强调讲求实际、高尚的道德准则和对大众的教育。大众能够被教育出来吗？良好的教育能把弱智变成天才、把懦夫变成勇士、把荡妇变成烈女、让鼠目寸光者变得目光远大吗？至少帕累托是不相信的。但他不得不承认新精英在动员大众方面的巨大成就。当然，他也注意到，新精英在草创阶段非常灵活、开放，到了胜利之后就变得僵化、排外。佛教宣扬人人平等，最后却产生了西藏的僧侣政治；基督教似乎是专门为穷人和贱民创立的，谁能想到以后会有等级森严、金碧辉煌的梵蒂冈？

帕累托相信，社会的变革受到社会情绪的左右。他说，许多人认为，他们只要与社会主义学说作战就能有效地战胜社会主义。这是一种妄想，就像许多人认为，只要挑出《圣经》里不符合科学的谬误之处,基督教就会消失一样。帕累托的名言是:"不是马克思的书造就了社会主义者,而是社会主义者使马克思的书闻名遐迩。不是伏尔泰的著作在 18 世纪产生出怀疑论,而是怀疑论使伏尔泰的著作享有盛誉。"

不管是旧的精英,还是新的精英,主导社会变革的,永远是他们,以及他们的追随者。这个世界是我们的,也是你们的,但归根到底是他们的。

激情与技艺

本文是我为徐奇渊等三位小伙伴合著的新书《抓住碎片——三个学术民工玩中国经济拼图》所作的序言。他们的栏目还在继续写，估计很快就又会出一本书了。

我的几个小伙伴开了个专栏，名字叫"三个学术民工"。他们轮班执勤，写得不亦乐乎。他们写过国际贸易中的价值链，也关注过人民币国际化，借日本当年的经验谈了中国企业的海外投资，也曾在介绍亚洲基础设施投资银行的时候信手拈来，讲过亚洲开发银行的遥远往事。我是他们专栏的忠实读者，非常喜欢几位小伙伴从容淡定、娓娓道来的风格，喜欢他们能够始终保持着对世间万物的好奇之心。

为什么他们会自称"学术民工"呢？或许是因为金融界人士发明了"金融民工"的自嘲称呼。金融业看起来高大上，但那是一个极其复杂的生态系统，在生物链的顶端是熠熠生辉的大人物，但在生物链的底端却是一群西装革履、忙忙碌碌、栖栖遑遑的"小蚂蚁"。学术界和金融界的相似之处在于，都是看起来神圣辉煌，实际上却一地鸡毛。年轻学者面临的竞争压力越来越大，而自嘲是一种缓解压力的有效途径。

但我觉得以"民工"比拟青年学者，或有偏颇。我一直觉得学者的工作和农民很像。把学者比作农民，是对学者的褒奖。在田间地头种地的农民，需要的技术水平往往高于在工厂流水线上的"民工"。在纽约闲居的时候，我突发奇想，想在后院里种菜，一动手，才知道农活劳作之不易。你需要知道时令，需要浇水施肥，需要培土除草，当真是个技术活。学者和农民一样，大部分时间是在作个体劳动。收成好不好，看天气恣伏，更看自己付出的努力。披星戴月，早出晚归，功夫花到了，自然收获会更多，投入和产出之间的关系相当清晰。做学问不比做生意或是当官，做生意或是当官，遇到的不确定性太大，很多因素非人力所能决定。学术就简单得多。学术成果是谁的，相对容易确定，如同一块麦田或菜园是哪个农民种的，容易分得明白一样。做学问是一种风险相对较小，当然收益也相对不高的职业。如果这一假说成立，一个推理就是适合做学问的大多是中等智力水平、中等道德水平的人。

倘要更贴切一点儿，学者的工作更像"工匠"。经济学远未达到科学的境界，按照杨小凯的说法，最多是化学诞生之前的炼金术水平。有时候经济学的逻辑是对的，但在现实中就是得不出符合理论推理的结果。有时候经济学家会蒙对，但答案正确并不一定意味着解题思路是正确的。我们的确能够发现，有些经济学家的水平比别的经济学家更高。但为什么会高呢？不一定是因为他宣扬的理论更胜一筹，还取决于其他一些微妙的因素，这些很微妙的因素都是 "tacit knowledge"（意会知识），比如对经济的直觉，比如说服别人的能力。这些技能是怎么学到的？其实大部分不是学到的，而是悟到的。怎么悟出来的？在大部分情况下，是日久天长浸淫其中，慢慢耳濡目染，熏陶出来的。无他，但手熟尔。

日下流行的一本书叫《工匠精神》，是一本励志的书，写得不好，但这个提法能给人启发。好的工匠有一种对技艺的追求，心无旁骛、精益求精。仔细去玩味，每个看似普通的工作中都蕴涵着禅的境界。插一盆花，做一道菜，打一把镰，刻一枚章，都能让人陶醉其中，以至物我两忘。看着一块粗糙的石头慢慢在你的手中变成光洁润滑的雕像，会给人一种造物主才能享受到的快乐。"此中有真意，欲辨已忘言。"工匠比学者更为高贵的地方在于，大部分工匠都比学者谦卑。这也是为什么凯恩斯曾经感叹，要是经济学家都能像牙医一样，既有能力又谦虚就好了。

有一本关于一流经济学家的访谈录，书名叫《激情与技艺》(*Passion and Craft*)。我们这些学习经济学的学生，从初级宏观、微观经济学，到中级、高级宏观、微观经济学，从初级经济计量学，到各式各样的高级经济计量学，无非是为了磨炼自己的技巧。但只有技巧，不过是个匠人。若要在无数匠人中脱颖而出，你还需要激情。对知识的渴求，对真理的敬畏，对未知的好奇，对已知的体察，都需要矢志不渝的激情。

财经专栏的文章，在大家看来不过是雕虫小技，卑之无甚高论。几位小伙伴之所以能够坚持下来，还出了一本书，就是源于他们对经济学的热爱。中有足乐，耽此忘返。希望他们对经济学的热爱，能如星芒和烛光，给寂寞的夜行旅人一点儿慰藉和鼓励。

为什么日本动漫里没有超级英雄？

这篇文章，家长比孩子们看得多。北大一位教授朋友给她的女儿看这篇文章，她女儿说，什么呀，说得根本不对。据她的解释，日本动漫和美国动漫的不同在于，日本动漫的场景设定往往是学校，让孩子们更容易有代入感。好吧，反正都是他们说了算。

我的儿子是个日本动漫迷。一放学回家，他就钻进自己的房间，开始看日本动漫和轻小说。我当然很想了解他的内心世界，于是，我从图书馆里郑重地借了一大堆漫画书，打算认真研读。

很快，我就发现自己读不懂漫画。看了有半个小时，我才弄明白，原来把漫画的次序搞错了。好吧，重新再来。读着读着，我发现读漫画书和跟儿子对话的感觉是一样的。这些动漫中的人物都非常酷，沉默寡言，惜字如金。他们发出的声音最多的，是一些象声词，就跟我和儿子的对话一样：

"今天在学校里怎么样啊？"

"嗯。"

"嗯是什么意思啊?"

"哈。"

"哈又是什么意思啊?"

"哼!"

真是叫人抓狂。我读书速度算是很快的,但一个小时下来,也就翻了十几页,而且看到第十页的时候,我已经记不得第一页是什么故事了。我只能承认,自己实在不是读漫画的料。

想来想去,我还是不愿放弃。总得有办法吧。我最后找到一本《动漫与哲学》[①]（*Manga and Philosophy*）,里面都是密密麻麻的字。这个我看得懂。

说是动漫与哲学,其实很多内容跟哲学没啥关系。如果一定要扯上点儿联系,只能说,书里提的问题都很怪。比如,有一章讲,为什么日本的动漫人物看起来都像欧美人呢?答案是:你看错了。作者说,那只是因为日本动漫的独特笔法:画女孩的时候,要把眼睛画得大大的,鼻子和嘴巴画得小小的,并不是刻意要画成欧美人的样子。这个答案真的很难令人信服。不管了,接着看吧。

还有一章的问题是,为什么日本动漫里很少有超级英雄?作者说,你到漫画书店看看,欧美的漫画书大部分都是关于超级英雄的:超人、蝙蝠侠、蜘蛛侠、金刚狼等等。日本动漫的类型

---

① 本书尚无中文版。——编者注

(genre)则广泛得多，而且主角很少是欧美类型的超级英雄。离我家不远处就有个动漫书店，我去过，的确如此。这也是让我一直很费解的问题。我看儿子那么喜欢动漫，也会给他介绍一下好莱坞的动画、欧美的魔幻小说，但他一点儿也不感兴趣。为什么他喜欢《海贼王》，不喜欢《哈利·波特》呢？

作者说，这跟东西方的文化差异有关。在西方的文化中，终极的价值观是善恶之间的较量，道德是一种普适的准则。不管你相信康德还是相信边沁，你都得承认，道德是一种抽象的、逻辑上一致的规则。在西方人看来，你首先是一个个体，从家庭、朋友圈子里抽离出来的独立的存在；然后，你必须思考自己作为一个个体，应该走哪一条人生道路。超级英雄和平凡人最大的不同在于："超级的能力意味着超级的责任"（蜘蛛侠语）。在欧美的动漫里，超级英雄的使命是拯救整个世界，换言之，超级英雄的使命就是确保正义的力量战胜邪恶的力量。邪恶是什么？邪恶也是一种抽象的准则。欧美动漫中的大反派，常常也和哲学家一样，对世界的秩序有着自己深刻的见解。在西方文化中，最有戏剧性的地方，就是这种善与恶、力量与正义（Might and Right）之间的冲突和较量。

但在东方的文化中，道德更多是人与人之间的关系。什么是善，什么是恶，取决于你身在何种处境中。撒谎是不是错的？那要取决于你为什么撒谎。如果你是为了取悦父母，撒谎反而会受到表扬（二十四孝中的例子就很多）。在日本动漫中，主人公之所以要打败反面人物，往往不是因为要拯救世界，而是为了复仇：因为他们受到了侮辱，面子上挂不住了。这完全是人与人之间的冲突，不是道德准则与道德准则之间的冲突。欧美的超级英雄，像蜘蛛侠，也被引入日本动漫，但作了很多改动。在日本动漫中，蜘蛛侠穿上紧身衣的时间比他在欧美动漫中少得多。为什么？一旦你穿上了紧身衣，你就很难再融入家庭、朋友的社会网络，而这会让东方人感到很不自在。在日本动漫中，也有黑白分明的善恶较量（奥特曼打小怪兽），但那是给不懂事的小孩子看的。

以我有限的漫画阅读经验，很难判断作者说得到底对不对。但或许是有道理的。就拿其他的通俗文艺来说吧。很多人感慨，为什么科幻小说在中国没有西方那么流行。一种最直观的说法是，因为中国人没有科学意识。细想起来，并非如此。有一些其他类型的通俗小说，如犯罪、惊悚、侦探，在中国也不是那么流行。当然，这是相对于言情、穿越、宫廷、官场小说而言的。

为什么呢？或许，在科幻、犯罪、惊悚、侦探小说的背后，往往都有一条善恶较量的主线。什么是善，什么是恶，需要到人性的幽暗深处探险，需要对熟知的价值观进行拷问。当然，最后一定要让正义战胜邪恶，这样普通人的心理才能得到慰藉，好比坐了过山车之后，才感到地面是如此踏实。但东方人对此不感兴趣，他们感兴趣的，是人与人之间复杂而暧昧的关系。宫廷里面有什么善恶之分？官场上有什么道德可言？家长里短中能辨别什么是非曲直？东方人喜欢的就是这种钩心斗角、错综复杂的感觉。"与人斗，其乐无穷。"

都是通俗文艺，很难说有什么高下之分，一种是刺激人的感官，一种是麻醉人的灵魂，都是"中有足乐者，不足与外人道也"。但作为旁观者，或许我们能够发现，你喜欢什么样的文艺，跟你的社会背景和文化传统，隐然有着难割难舍的联系。

我觉得，终于发现跟孩子的共同语言了。在开车送他上学的时候，我抓住机会，滔滔不绝地跟他讲我的发现——开车送他上学的时候是我和儿子交流思想的最佳时机，因为他只能坐在那里，不会在我跟他讲话的时候跑掉——我一边讲，一边用眼睛的余光看看后视镜：他好像在听。

快到学校了，我问他："怎么样，你觉得我说的有道理吗？"

他想了想，回答我："哼！"

作者注：本文提到的书是 *Manga and Philosophy*, edited by Josef Steiff and Adam Barkman。作者还提到，超级英雄的流行，不仅有东西文化的差异，也有时代背景的差异。大萧条之后、"二战"之后、"9·11"恐怖袭击之后，超级英雄都变得更加流行。一个时代越是动荡，人们越是渴望出现超级英雄。

什么时候才能告密

　　我的青春文学书评之一。纪念总是被人告密的少年时代。

　　约翰·格林（John Green）没有想到，自己写的第一本青春小说就引起这么大的轰动。因为有的学生家长把状告到了学校，说这本书是色情读物。

　　约翰·格林的这本《寻找阿拉斯加》讲的是一群寄宿中学学生的生活。好吧，这里面确实有色情的成分。

　　迈尔斯觉得生活过于单调，为了寻找"伟大的可能性"，他离开安逸的家庭，到亚拉巴马州的一所寄宿中学读书。在这里，他遇到一群不安分的朋友，其中就有一位谜一样的女孩：阿拉斯加。阿拉斯加把迈尔斯带入了生活的迷宫，他们一同抽烟、喝酒，也一起讨论诗歌、宗教。阿拉斯加还给迈尔斯介绍了一位女朋友，一个来自罗马尼亚的女孩，拉娜。

　　迈尔斯和拉娜一起待在电视房里的时候，拉娜突然问迈尔斯："有人帮你口交过吗？"

迈尔斯吓了一跳,嗫嚅地说没有。拉娜小声地说:"我也没有。"

她拉开了迈尔斯的裤子拉链,掏出他的家伙,把它含在嘴里,然后静静地等待。

什么也没有发生。

拉娜疑惑地问迈尔斯:"我应该怎么办?是不是要咬它呀?"

迈尔斯急忙叫道:"不要咬,不要咬。"

少年儿童版的色情读物。

这其实是一本讲述青春、成长和死亡的哀伤而温柔的小说。那个神秘女孩阿拉斯加在一次聚会之后,醉酒驾车,直接撞到路边停的一辆警车上,当场身亡。她为什么要这样?她的神秘身世到底是什么样的?阿拉斯加去世之后,留下她的伙伴们在悲伤之中思考人生到底是什么。

我想借这本小说讲的事是,什么时候才能告密?

迈尔斯一到寄宿中学就遇到一位狂放不羁的室友。这个室友教他抽烟、喝酒、恶作剧,这些都是可以做的。但是,他郑重地告诉迈尔斯,你最不能做的事情就是告密。

这让我想起多年前看的一部电影《闻香识女人》。年轻的学生查理无意间目睹了几个富家子弟准备捉弄校长。气急败坏的校长让他说出谁是恶作剧的主谋,说出来,就推荐他去读大学,不说,就勒令他退学。查理正在做着一份兼职,他要照顾退伍军人史法兰中校。中校曾经是巴顿将军的副官，久经沙场，但在一次意外事故中被炸瞎了双眼。查理悉心地照顾史法兰中校，也把自己的烦恼告诉了他。查理下定决心决不告密，因此面临着被严惩的风险。史法兰中校挺身而出，在学校礼堂当着众人，发表了一篇慷慨激昂的演讲。

史法兰中校激动地说："你们的校训是什么，孩子们？给你们的同学打小报告，如果隐瞒不报，揭发得不彻底，就把你们放在火上烤……这个学校自称是未来领袖的摇篮，如果架子断了，摇篮也就摔了。它已经摔掉了，已经堕落了！造就青年，培养未来的领袖，看看吧！你们在培养什么样的领袖！我不知道查理保持沉默是对还是错，我不是法官，但是我可以告诉你们，他不会为了自己的前途出卖任何人。朋友们！这就是人们常说的正直，这就是勇气……查理选择的是一条有原则的路。"

我得承认，在被他的演讲震撼的同时，心里也一直有种疑惑。就像迈尔斯听到室友说不能告密一样，他也很犹豫：如果有人欺负我，我应该不应该告诉老师？查理为什么不能告密？那些纨绔子弟不是他的朋友，他们平素总是瞧不起出身贫寒的查理，经常捉弄他。那些纨绔子弟干的是龌龊的恶作剧，不是要冒着风险去做的正义事业。难道善恶没有标准，恶不应该被昭示于众吗？

这不是伦理学的问题，而是一个社会学的问题。在家长们看来,社会就像一条河流,过去的智慧,上一代的智慧,就像上游的水一样,总会流到下游。家长们恨不得把自己所有的人生经验都传给孩子,就像《天龙八部》里的无崖子,要用自己的"北冥神功"把小和尚虚竹那点儿肤浅幼稚的少林派内功化去,拼着一死,也要把毕生的功力尽数传给虚竹。

然而,社会并不是一条河,而是沉积岩。从断层面可以清楚地看出来,一层一层的岩石有着清晰的分界。一代人就是一层沉积,一代人和一代人之间有着鲜明的区别。

孩子们并没有清醒地意识到这一点,但是,他们本能地知道,父母的智慧是没有用的,真正有用的人生智慧是如何才能和自己的同一代人打成一片,在这个方面,父母怎么有才华、怎么用心也帮不了孩子。我们经常能发现有些孩子在家庭里和在学校里的表现差异极大。在家里的乖乖宝,到了学校里可能是欺负同学的小霸王;在家里沉默寡言的孩子,在学校里可能是话多得不得了的社交明星。

为什么?因为孩子自动地在家庭、学校两套操作系统之间切换。家长管得严,在家自然听父母的话,但一到了学校,那言行举止就得遵守孩子间的社会规范了。成长期的叛逆和冲动,更是让他们有强烈的保护意识,为了维系这个骚动不安的"亚社会",不许告密就成了青春期孩子们的最高道德准则。

为什么史法兰中校能够理解查理呢?军队和学校一样,都是对内有着很强的同质性、对外有着极强的异质性的小团体。学校里的团结是为了成长、为了辉煌的青春岁月；军队里的团结是为了胜利、为了在战场保住宝贵的性命。无论在部队还是学校，团队的荣誉都高于个人的荣誉。在团队内部有任何矛盾，都必须在团队内部解决，不能让上级或是其他的团队插手。

不过，有时候，事情却不是这样的。我上小学的时候，最害怕听到的一句话就是"我揭发你"。老师把我们分成几个小组，每个小组都有组长。当组长的同学，最重要的职责不是上课听讲，而是盯着其他小组的学生，看他们有没有上课的时候讲话、做小动作。我跟同桌借橡皮，被揭发过；午睡的时候偷偷用吸管喝水，被揭发过。上课的时候我们都要把手背在身后，挺直腰板。有一次，书桌上的铅笔忽然滚起来，眼看就要掉到地上了，我不敢拿手把它放回文具盒，只好背着手，用嘴吹气，把它吹回原来的位置。结果，被眼睛雪亮的小组长狠狠地揭发了。

什么时候可以告密？假如光阴可以倒流，空间可以置换，在某个时期、某个地点，你可以酣畅淋漓地尽情告密。

成长就是背叛

我的青春文学书评,介绍了苏珊·辛顿(Susan Eloise Hinton)的《昨是昨,今是今》(*That Was Then, This Is Now*)。她的处女作《局外人》已经被改编为电影。

15岁的时候,苏珊·艾洛伊思·辛顿感到快要被生活憋死了。那是20世纪60年代的美国,到处动荡不安,肯尼迪总统就是在1963年遇刺身亡的。辛顿住在美国南部俄克拉何马州的塔尔萨,这是个枯燥乏味的石油城市。在她上的中学里,精力无处发泄的孩子们组成了两个帮派,天天喝酒打架,乌烟瘴气。辛顿看不惯身边的一切,于是开始不停地写小说,只为了把自己从泥沼中拔出来。16岁的时候,她完成了第一本小说《局外人》(*The Outsider*),书中写的就是两个少年黑帮之间的仇恨。出书的时候,出版商建议她把名字改为中性的S. E. Hinton。一本关于男孩子残酷青春的小说,如果让人知道是出自一个小丫头之手,肯定会受到鄙夷。

这本书一炮打响。有的学校和家长觉得书中暴力的成分太多，应该被列为禁书，但大多数学校和孩子都非常推崇此书。1983 年，这本小说被《教父》的导演弗朗西斯·科波拉（Francis Ford Coppola）看中，改编成了电影。演员包括汤姆·克鲁斯、托马斯·豪韦尔（C. Thomas Howell，演过科幻片《世界大战》）、罗伯·劳威（Rob Lowe，演过《白宫风云》《超时空接触》）、马特·狄龙（Matt Dillon，演过《迷幻牛郎》《爱的机密》）、帕特里克·斯威茨（Patrick Swayze，演过《人鬼情未了》）、拉尔夫·马奇奥（Ralph Macchio，演过《龙威小子》系列）、戴安妮·莱恩（Diane Lane，曾是和波姬·小丝、詹妮弗·康纳利齐名的青春玉女明星）等。那一年，汤姆·克鲁斯 21 岁，豪韦尔 19 岁，劳威 19 岁，狄龙 19 岁，马奇奥 22 岁，莱恩 18 岁。

我把这本书推荐给那些自己觉得英语水平不够好，但是又想试试读原著的孩子们，这本《局外人》很容易上手。估计这可不是辛顿故意装的，她在写这本小说的时候，词汇量真的没有那么大，是使了吃奶的劲儿憋出来的。

"小时了了，大未必佳。"有那么一段时间，这句话在辛顿的身上应验了。中学毕业之后，她进了塔尔萨大学读书（要在中国，肯定是去清华了）。在经历了耀眼的明星生活之后，辛顿突然发现，自己什么也写不出来了。好在她有个支持自己的男朋友。她的男朋友说，这样吧，你也不用管能写出来啥，反正每天必须写两页，每天写两页纸又不会把人写死，写成啥算啥。辛顿写不出来，她的男朋友就在旁边陪着她，不许她出门逛街、看电影。

于是，辛顿断断续续地又开始写，最后写出来第二本小说《昨是昨，今是今》。这本小说跟《局外人》有连续性，还是那个中学，还是一群孤魂野鬼般游荡的半大小子，《局外人》中的人物也有不少出现在《昨是昨，今是今》中。

这本小说的情节并不复杂：布莱恩和麦克是一对情同兄弟的好朋友。麦克父母双亡，从小就寄养在布莱恩家中，跟布莱恩的妈妈、布莱恩三个人相依为命。有一天，布莱恩遇到人生中最艰难的一个选择——他在麦克的床底下发现了一袋毒品。布莱恩的母亲生病住院，家里缺钱。布莱恩在超市找到一份零工，但麦克却在外边偷东西、卖毒品。

怎么办？

布莱恩打电话报了警。

麦克回来了。他看到布莱恩手里拿着那袋毒品，不过，他并不觉得自己做错了什么：妈妈生病，家里缺钱，我卖毒品挣点儿钱有何不可？布莱恩觉得自己的生活处处不对劲，他想改变自己的命运。麦克却完全不同，他从小就学会了与命运和解。生活在贫民窟，就适应贫民窟里的生存法则。他做一件事情，没有正确与错误之分，只有被抓住和不被抓住之分：只要不被抓住，那就不是错事。人总要生存啊。看到布莱恩表情痛苦而凝重，麦克说，好兄弟，如果你不想让我卖毒品，我不卖就是了，我听你的。

但是，一切都晚了。布莱恩告诉他，自己已经报警了。麦克感到错愕，接着苦苦求情。直到警察把他带走，他都无法理解，自己的好兄弟为什么会做出这样的事情。

布莱恩为什么要这样做呢？

他是为了帮助麦克？麦克被关进监狱之后，他这一生都要被毁掉了。布莱恩后来去看麦克，麦克冷冷地说，我本来是不想见你的，见你只有一个目的，我想看看自己见到你之后，是否还是恨你。监狱的生活把他从一个狡猾而无知的孩子，变成了一个狡猾而世故的罪犯。麦克今后的生活会是什么样子？

布莱恩交了一个女朋友，叫凯西，两个人经常谈论未来如何如何。凯西有个弟弟，绰号叫 M&M。M&M 是个很乖很老实的孩子，后来离家出走，跟一群嬉皮士混在一起。人家给他大麻，他就吸大麻，人家给他致幻剂（LSD），他居然也吸致幻剂，吸了之后就想跳楼自杀，神志从此不清。布莱恩恰好发现，麦克就是卖毒品给这些嬉皮士的。看到 M&M 和过去判若两人，布莱恩心痛不已。但是，惩罚麦克能够拯救 M&M 吗？

麦克被警察带走之后，布莱恩情绪一落千丈。当凯西出于好意想安慰他的时候，布莱恩冷冷地拒绝了。凯西也跟他分手了。

布莱恩只剩下自己的痛苦和烦恼，自己和自己的内心搏斗。

布莱恩为什么要这么做？

书中有一段话。当布莱恩和麦克一起聊天的时候，麦克说：

"就像我们当年打群架的时候，那是多么重要。打赢还是打输，是世界上最重要的事，还有那么多的哥们儿。我们就像兄弟一样，不只是你我，我们大家一起就像一个人。那时候，我们肯为兄弟送命，现在一个一个好像都溜走了，那时候我们可是肯为兄弟送命的呀。"

他无限怀念地说：

"难道你就不怀念过去那个我为人人、人人为我的小帮派吗？想想以后就没有帮派了，真是有点伤心。"

布莱恩说："这可能也是好事。当你自己的人格成长起来，你就不再需要一个帮派为你撑腰了。"

麦克叹了一口气说："是的，但这是不一样的。到底哪里不一样呢？"

布莱恩说："不一样的地方在于：昨是昨，今是今。"

这就是布莱恩这样做的原因。

他想要成长，他必须蜕变。他不愿意再停留在过去，他想把跟自己的过去相连的东西都抛弃。如果他没有告发麦克，没有离开凯西，生活还会和往日一样继续，但他的心已经不在那里了。他已经留不住了，什么都留不住他了。他的灵魂会飞走，尽管他也不知道自己想飞到何处。他唯一知道的是，不能再在这里停留。

成长的蜕变，看似如蝴蝶出蛹，把丑陋的茧留在原地，自己就能翩翩飞走。没有那么容易。你和你的过去是紧紧地连在一起的，血肉相连。如果你想要挣脱出去，一定要撕裂自己的肉，流走自己的血。当你从过去的自我中爬出来之后，你必定已是遍体鳞伤、血肉模糊。这就是成长的残酷现实，这就是青春的丑陋本色。

辛顿说，有的读者告诉她，读完《昨是昨，今是今》，气愤地把书砸在墙上。这就对了。那些读起来自鸣得意的青春小说，讲的都是少年的叛逆。叛逆是这个世界上最简单的事情：你年轻，你没有任何人生的负担，你不需要历史的包袱，你只需要相信自己是对的。而事实上，当老一代都枯萎和凋谢之后，只剩下你这一代了，你做什么都是对的。

对抗这个世界很容易，但对抗你的过去，对抗你自己，背叛你的过去，背叛你自己，就没有那么轻松了。

所以，厄普代克（John Updike）说："成长就是背叛。没有其他的道路。没有离开，就没有到达。"

鸟人

这是我突发奇想,打算写的"技术进化论"系列之一。这个系列的基本想法是,技术的变化是很快的,人性的变化很慢。此文其实讨论的是人类社会对技术变化的适应。

起初,人都是在地上走路的。后来,有科学家发明了一套新装置,人就学会了飞。

会飞的人叫作鸟人。鸟人用的装置可谓精巧:既不是在人的背上装一对毛茸茸、肉蓬蓬的翅膀,也不是让人背个灭火器一样的助推器,更不是学竹蜻蜓的样子,在人的脑袋上挂一个螺旋桨。鸟人能飞,是用"飞行鞋"。说是"鞋",其实跟走路的鞋不一样,这是一种可穿戴设备,上升、下降、前进、后退、加速、减速、刹车,不,"刹脚",都靠这种设备。

控制这种设备的方法有两种,一种是用感应器,另一种是用遥控器。使用哪一种控制方法,能够看出代沟。如果用感应器控制,需要另一种可穿戴设备,即头盔加眼镜。学会用感应器操纵"飞行鞋"并不难,比学开车容易多了,但老一辈的人还是觉得不习惯，他们说戴上眼镜会头晕。他们更喜欢像看电视一样，手里拿个遥控器，不停地按不同的键操纵"飞行鞋"。

在早期的科幻电影里，能够飞行的超级英雄要么像走路那样，挺胸收腹，站得笔挺一般地飞，要么像游泳一样，横着飞，两手还要往前伸得直直的。这两种飞行姿势都是错误的。直立着飞，一旦要停下来，由于惯性的作用，很容易导致脊椎受伤；横着飞能够减少空气阻力，但不舒服的地方是人的眼睛没有长到脑门上，要是横着飞，想看清前方就得把脖子用力往后拗，飞久了非常难受。现在，这两种优美但是罪受的飞行姿势都用得不多。比较流行的飞行姿势是，当起飞并进入快速飞行状态之后，把身体蹲下来，双手扶着膝盖，两眼目视前方。有人说这种姿势很像坐在马桶上，这种观察是不够准确的。飞行姿势下，臀部的下沉程度超过了坐马桶的姿势。如果一定要类比的话，飞行姿势倒是更像上蹲坑式厕所时的姿势。这种蹲坑式厕所又称"茅厕"（Mao-pit），曾经在中国华北和东北的农村地区较为流行。后来，在 21 世纪初中国推动"新农村卫生革命"运动之后，这种厕所已经绝迹。

其实，"飞行鞋"的先进程度很容易被夸大。毕竟，无人驾驶汽车在很早以前就已经开发出来了。人们坐在驾驶座上，只要向电脑发出指示，连方向盘都不用碰，汽车就能到处跑。后来，有一种漂浮式无人驾驶汽车，可以在遇到障碍的时候腾空而起，一飞而过，这已经能给人们带来御风而行的快感了。但是，就像在手机上使用微信和在电脑上使用微信，原理一模一样，只不过手机给人增添了一点点儿方便，但就是这一点点儿方便，就会使人们只用手机上微信，很少有人用电脑上微信。"飞行鞋"给鸟人带来的，也是这多出来的一点点儿方便。这点方便对鸟人的心理感受有巨大的影响。

你可以设想，在不能飞行的年代，人们出行之前，还得到车库找到自己的车，打火发动，从车库开到马路上，开到目的地还得到处去找停车场。鸟人出行，说飞就飞，站在门口，甚至窗前，朝外一蹦就行。尽管飞行已经成了司空见惯的事情，但"飞行鞋"问世之初给鸟人带来的自由感，是后来的人们难以想象的。当汽车流行之后，很多老年人坐在方向盘后面，心态会一下子变得和年轻人一样，一边把音响里的摇滚开到音量最大，一边骂骂咧咧地超车、飙车。飞行面前，人人平等。残疾人丢掉了轮椅，平生第一次感受到无拘无束和舒展自如。

当人们在非洲大草原学会直立行走之后，再让他们四肢并用、爬行攀援，就太勉强了。同样，当人们学会飞行之后，还让他们在地上走路，就算再无情的暴君、再严厉的教师都做不到。起初，满天飞的都是鸟人。夜幕降临之后，还有一大批没有归巢的鸟人，密密麻麻地布满天空，跟蝙蝠出洞了一样。地面上的街道，却是死一样地沉寂。

这种自由的感觉也被夸大了。鸟人的飞行速度可以很快，这带来了各种隐患。要是两个鸟人撞到了一起，可能会导致重伤，甚至身亡。要是鸟人操作不慎撞到墙上、树上，也是非死即伤。当局很快制定出飞行法规，最简单的办法就是充分利用已有的基础设施，主要是宽阔、可视性佳的高速公路。鸟人们上班下班，大都取道高速公路。和过去所不同的是，鸟人们不再在公路上开车，而是排成队，在高速公路的上空，以下蹲的姿势，匀速飞行。远远看去，和过去高速公路上拥挤的车流，或是飞机场传送带上的行李，并无二致。

无论多么新奇的发明，到头来都会让人感到厌倦。鸟人已经飞行上瘾，对"飞行鞋"产生了依赖症，哪怕是到街对面的便利店买一包烟，也要飞过去。但飞行带来的那种激动人心的感觉却像初恋一样，只停留在模模糊糊的记忆之中。如果所有的人都会飞，那就会让有些人感到不爽，这些人就是所谓的上流社会。鸟人时代的上流社会，和其他时代的上流社会一样，喜欢以怀旧的方式显示自己的时髦。最近流行的爬山俱乐部、散步俱乐部，就是这样的例子。在城市里，很难找到适合爬山或散步的地方。城市中心的街道由于缺少行人，已经年久失修，堆满了垃圾，散发出一种腐烂的味道。要是想去爬山或散步，就得飞出城市，到很远的自然保护区，飞得越远，越能显示出品味。因此，所谓的爬山俱乐部，或是散步俱乐部，实际上还是一种飞行俱乐部。俱乐部成员们用在飞行途中的时间，远远超过到达目的地之后的爬山或散步时间。这就像在互联网问世之后，网友们热衷于在网上组织读书会，但这些人在网上发帖子的时间，大大超过他们真正读书的时间。对于爬山俱乐部或散步俱乐部来说，吸引成员的地方不是那些具有礼仪色彩的爬山或散步，而是在往返途中的结伴飞行。

飞行改变了建筑设计。以前的房屋，完全不适合飞行。房屋的门开在一楼靠近地面的地方，楼上只有狭窄的窗户。居住在旧时代建筑里的人们，如果阮囊羞涩，就只能将就着把窗户改装为门。这样的建筑一眼望去，像打补丁一样布满了非常抢眼的难看的飞行门。鸟人时代的新建筑较多地分布在城市的郊区，临山近水而建。房屋不像旧时代那样上下一样粗或是上窄下宽，而是呈倒金字塔形，下窄上宽，最低层是阁楼，最上层是阳台。鸟人们早餐之后，一家人坐电梯来到顶楼的阳台，呼吸一口新鲜的空气，然后，呼啦，全部飞上天空。鸟人时代标志性的公共建筑，可举"最后崛起国家"（the last rising countries，即LRCs）之一的朝鲜在元山修建的"金刚山奥运馆"，这一建筑借鉴了2008年北京奥运会的鸟巢体育场的思路。"金刚山奥运馆"外形像一个含苞欲吐的花朵，体育馆的屋顶是一个巨大的可移动天幕。当举行赛事的时候，天幕可实现各种3D全感觉效果；当比赛结束之后，天幕就会徐徐拉开。若是夜晚，能够看到满天繁星，以及远处的黢黑山影。刹那间,所有的观众腾空而起,弹入夜空,煞是动人。

在20世纪,经济学理论一直信奉一个假说,即技术进步将带来经济增长。这一假说的推理过程是,技术进步能够提高全社会的劳动生产率,于是社会的总产量就能增加,经济也就增长了。这种推理存在着明显的漏洞,却在很长时间内被人们奉为圭臬。互联网时代,这一假说已经出现漏洞,但未被人们细察。以互联网为例,其兴起带来了一些新的行业,却摧毁了很多旧的行业,其对社会总产出的影响应该计算净效应。后来的学者采用历史数据反复计算,发现即使是在当年互联网最流行的时候,这种净效应也不如人们估计的那么高。人工智能的出现,第一次动摇了人们的"技术进步假说"信仰。当人工智能充分发展之后,机器人基本替代了劳动,对资本的消耗也极少,不需要投资,也没有就业。人们这才充分认识到20世纪初期的一位经济学家熊彼特提出的"创造性毁灭"的真正含义。

鸟人时代的到来,再次证明"技术进步假说"的谬误之处。"飞行鞋"导致原有的交通运输方式出现巨大的革命:汽车基本上被废弃,小型飞机也退出市场。"飞行鞋"和汽车不同之处在于,汽车带动了很多相关行业,比如汽车修理、加油站、洗车行等,但"飞行鞋"几乎不增加任何其他的需求。"飞行鞋"几乎不会出现故障,电池储存的能源极其充足,占用空间极小。理论上讲，在人的脚下贴上一块口香糖大小的电池，就足够鸟人飞行一个月的时间了。即使以飞行方式搬运最重的集装箱，也只需要在箱子下面贴上一块比萨饼大小的电池。货柜行业组织了一个强大的游说集团，反对以飞行的方式运输集装箱，理由是这样做会带来安全隐患。但吊诡的是，货柜运输已经退化为经济中一个很小的部门，而且这个行业早在 20 年前就不创造任何就业：所有的货车都已是无人驾驶。

技术进步对社会发展的影响往往出乎人们的意料。"飞行鞋"刚刚问世的时候，有一个流传甚广的谣言，说一旦人们学会飞行，国家间的边界将会形同虚设，所有的人想到哪里就能到哪里，会出现巨大而无序的移民潮。这让各国的边防部门非常担心，很多国家在边界上架起了激光栅栏，但后来发现这些栅栏根本赶不上"飞行鞋"所能达到的极限飞行高度。奇怪的是，一开始的确出现了一些零星的鸟人入境事件，但数目非常少，而且一直保持在很稳定的水平。在美国和墨西哥边界发生的鸟人非法入境案件最多，但数据表明，大部分非法入境者是到拉斯维加斯赌钱泡妞的，输光了钱就飞回家了。从本质上讲，人不过是一个放荡而又墨守成规的物种。

在历史上，比较常见的自杀方式之一是跳楼。鸟人时代，跳楼自杀的数量大幅度减少。最近，在斯德哥尔摩出现了一起罕见的跳楼自杀事件。当事人是从发生内战的阿尔巴尼亚移民过来的穆斯林青年。根据其手机上意识芯片的记录,当这个青年从13楼跳下来的时候,他感觉和用"飞行鞋"飞行一样,只觉得风在嗖嗖地飞,而且他下意识地让身体蹲了下来。只有在颅骨撞击地面的那一瞬间,他才产生了一种异样的感觉。那是一声叹息:"原来这就是重力。"

我的师哥在天堂

听闻师哥的噩耗，想写点儿东西，但情郁于内，有时真难发之于外。过了一年多，在一个夜深人静的夜晚，才终于写完此文。

北京火车站像一块永远都洗不干净的抹布。一群懵懵懂懂的外地学生就像刚孵出来的小鸡，被人群挤出了站口，拖着笨重的行李，不知身在何处。这是新生入学的季节，大大小小的高校都在车站的广场上迎接新生。中国社会科学院研究生院派了一辆大巴，这一辆大巴，就把来自五湖四海的新生都装了进去。1993年是学校四年之后重新恢复硕士招生的第一年，这一年的硕士生少得难为情。

大巴车载着这些兴奋而疲倦的新生，向东北方向驶去。高楼渐渐消失在后面，路两边是落满了灰尘的白杨。学校在望京地区的西八间房村，三栋彼此连接的宿舍楼，一栋教学楼，一块巴掌大的操场，一个食堂。从宿舍楼跑出来，一个刹不住脚，就进了教室。

我进宿舍的时候，师哥已经先到了。矮小的个子，爱因斯坦的头发，鲁迅的胡须。师哥坐在粗布床单上，看到我进屋，站起来，局促而不安地说："我叫于喜强。"

研究生院里怪人多，师哥是怪人中最可爱的一个。他的睡眠时间毫无规律，可以整夜整夜不睡觉，也可以一睡睡十几个小时。我有一次穿着内裤到水房洗澡，门突然被风带上了。师哥在屋里睡觉。我先是轻轻地敲门，然后大声地砸门，师哥根本不应。满楼道都是看热闹的人——我们那一层楼是男女宿舍混杂。最后，我不得不从门上边的排风窗钻进去。我心里已经有些害怕，不知道师哥是不是心脏病又犯了。等我刚爬进去，已经睡了将近20个小时的师哥醒了，他看了看我，问："你去散步了？"

师哥爱琢磨，但不爱读书，更不爱学习，最爱下棋和打牌。他是山东人，爱打"勾机"，六个人，四副牌合在一起打，满手攥的都是牌。师哥就算牌好，也不愿意先走，往往当最后的"大落"。缠住对方，让对方输掉，对他来说，比自己先赢更爽。师哥打"勾机"图的是热闹。那时候，研究生院的学生真是清闲。一个人往楼道里一站："一缺五啊"，马上就会像幽谷回音一样传来"二缺四啊""三缺三啊"，牌局就凑起来了。更符合师哥性格的其实是桥牌和围棋。师哥天资聪颖，但他需要一些无意义的娱乐消耗自己的脑浆。同学们最喜欢和师哥打牌下棋：因为他胜负心很重，赢了他，他会气得小胡子翘起来，让人看着格外开心。有一次他输了牌,到第二天中午,我们一起吃饭,他还闷闷不乐,心事重重,我问师哥在想什么,他理都不理我,然后突然开口说:"我要是直接叫 3NT 就好了。"

其实师哥是个纯粹的做学问的人,只是他太纯粹了。我读书多,他读书少,但他想得深,我想得浅。师哥一本马歇尔的《经济学原理》翻了快一年,其实那一本他也就看了前面几章。他喜欢跟人较劲,看了马歇尔,就批评消费者剩余的概念不对。他跟我辩论了好几天,最后也不知道是我被绕进去了,还是说累了,总之我真的觉得师哥是对的,马歇尔错了。但师哥跑到导师那里去辩论,就不灵了。导师边听边皱眉头,最后咬咬牙说,不行,这个做不了硕士论文的题目,换一个吧。这可把师哥难为坏了,他已经陷进马歇尔里面了,一根筋就是出不来,干脆打牌去了。还差一个月交论文,师哥还是没有题目,我帮他选的题目,他都觉得无聊,一直到我跟他说,有个叫图洛克的人,用数学模型讲官僚多坏,他才来了兴趣。

那时候,我是多么地幼稚啊。我当时最感兴趣的是经济思想史,但又时常担心这种学问换不到饭吃。欲望多,就要考虑各种选择,就容易迷茫。有一次,我跟一个同学聊天。我说,搞个石油经济学,以后可能赚钱机会比较多。师哥不参与我们的讨论,坐在他的粗布床单上,听着,不说话,眼睛里面闪着狡黠的光,嘴角带着宽容而轻蔑的笑。

师哥的幸与不幸，都在于没有那么多的选择。他有严重的心脏病，读硕士期间就曾经犯病休学过一阵。他很早就知道自己不会长寿，但他以我们无法理解的达观和智慧接受了这一现实。他从不悲观，也不沮丧，但根本不顾忌作息和饮食。他有他的节制。他爱喝酒，但不喝。我们喝酒，他过来闻闻酒杯。他不谈恋爱，站得远远的，看别人谈恋爱。我们在输赢之间患得患失，我们在亲疏之间钩心斗角，我们在尊卑之间进退失据，我们在悲喜之间忘乎所以，师哥站得远远的，望着我们。所有的同学都管他叫"师哥"。他与世无争，超然世外。他的世界是我们永远不懂的。

毕业之后，师哥去了南方，在一家学术单位谋个闲差。那个学术单位一开始很开心，居然有北京"名校"的学生肯到他们那里屈就，后来，他们一定后悔了，因为师哥压根就没有做学问的想法。他算准了，以他的牌，这次可以直接叫 3NT。

南方的生活听说很安逸。我几次出差路过，想去看看师哥，都有别的琐事拖住，从未再谋面。直到去年的春天，突然听到和师哥同在一个城市的同学说起，师哥心脏病突发，一个人死在房间里。

多少往事瞬间涌起。当我初次见到师哥的时候，我青涩而幼稚；如今，我日渐衰老，却依然幼稚。没有想明白的事情还是没有想明白，难以取舍的选择还是难以取舍。所不同的是，人到中年，生活之流愈益湍急，身如蓬转，心似石沉。只有到了灯火阑珊、曲终人散的时候，疲惫的我，才能偶然想起师哥。我对他的思念如同一缕轻烟，缥缈萦绕。我的师哥在天堂里。他不说话，望着我，眼睛里面闪着狡黠的光，嘴角带着宽容而轻蔑的笑。

我的人生理想

> 随手写的人生杂感。

2049年初夏的一个下午。北京大学的一间教室里。一位中年学者正在给博士生们上课。有个老头儿悄悄地走进了教室,在角落里的椅子上坐下。

他进门的步子很轻,几乎没有人注意到。这个老头儿看起来有七八十岁的样子,头发已经花白,剪得很短,个子不高,其貌不扬,背着个破旧的书包。他戴着一副眼镜,坐下来之后,从书包中又掏出另一副眼镜。两副眼镜都用绳子穿着,挂在脖子上,一副眼镜的绳子长,另一副的绳子短。他拿出一个硬皮本子,一只圆珠笔,开始听讲。看黑板的时候,戴一副眼镜,写字的时候换另一副眼镜。

讲课的教授大约40岁出头,一身得体的西装,衬衣的领子浆得雪白。他是北大最优秀的经济学家之一,今年得诺贝尔经济学奖的呼声很高。要是他得了奖,那就是第十个拿到这个奖项的中国经济学家了。他讲的是自己开创的一套新的经济计量方法。

经济现象中往往很难区分出某一项影响因素对最终结果的影响，比如政府增加投资，GDP 增长率提高了，但到底政府投资的贡献有多大呢？经济学家为此争执不休，一直以来也没有一个令人信服的说法。北大的这位教授从 20 世纪后期开始流行的复杂科学中得到启发，他发明了一种通过奇怪吸引子构造重复试验的数据处理方法，可以分拆多个解释变量对最终结果分别带来的影响。教授的学问很好，但口才一般，讲得有点儿沉闷。夏天的阳光照进教室，暖洋洋的，更让人昏昏欲睡。坐在角落里的老头儿一开始还在聚精会神地听，慢慢地就支撑不住，打起盹来了。

有个小个子男生坐在教室后面，一看就是个非常聪明的男孩。他听着听着，有点儿不耐烦，跷着二郎腿，踩在地上的那只脚不停晃荡。他回头一看，发现了那个老头儿。小个子男生捅了捅坐在他旁边的一个头发自来卷的男生："哎，哎，你看，哪儿来的一个老头儿。"

自来卷回头看了一眼，小声跟小个子说："他你都不知道啊，他叫何帆，辈分很高的，连徐奇渊先生都跟他叫老师。"

小个子问："我怎么从来也没有听说过他？他发过什么重要论文？"

自来卷说："他好像真没发表过什么论文。不过很多老师提起他，都说他水平很高。"

小个子说："那他肯定是很懒。不发表，就发臭啊。"

自来卷摇摇头:"也不是啦,他很勤奋的,写过几十本书。不过,他写的都是很通俗的,你知道啦,就是圈子里的人都不看的那种。奇怪的是,圈子外面的人也不看他的书。但大家的确很尊重他。"

小个子恍然大悟:"他们那一代有很多学阀,当个官,什么资源就都有了,别人都得给他干活,还得毕恭毕敬。他算是个学阀吧?"

自来卷还是摇了摇头:"不算吧。我听说他原来当过官,社科院的什么所长还是副所长之类的,干得好好的,忽然辞官不干了。"他没等小个子接茬,继续说:"他还曾经给政府当过参谋,去过中南海的,后来好像也不干了。我记得有老师说,他年轻的时候是电视台的常客,在一个中老年妇女特别喜欢看的节目里当嘉宾,后来也不干了。"他顿了一下,自己总结道:"好像他什么事情都是干得好好的,突然就放弃了,不知道为啥。"

小个子疑惑地问:"那他现在干啥?"

自来卷犹豫了一下,咬了下嘴唇:"听人说,好像他60岁的时候,拜了个木匠师傅,去学木工了。"

小个子哑然失笑:"靠!"

他的声调太高了,坐在前排的一个女生回过头,瞪了他们两个一眼。

自来卷连连点头,表示道歉,他向小个子做出"嘘"的手势,转头去看教授,不再搭理小个子了。

小个子还在摇头,自言自语地说:"傻子。老傻子。"

教授正在黑板上写公式,除了粉笔偶然发出吱吱的声音,教室里一片寂静,静得能听到户外一只懵懂的苍蝇一头撞在窗户玻璃上的声音。那个老头儿还在瞌睡,好像梦见了什么高兴的事情,脸上浮出一丝微笑。

200 本认知建构荐读书目

建立属于自己的完整知识体系

现存的学校教育体制是在工业革命之后出现的，教育的目的是为了培养具有一技之长、能够满足特定职业需求的专业人才。但在未来的世界里，这种传统的教育模式将遇到越来越多的挑战。知识更新的速度加快，你在学校学到的知识到毕业的时候就可能有一大部分已经过时。真正需要学习的是学习的能力，而不是现成的知识。创新会越来越多地来自边缘地带和交叉地带，所以我们必须把自己锻炼成一个终身学习者，不断构建一个属于自己的完整知识体系。

这个书单整理了 200 本书，选书的标准以晓畅、深刻为准。不选过于浅显的入门普及读物，也不选过于艰涩的专著。读这些书不是为了让你掌握一个学科的所有知识，只是为了激发你的兴趣。我心目中的理想读者是接受过高中以上教育，依然热爱学习，且没有受到专业训练"腐蚀"的"普通读者"。书目按八个领域划分，打破了传统的学科分类，这种划分方法仅代表我个人的阅读习惯，聊备一格，供批判。

一、历史

1. 《大历史：虚无与万物之间》
   （美）大卫·克里斯蒂安、（美）辛西娅·斯托克斯·布朗、（美）克雷格·本杰明著，刘耀辉译，北京联合出版公司，2017.12
2. 《枪炮、病菌与钢铁：人类社会的命运》
   （美）贾雷德·戴蒙德著，谢延光译，上海译文出版社，2016.7
3. 《崩溃：社会如何选择成败兴亡》
   （美）贾雷德·戴蒙德著，江滢、叶臻译，上海译文出版社，2018.3
4. 《贸易打造的世界：1400年至今的社会、文化与世界经济》
   （美）彭慕兰、（美）史蒂夫·托皮克著，黄中宪、吴莉苇译，上海人民出版社，2018.2
5. 《伯罗奔尼撒战争史》
   （古希腊）修昔底德著，谢德风译，商务印书馆，2011.7
6. 《罗马帝国的陨落：一部新的历史》
   （英）彼得·希瑟著，向俊译，中信出版社，2016.11
7. 《文明史：人类五千年文明的传承与交流》
   （法）费尔南·布罗代尔著，常绍民等译，中信出版社，2017.7
8. 《西方的兴起：人类共同体史》
   （美）威廉·麦克尼尔著，孙岳等译，中信出版社，2017.7
9. 《美国政治传统及其缔造者》
   （美）理查德·霍夫施塔特著，崔永禄、王忠和译，商务印书馆，2010.12
10. 《现代世界的诞生》
    （英）艾伦·麦克法兰主讲，清华大学国学研究院主编，上海人民出版社，2013.8
11. 《论美国的民主》
    （法）亚力克西·德·托克维尔著，董果良译，商务印书馆，2017.3
12. 《旧制度与大革命》
    （法）亚历西斯·德·托克维尔著，冯棠译，商务印书馆，2012.8
13. 《战争史》
    （英）约翰·基根著，林华译，中信出版社，2015.9
14. 霍布斯鲍姆的年代四部曲：《革命的年代》《资本的年代》《帝国的年代》《极端的年代》
    （美）艾瑞克·霍布斯鲍姆著，贾士蘅、张晓华、郑明萱、王章辉等译，中信

出版社，2017.8
15.《梦游者：1914年，欧洲如何走向"一战"》
（英）克里斯托弗·克拉克著，董莹、肖潇译，中信出版社，2014.9
16.《凯恩斯传》
（英）罗伯特·斯基德尔斯基著，相蓝欣、储英译，生活·读书·新知三联书店，2015.5
17.《大转型：我们时代的政治与经济起源》
（英）卡尔·波兰尼著，冯钢、刘阳译，浙江人民出版社，2007.4
18.《国富国穷》
（美）戴维·S.兰德斯著，门洪华等译，新华出版社，2010.6
19.《大分流：欧洲、中国及现代世界经济的发展》
（美）彭慕兰著，史建云译，江苏人民出版社，2016.4
20.《中国历代政治得失》
钱穆著，生活·读书·新知三联书店，2012.7
21.《万历十五年》
黄仁宇著，生活·读书·新知三联书店，2015.8
22.《中国史通论》
（日）内藤湖南著，夏应元、钱婉约等译，九州出版社，2018.1
23.《大象的退却：一部中国环境史》
（英）伊懋可著，梅雪芹、毛利霞、王玉山译，江苏人民出版社，2014.12
24.《王氏之死：大历史背后的小人物命运》
（美）史景迁著，李孝恺译，广西师范大学出版社，2011.9
25.《叫魂：1768年中国妖术大恐慌》
（美）孔飞力著，陈兼、刘昶译，上海三联书店，2014.6

二、政治学、社会学、宏观经济学

1.《变化社会中的政治秩序》
（美）塞缪尔·亨廷顿著，王冠华、刘为等译，上海人民出版社，2015.4
2.《文明的冲突与世界秩序的重建》
（美）塞缪尔·亨廷顿著，周琪等译，新华出版社，2018.1
3.《政治秩序的起源：从前人类时代到法国大革命》
（美）弗朗西斯·福山著，毛俊杰译，广西师范大学出版社，2014.9
4.《政治秩序与政治衰败：从工业革命到民主全球化》
（美）弗朗西斯·福山著，毛俊杰译，广西师范大学出版社，2015.9

5.《独裁者手册》
（美）布鲁斯·布鲁诺·德·梅斯奎塔、（美）阿拉斯泰尔·史密斯著，骆伟阳译，江苏文艺出版社，2018.2
6.《大国政治的悲剧》
（美）约翰·米尔斯海默著，王义桅、唐小松译，上海人民出版社，2015.4
7.《信号与欺骗：国际关系中的形象逻辑》
（美）罗伯特·杰维斯著，徐进译，中央编译出版社，2017.3
8.《即将到来的地缘战争：无法回避的大国冲突及对地理宿命的抗争》
（美）罗伯特·D.卡普兰著，涵朴译，广东人民出版社，2016.6
9.《硬球：政治是这样玩的》
（美）克里斯·马修斯著，林猛、吴群芳译，新华出版社，2015.4
10.《艾希曼在耶路撒冷：一份关于平庸的恶的报告》
（美）汉娜·阿伦特著，安尼译，译林出版社，2017.1
11.《公正》
（美）迈克尔·桑德尔著，朱慧玲译，中信出版社，2012.12
12.《反潮流：观念史论文集》
（英）以赛亚·伯林著，冯克利译，译林出版社，2011.1
13.《社会学的想象力》
（美）C.赖特·米尔斯著，李康译，北京师范大学出版社，2017.3
14.《我们的孩子》
（美）罗伯特·帕特南著，田雷、宋昕译，中国政法大学出版社，2017.5
15.《乡土中国》
费孝通著，上海人民出版社，2013.10
16.《经济学规则》
（土）丹尼·罗德里克著，刘波译，中信出版社，2017.3
17.《在增长的迷雾中求索：经济学家的发展政策为何失败》
（美）威廉·伊斯特利著，姜世明译，中信出版社，2016.7
18.《资本的秘密》
（秘鲁）赫尔南多·德·索托著，于海生译，华夏出版社，2017.1
19.《镜厅：大萧条、大衰退，我们做对了什么，又做错了什么》
（美）巴里·埃森格林著，何帆等译，中信出版社，2016.9
20.《国家的兴衰：经济增长、滞胀和社会僵化》
（美）曼瑟·奥尔森著，李增刚译，上海人民出版社，2017.12
21.《国家为什么会失败》
（美）德隆·阿西莫格鲁、（美）詹姆斯·A.罗宾逊著，李增刚译，湖南科学技术出版社，2015.5

22.《21世纪资本论》
（法）托马斯·皮凯蒂著，巴曙松等译，中信出版社，2014.9
23.《美国增长的起落》
（美）罗伯特·戈登著，张林山、刘现伟、孙凤义等译，中信出版社，2018.5
24.《渐行渐近的金融周期》
彭文生著，中信出版社，2017.6
25.《宏调的逻辑：从十年宏调史读懂中国经济》
卢锋著，中信出版社，2016.1

三、微观经济学、博弈论

1.《自由选择》
（美）米尔顿·弗里德曼、（美）罗丝·弗里德曼著，张琦译，机械工业出版社，2013.6
2.《资本主义与自由》
（美）米尔顿·弗里德曼著，张瑞玉译，商务印书馆，2011.7
3.《价格理论》
（美）米尔顿·弗里德曼著，蔡继明、苏俊霞译，华夏出版社，2011.1
4.《通往奴役之路》
（英）弗里德里希·奥古斯特·冯·哈耶克著，王明毅、冯兴元等译，中国社会科学出版社，2015.8
5.《生活中的经济学》
（美）加里·贝克尔、（美）吉蒂·贝克尔著，章爱民、徐佩文译，机械工业出版社，2013.6
6.《魔鬼经济学》
（美）史蒂芬·列维特、（美）史蒂芬·都伯纳著，王晓鹂、曾贤明、汤珑等译，中信出版社，2016.9
7.《经济学的思维方式》
（美）保罗·海恩、（美）彼得·勃特克、（美）大卫·普雷契特科著，史晨译，机械工业出版社，2015.8
8.《牛奶可乐经济学》
（美）罗伯特·弗兰克著，闾佳译，中国人民大学出版社，2017.1
9.《成功与运气：好运与精英社会的神话》
（美）罗伯特·弗兰克著，张琪译，北京联合出版公司，2017.9
10.《从资本家手中拯救资本主义：捍卫金融市场自由，创造财富和机会》

(印)拉古拉迈·拉詹、(美)路易吉·津加莱斯著,余江译,中信出版社,2015.12

11.《伟大的博弈:华尔街金融帝国的崛起》
(美)约翰·S.戈登著,祁斌译,中信出版社,2011.1
12.《市场的(错误)行为:风险、破产与收益的分形观点》
(美)贝努瓦·B.曼德尔布罗特、(美)理查德·L.赫德森著,张新、张增伟译,中国人民大学出版社,2017.1
13.《债务和魔鬼:货币、信贷和全球金融体系重建》
(英)阿代尔·特纳著,王胜邦、徐惊蛰、朱元倩译,中信出版社,2016.4
14.《金融炼金术的终结:货币、银行与全球经济的未来》
(英)默文·金著,束宇译,中信出版社,2016.9
15.《信息规则:网络经济的策略指导》
(美)卡尔·夏皮罗、(美)哈尔·R.范里安著,孟昭莉、牛露晴译,中国人民大学出版社,2017.10
16.《入世哲学家:阿尔伯特·赫希曼的奥德赛之旅》
(美)杰里米·阿德尔曼著,贾拥民译,中信出版社,2016.10
17.《富国陷阱:发达国家为何踢开梯子?》
(英)张夏准著,肖炼等译,社会科学文献出版社,2009.1
18.《策略思维:商界、政界及日常生活中的策略竞争》
(美)阿维纳什·K.迪克西特、(美)巴里·J.奈尔伯夫著,王尔山译,中国人民大学出版社,2013.4
19.《微观动机与宏观行为》
(美)托马斯·C.谢林著,谢静、邓子梁、李天有译,中国人民大学出版社,2013.9
20.《冲突的战略》
(美)托马斯·谢林著,赵华等译,华夏出版社,2011.5
21.《合作竞争》
(美)拜瑞·J.内勒巴夫、(美)亚当·M.布兰登勃格著,王煜全、王煜昆译,安徽人民出版社,2002.2
22.《合作的进化》
(美)罗伯特·阿克塞尔罗德著,吴坚忠译,上海人民出版社,2016.12
23.《超级合作者》
(美)马丁·诺瓦克、(美)罗杰·海菲尔德著,龙志勇、魏薇译,浙江人民出版社,2013.9
24.《道德动物》
(美)罗伯特·赖特著,周晓林译,中信出版社,2013.5

25.《战略：一部历史》
（英）劳伦斯·弗里德曼著，王坚、马娟娟译，社会科学文献出版社，2016.11

四、脑神经科学、遗传学、进化生物学、心理学、行为经济学

1.《进化是什么》
（美）恩斯特·迈尔著，田洺译，上海科学技术出版社，2012.12
2.《熊猫的拇指：那些有趣的生命现象和生物进化的故事》
（美）斯蒂芬·杰·古尔德著，田洺译，海南出版社，2016.5
3.《生命的跃升：40亿年演化史上的十大发明》
（英）尼克·莱恩著，张博然译，科学出版社，2018.6
4.《双螺旋》
（美）詹姆斯·沃森著，贾拥民译，浙江人民出版社，2017.1
5.《基因传：众生之源》
（美）悉达多·穆克吉著，马向涛译，中信出版社，2018.1
6.《笛卡尔的错误：情绪、推理和大脑》
（美）安东尼奥·达马西奥著，殷云露译，北京联合出版公司，2018.2
7.《自私的基因》
（英）理查德·道金斯著，卢允中等译，中信出版社，2012.9
8.《盲眼钟表匠：生命自然选择的秘密》
（英）理查德·道金斯著，王道还译，中信出版社，2016.10
9.《白板：科学和常识所揭示的人性奥秘》
（美）史蒂芬·平克著，袁冬华译，浙江人民出版社，2016.12
10.《人性中的善良天使：暴力为什么会减少》
（美）史蒂芬·平克著，安雯译，中信出版社，2015.7
11.《基因社会：哈佛大学人性本能10讲》
（美）以太·亚奈、（美）马丁·莱凯尔著，尹晓虹、黄秋菊译，江苏凤凰文艺出版社，2017.7
12.《人类的荣耀：是什么让我们独一无二》
（美）迈克尔·加扎尼加著，彭雅伦译，北京联合出版公司，2016.8
13.《裸猿》
（英）德斯蒙德·莫利斯著，何道宽译，复旦大学出版社，2010.3
14.《黑猩猩的政治：猿类社会中的权力与性》
（美）弗朗斯·德瓦尔著，赵芊里译，上海译文出版社，2014.1

15.《思考，快与慢》
　　（美）丹尼尔·卡尼曼，胡晓姣、李爱民、何梦莹译，中信出版社，2012.7
16.《"错误"的行为：行为经济学的形成》
　　（美）理查德·塞勒著，王晋译，中信出版社，2018.4
17.《助推：如何做出有关健康、财富与幸福的最佳决策》
　　（美）理查德·塞勒、（美）卡斯·桑斯坦著，刘宁译，中信出版社，2018.3
18.《怪诞行为学：可预测的非理性》
　　（美）丹·艾瑞里著，赵德亮、夏蓓洁译，中信出版社，2017.12
19.《象与骑象人：幸福的假设》
　　（美）乔纳森·海特著，李静瑶译，浙江人民出版社，2012.12
20.《正义之心：为什么人们总是坚持"我对你错"》
　　（美）乔纳森·海特著，舒明月、胡晓旭译，浙江人民出版社，2014.5
21.《善恶之源》
　　（美）保罗·布卢姆著，青涂译，浙江人民出版社，2015.3
22.《宝宝也是哲学家：学习与思考的惊奇发现》
　　（美）艾莉森·高普尼克著，杨彦捷译，浙江人民出版社，2014.9
23.《如何学习》
　　（美）本尼迪克特·凯里著，玉冰译，浙江人民出版社，2017.7
24.《男人来自火星，女人来自金星：修炼亲密关系的方法》
　　（美）约翰·格雷著，周建华、杨晓贤译，中国友谊出版公司，2018.3
25.《爱的博弈：建立信任、避免背叛与不忠》
　　（美）约翰·戈特曼、（美）娜恩·西尔弗著，穆君、伏维译，浙江人民出版社，2014.1

五、科技创新、工程学

1.《技术的本质：技术是什么，它是如何进化的》
　　（美）布莱恩·阿瑟著，曹东溟、王健译，浙江人民出版社，2018.6
2.《创新者的窘境》
　　（美）克莱顿·克里斯坦森著，胡建桥译，中信出版社，2016.6
3.《理性乐观派：一部人类经济进步史》
　　（美）马特·里德利著，闾佳译，机械工业出版社，2015.7
4.《自下而上：万物进化简史》
　　（美）马特·里德利著，闾佳译，机械工业出版社，2017.7
5.《被误读的创新》

（美）凯文·阿什顿著，玉叶译，中信出版社，2017.5

6.《创新者：一群技术狂人和鬼才程序员如何改变世界》
（美）沃尔特·艾萨克森著，关嘉伟、牛小婧译，中信出版社，2017.4

7.《引爆点：如何引发流行》
（加）马尔科姆·格拉德威尔著，钱清、覃爱冬译，中信出版社，2014.4

8.《试错力：创新如何从无到有》
（英）蒂姆·哈福德著，冷迪译，浙江人民出版社，2018.3

9.《混乱：如何成为失控时代的掌控者》
（英）蒂姆·哈福德著，侯奕茜译，中信出版社，2018.1

10.《恢复力：面对突如其来的挫折，你该如何应对？》
（美）安德鲁·佐利、（美）安·玛丽·希利著，鞠玮婕译，中信出版社，2013.3

11.《反脆弱：从不确定性中获益》
（美）纳西姆·尼古拉斯·塔勒布著，雨珂译，中信出版社，2014.1

12.《失控：全人类的最终命运和结局》
（美）凯文·凯利著，张行舟等译，电子工业出版社，2016.1

13.《爆裂：未来社会的9大生存原则》
（美）伊藤穰一、（美）杰夫·豪著，张培、吴建英、周卓斌译，中信出版社，2017.9

14.《技术简史：从海盗船到黑色直升机》
（美）德伯拉·L. 斯帕著，倪正东译，中信出版社，2017.4

15.《黑匣子思维：我们如何更理性地犯错》
（英）马修·萨伊德著，孙鹏译，江西人民出版社，2017.9

16.《知识的错觉：为什么我们从未独立思考》
（美）史蒂文·斯洛曼、（美）菲利普·费恩巴赫著，祝常悦译，中信出版社，2018.1

17.《众病之王：癌症传》
（美）悉达多·穆克吉著，李虎译，中信出版社，2013.2

18.《集装箱改变世界》
（美）马克·莱文森著，姜文波译，机械工业出版社，2014.1

19.《百年流水线：一部工业技术进步史》
（美）大卫·E. 奈著，史雷译，机械工业出版社，2017.9

20.《如何思考会思考的机器》
（美）约翰·布罗克曼编著，黄宏锋、李骏浩、张羿等译，浙江人民出版社，2017.3

21.《黑客与画家：来自信息时代的高见》

（美）保罗·格雷厄姆著，阮一峰译，人民邮电出版社，2013.10
22.《信息简史》
（美）詹姆斯·格雷克著，高博译，人民邮电出版社，2013.10
23.《图灵的大教堂：数字宇宙开启智能时代》
（美）乔治·戴森著，盛杨灿译，浙江人民出版社，2015.5
24.《奇点临近：2045年，当计算机智能超越人类》
（美）雷·库兹韦尔著，李庆诚、董振华、田源译，机械工业出版社，2011.10
25.《第三次工业革命：新经济模式如何改变世界》
（美）杰里米·里夫金著，张体伟、孙豫宁译，中信出版社，2012.5

六、逻辑学、统计学、数学、物理学、复杂科学、科学哲学

1.《逻辑思维：拥有智慧思考的工具》
（美）理查德·尼斯贝特著，张媚译，中信出版社，2017.8
2.《怎样解题：数学思维的新方法》
（美）G.波利亚著，涂泓、冯承天译，上海科技教育出版社，2011.11
3.《魔鬼数学：大数据时代，数学思维的力量》
（美）乔丹·艾伦伯格著，胡小锐译，中信出版社，2015.9
4.《从一到无穷大：科学中的事实和臆测》
（美）G.伽莫夫著，暴永宁译，科学出版社，2017.11
5.《哥德尔、艾舍尔、巴赫：集异璧之大成》
（美）侯世达著，严勇、刘皓明、莫大伟译，商务印书馆，1997.5
6.《陶哲轩教你学数学》
（澳）陶哲轩著，李馨译，人民邮电出版社，2017.11
7.《大数据思维与决策》
（美）伊恩·艾瑞斯著，宫相真译，人民邮电出版社，2014.9
8.《女士品茶：统计学如何变革了科学和生活》
（美）戴维·萨尔斯伯格著，刘清山译，江西人民出版社，2016.8
9.《统计数字会撒谎》
（美）达莱尔·哈夫著，廖颖林译，中国城市出版社，2009.3
10.《赤裸裸的统计学：除去大数据的枯燥外衣，呈现真实的数字之美》
（美）查尔斯·惠伦著，曹槟译，中信出版社，2013.9
11.《与天为敌：风险探索传奇》
（美）彼得·L.伯恩斯坦著，穆瑞年、吴伟、熊学梅译，机械工业出版社，

2010.4
12. 《度量：一首献给数学的情歌》
　　（美）保罗·洛克哈特著，王凌云译，人民邮电出版社，2015.6
13. 《信号与噪声》
　　（美）纳特·西尔弗著，胡晓姣、张新、朱辰辰译，中信出版社，2013.8
14. 《无穷的开始：世界进步的本源》
　　（英）戴维·多伊奇著，王艳红、张韵译，人民邮电出版社，2014.11
15. 《混沌：开创新科学》
　　（美）詹姆斯·格雷克著，张淑誉译，高等教育出版社，2014.9
16. 《夸克与美洲豹：简单性和复杂性的奇遇》
　　（美）M. 盖尔曼著，杨建邺等译，湖南科技出版社，1997.1
17. 《规模：复杂世界的简单法则》
　　（英）杰弗里·韦斯特著，张培译，中信出版社，2018.6
18. 《复杂》
　　（美）梅拉妮·米歇尔著，唐璐译，湖南科学技术出版社，2018.1
19. 《混沌与秩序：生物系统的复杂结构》
　　（德）弗里德里希·克拉默著，柯志阳、吴彤译，上海科技教育出版社，2010.8
20. 《隐秩序：适应性造就复杂性》
　　（美）约翰·H. 霍兰著，周晓牧、韩晖译，上海科技教育出版社，2011.8
21. 《逻辑的引擎》
　　（美）马丁·戴维斯著，张卜天译，湖南科学技术出版社，2018.1
22. 《皇帝新脑》
　　（英）罗杰·彭罗斯著，许明贤、吴忠超译，湖南科学技术出版社，2018.1
23. 《猜想与反驳：科学知识的增长》
　　（英）卡尔·波普尔著，傅季重等译，上海译文出版社，2015.2
24. 《科学革命的结构》
　　（美）托马斯·库恩著，金吾伦、胡新和译，北京大学出版社，2016.2
25. 《师从天才：一个科学王朝的崛起》
　　（美）罗伯特·卡尼格尔著，江载芬、闫鲜宁、张新颖译，上海科技教育出版社，2012.11

七、哲学

1. 《苏格拉底的申辩》
　　（古希腊）柏拉图著，吴飞译，华夏出版社，2017.1

2. 《哲学问题》
   （英）伯特兰·罗素著，何兆武译，天津人民出版社，2014.10
3. 《哲学的故事》
   （美）威尔·杜兰特著，蒋剑峰、张程程译，浙江大学出版社，2015.9
4. 《西方哲学史》
   （美）弗兰克·梯利著，葛力译，商务印书馆，2015.11
5. 《从卢梭到尼采》
   （美）弗兰克·M. 特纳著，（英）理查德·A. 洛夫特豪斯编，王玲译，北京大学出版社，2017.6
6. 《存在主义咖啡馆：自由、存在和杏子鸡尾酒》
   （英）莎拉·贝克韦尔著，沈敏一译，北京联合出版公司，2017.12
7. 《政治哲学》
   （美）史蒂芬·B. 斯密什著，贺晴川译，北京联合出版公司，2015.3
8. 《人性论》
   （英）大卫·休谟著，关文运译，商务印书馆，2016.10
9. 《利维坦》
   （英）霍布斯著，黎思复、黎廷弼译，商务印书馆，2017.3
10. 《查拉图斯特拉如是说》
    （德）弗里德里希·尼采著，钱春绮译，生活·读书·新知三联书店，2014.9
11. 《西西弗神话》
    （法）阿尔贝·加缪著，杜小真译，商务印书馆，2017.5
12. 《性经验史》
    （法）米歇尔·福柯著，佘碧平译，上海人民出版社，2018.5
13. 《哲学和自然之镜》
    （美）理查德·罗蒂著，李幼燕译，商务印书馆，2012.10
14. 《思想本质：语言是洞察人类天性之窗》
    （美）史蒂芬·平克著，张旭红、梅德明译，浙江人民出版社，2015.8
15. 《女人、火与危险事物：范畴显示的心智》
    （美）乔治·莱考夫著，李葆嘉、章婷、邱雪玫译，世界图书出版公司，2017.3
16. 《禅与摩托车维修艺术》
    （美）罗伯特·M. 波西格著，张国辰译，重庆出版社，2011.9
17. 《哲学的慰藉》
    （英）阿兰·德波顿著，资中筠译，上海译文出版社，2016.12
18. 《返璞归真：纯粹的基督教》
    （英）C. S. 路易斯著，汪咏梅译，华东师范大学出版社，2018.5

19.《欢迎来到实在界这个大荒漠》
   （斯洛文尼亚）斯拉沃热·齐泽克著，季广茂译，译林出版社，2015.4
20.《恋人絮语》
   （法）罗兰·巴特著，汪耀进、武佩荣译，上海人民出版社，2016.7
21.《论语译注》
   杨伯峻译注，中华书局，2017.8
22.《老子注译及评介》
   陈鼓应编，中华书局，2009.2
23.《庄子今注今译》
   陈鼓应编，中华书局，2016.5
24.《孟子译注》
   杨伯峻译注，中华书局，2010.2
25.《荀子集解》
   王先谦撰，中华书局，2013.4

八、文学

1.《诗学》
   （古希腊）亚里士多德著，罗念生译，上海人民出版社，2006.5
2.《普通读者》
   （英）弗吉尼亚·伍尔夫著，刘炳善译，北京十月文艺出版社，2015.3
3.《小说面面观》
   （英）E. M. 福斯特著，冯涛译，上海译文出版社，2016.7
4.《为什么读经典》
   （意）伊塔洛·卡尔维诺著，黄灿然、李桂蜜译，译林出版社，2016.3
5.《文学讲稿》
   （美）弗拉基米尔·纳博科夫著，申慧辉等译，上海译文出版社，2018.6
6.《风格感觉：21世纪写作指南》
   （美）史蒂芬·平克著，王烁、王佩译，机械工业出版社，2018.5
7.《故事开始了》
   （以色列）阿摩司·奥兹著，杨振同译，译林出版社，2013.1
8.《福楼拜的鹦鹉》
   （英）朱利安·巴恩斯著，但汉松译，译林出版社，2016.6
9.《巨匠与杰作》
   （英）威廉·萨默塞特·毛姆著，李锋译，上海译文出版社，2013.8

10.《染匠之手》
   （英）W. H. 奥登著，胡桑译，上海译文出版社，2018.3
11.《诗艺》
   （阿根廷）豪尔赫·路易斯·博尔赫斯著，陈重仁译，上海译文出版社，2015.7
12.《如何阅读一本小说》
   （美）托马斯·福斯特著，梁笑译，南海出版公司，2015.4
13.《什么是杰作：拒绝平庸的文学阅读指南》
   （法）夏尔·丹齐格著，揭小勇译，广西师范大学出版社，2015.10
14.《文学阅读指南》
   （英）特里·伊格尔顿著，范浩译，河南大学出版社，2015.5
15.《被背叛的遗嘱》
   （法）米兰·昆德拉著，余中先译，上海译文出版社，2014.6
16.《文学的世界共和国》
   （法）帕斯卡尔·卡萨诺瓦著，罗国祥、陈新丽、赵妮译，北京大学出版社，2015.7
17.《文艺批评的实验》
   （英）C. S. 路易斯著，邓军海译注，华东师范大学出版社，2015.8
18.《阅读大师》
   马原著，上海文艺出版社，2002.1
19.《像我这样的一个读者》
   西西著，广西师范大学出版社，2016.7
20.《小说课》
   毕飞宇著，人民文学出版社，2017.2
21.《小说课》
   许荣哲著，中信出版社，2016.8
22.《文章自在》
   张大春著，广西师范大学出版社，2017.1
23.《〈华尔街日报〉是如何讲故事的》
   （美）威廉·E. 布隆代尔著，徐扬译，华夏出版社，2006.1
24.《新新新闻主义：美国顶尖非虚构作家写作技巧访谈录》
   （美）罗伯特·博因顿著，刘蒙之译，北京师范大学出版社，2018.2
25.《怎样讲好一个故事》
   （美）马克·克雷默著，（美）温迪·考尔编，王宇光等译，中国文史出版社，2015.12

后 记

如果你是一条河，就要继续向前流

一个炎热夏天的下午，我们去看马蹄湾。从停车场，爬上一座小沙丘，穿过一片鼠尾草荒原，站在悬崖边上，就能看到科罗拉多河。奔腾不息的科罗拉多河把辽阔的旷野劈开了一道深深的裂口。墨绿色的河水绕着赭红色的岩石，蜿蜒流出一个270度的转角。大自然的壮观沉静而肃穆，夺人心魄。站在悬崖顶上，你看到的是水流在这里拐了个大弯；但在峡谷深处，河流并不觉得自己改变了方向，后浪推着前浪，它只是继续往前方流淌而已。

过去数年，我的人生也很湍急。我原本在中国社会科学院作研究，过去几年一直在海外访学。2014年年底我从澳大利亚访学归来，曾在盘古智库参与创业，后来，我很快又去了美国。本来计划在美国安静地待上两三年，但刚到美国，就接到《财新》总编胡舒立的邀请，回国创办财新智库研究部。我在纽约和北京两地穿梭，为新的事业激动不已。不到一年，《财新》又有重大的业务转型，财新智库研究部停办了。舒立诚挚地邀请我加盟财新传媒。做个新闻人曾是我少年时代的梦想，但反复思考之后，我还是舍不得学术，只得婉拒舒立的邀请。随后，我曾在一家新型智库，即中国人民大学重阳金融研究院担任首席经济学家。直到2017年年初，我才完成了事业上的巨大转折。我从中国社会科学院正式辞职，加盟北京大学汇丰商学院。

回首过去20年，那是我人生中最重要的成长阶段。我的老师、我的朋友、我的同事，教诲和激励着我，使我从一个外省的懵懂青年，成为京城里的忙碌过客。用什么来表达我的心情呢？泰戈尔曾经写道："你已经使我永生，这样做是你的快乐。这脆薄的杯儿，你不断地把它倒空，又不断地以新生命来充满……时代过去了，你还在倾注，而我的手里还有余量待充满。"北京大学汇丰商学院的校园在南国深圳，从雾霾沉沉的北京，来到阳光灿烂的深圳，真是感觉人生转了一个大弯。

但是，换一个角度来看，我的人生其实并没有太大变化。出国也好，离职也好，到深圳也好，无非是想有更多的时间读书写字。我所求者，不过是一张安静的书桌。写作是一件必须沉下心来，带着敬畏去做的事情，因为技艺的磨炼是一辈子的事情。

我给媒体写文章已经有很长的历史了。从2000年起，我就开始给媒体写专栏。最早热衷写的大多是财经热点评论，指点江山、激扬文字，其实不过是为稻粱谋。再读自己当年写的东西，颇觉汗颜。但不停地写，不停地写，最后，写作也就成了我的生活方式。

从为挣稿费写作，到为兴趣写作，是遇到了许洋和李楠之后。许洋和李楠原本是在潘石屹手下，编一本《SOHO 小报》。他们一开始约我写东西的时候，我心里还有些嘀咕，给一个资本家的内部刊物写稿，好像不符合我的性格，但许洋总是那种从容不迫、"游手好闲"的样子，让我觉得非常可亲可信。作为作者，我最不喜欢编辑给我出题目，更不喜欢编辑改我的文字。叫我高兴的是，许洋懒懒散散的，根本不会费心给我改文章，爱写啥写啥，爱怎么写怎么写。后来，他们离开了 SOHO 中国，自己办了一个小众刊物《信睿》，据说想办成中国的《纽约客》，但办着办着，读者越来越少，最后就关门了——这里面有我很大的功劳。

后来，时任 FT 中文网主编的张力奋找到我，让我给 FT 中文网开专栏。力奋复旦毕业之后去英国留学，熏陶出来一种自由放任的英伦风范，对作者极为宽容大度。我写什么都行，什么时候写出来就什么时候发，爱写多少字就写多少字，稿费每篇 500 块。

在 FT 中文网写专栏是我人生的一段奇幻漂流。当你有了充分的自由之后，如何选择，反而成了一件头疼的事情。我最初的几篇专栏文章写得飘忽不定，仿佛新手第一次开车，方向还把握不定。慢慢地，我才找到感觉。

我在 FT 中文网写的都是书评，借别人的酒杯，浇自己的块垒。"他和朋友保持疏离，向对手表示敬意。他的文字温文尔雅、婉转迂回、自我克制，从不会有斩钉截铁的断言、含沙射影的攻击和声色俱厉的批判。他以自己的风格告诉我们，要敢于在对立的思想面前保持宽容和灵活，发现人类社会和政治生活中的复杂和多样。"这段话是我在一篇文章中描写"纽约知识分子"屈瑞林的，我希望有一天也能达到这个境界。

我有意地变幻不同的题目，若是有一篇文章写得稍微撩拨，后面就会刻意写一篇比较冷僻的。我们这个时代走得气宇轩昂，我努力地走在旁边，小心不要踩到时代的脚。我力图避开任何一个热点话题，但希望在闪烁其辞中发出一点点儿微光。艾略特说："诗歌不是放纵感情，而是克制感情。"在我看来，好的专栏文章亦是如此。

到了《财新》之后，我在FT中文网和其他几个媒体的专栏（让我感激的还有《澎湃》的编辑单雪菱）也陆续中断了。我一度想把自己的微信公众号变成自媒体，但由于懒惰，终于一事无成。收录于此书的文章，大部分是在FT中文网或《澎湃》上发表过的，也有不少是在我自己的微信公众号上推送过的。各篇文章的风格略有差异，统而言之，不过是一个多余人的多余的话。

太阳下山了，最后一抹阳光在红色的砂岩上跳跃了一下，轻巧地坠入黑暗之中。游人渐渐离去，荒原复归沉寂。河水仍然无声无息地奔流。如果你是一条河，就要继续向前流。